탐사저널리즘의 이해

오 대 영

Understanding of
Investigative Journalism

한나래 아카데미

탐사 저널리즘의 이해

2025년 2월 25일 1판 1쇄 박음
2025년 2월 28일 1판 1쇄 펴냄

지은이 | 오대영
펴낸이 | 조광재

펴낸곳 | (주)한나래플러스
등록 | 1991. 2. 25. 제2011-000139호
주소 | 서울시 마포구 토정로 222, 한국출판콘텐츠센터 418호
전화 | 02) 738-5637 · 팩스 | 02) 363-5637 · e-mail | hannarae91@naver.com
www.hannarae.net

ISBN 978-89-5566-316-7

"이 저서는 2024년도 가천대학교 교내연구비 지원에 의한 결과임.(GCU-202405850001)"

머리말

책을 쓸 때마다 어려움이 많았지만, 이번에는 책을 쓰는 것부터 결정하는 것이 쉽지 않았습니다. 우리 언론계에는 저명한 탐사보도 전문기자들이 여럿 있습니다. 그 분들의 이름을 일일이 밝히지는 않지만, 우리나라의 탐사보도를 이끌어 온 분들입니다. 반면 저는 기자를 하면서도 제대로 탐사보도를 해본 경험이 없습니다. 그런 사람이 탐사 저널리즘 책을 쓴다는 것이 맞는지 여러 차례 반문하고 주저했습니다. 선머슴이 사람 잡는 것은 아닌지 걱정도 앞섰습니다.

그럼에도 이 책을 쓰게 된 것은 탐사 저널리즘에 관한 체계적인 교육용 이론서가 필요하다고 오랫동안 생각했기 때문입니다. 우리나라에서도 탐사보도 관련 책은 많이 출간되었습니다. 그러나 기자들이 탐사보도 사례나 경험담을 소개한 책이 대부분이고, 교육 목적의 이론서를 찾기는 어려웠습니다. 저는 2019년부터 재직하는 대학의 학과에서 전공과목으로 '탐사보도론'을 개설해서 매년 교육하고 있습니다. 그때마다 학생들을 교육할 이론 서적이 없어서 아쉬웠습니다. 게다가 최근에는 탐사보도를 전문으로 하는 비영리 독립 매체와 기자들도 많이 늘었고, 일반인 사이에서도 탐사보도에 대한 관심이 커졌습니다. 제가 속해 있는 한국대학언론협의회도 2024년에는 전국 대학생들을 대상으로 탐사보도 공모전을 한 적이 있습니다. 한국대학언론협의회는 대학언론의 전·현직 주간교수들의 모임입니다.

이런 상황 속에서 지난해 책을 쓰기로 결정했습니다. 그래야 나중에 후회하지 않을 것 같았습니다. 탐사 저널리즘을 연구하고 교육한 경험은 있어서 아주 무자격자는 아니라는 자기 합리화도 했습니다. 저는 2017년 한국언론진흥재단의 지원을 받아서 남재일(경북대), 박재영(고려대) 교수와 함께 〈한국 언론의 탐사보도 품질 제고와 발전방안 연구〉 보고서를 쓴 적이 있습니다. 이를 토대로 몇 편의 탐사보도 관련 논문도 함께 발표했습니다.

이 책은 탐사 저널리즘에 관한 기본 이론을 체계적으로 전달하는 데 중점을 두었지만, 기본적인 제작 방법도 소개했습니다. 탐사 저널리즘을 두루 이해하는 실용 서적을 만들고자 했기 때문입니다. 이론에 관해서는 탐사 저널리즘의 정의, 관련 저널리즘 이론, 역사, 특징, 취재 방법, 글쓰기, 윤리, 제약과 문제점 등 기본적인 내용을 폭넓게 담았습니다. 제작 부분에서는 '탐사보도론' 수업시간에 학생들과 함께 만든 탐사기사의 제작 사례를 소개해서 노하우를 전달하려고 했습니다. 학생들은 매년 3~5명씩 팀을 이루어서 탐사보도 기사를 제작했습니다. 강의마다 10편 정도의 기사가 만들어졌습니다. 우수한 기사들도 많았습니다. 수강한 학생 가운데는 뉴스통신진흥회의 탐사·심층·르포 기사 공모전에서 다른 대학 학생들과 팀을 구성해서 대상을 받은 학생도 있습니다.

이 책은 독자가 탐사보도의 실체를 보다 깊게 이해할 수 있도록 국내외에서 있었던 의미 있는 탐사보도 사례를 많이 소개하려고 했습니다. 탐사보도는 정부와 권력층의 숨겨진 비리나 잘못된 점, 사회구조적인 문제 등을 심층적으로 파헤쳐서 보도하는 것입니다. 막강한 미국 대통령을 물러나게 한 워터게이트 사건 보도와 같이 사회적으로 큰 변화를 가져오고 국제적으로 주목을 받았던 탐사보도 기사도 꽤 있습니다. 그래서 탐사 저널리즘은 일반적인 저널리즘과 달리 흥미진진한 논픽션 스토리를 제공합니다. 이런 내용들을 많이 접할수록 탐사 저널리즘의 가치를 더욱 깊게 이해할 수 있을 것입니다.

이 책은 탐사 저널리즘뿐만 아니라 저널리즘에 대한 기초 지식도 전달하기 위해서 관련된 선행 연구와 책들을 매우 많이 인용했습니다. 기본 골격은 〈한국 언론의 탐사보도 품질 제고와 발전방안 연구〉 보고서에 있는 이론 부분을 참고했습니다. 그리고 졸저 〈저널리즘 이론과 현장〉에서도 탐사 저널리즘을 이해하는 데 도움이 될 내용을 많이 인용했습니다. 그 밖에도 훌륭한 책과 논문, 기사 등 관련 자료들을 적극적으로 참고하고 인용했습니다. 특히 한국언론재단(한국언론진흥재단 전신)에서 번역 출간한 〈탐사 저널리즘: 미국 탐사보도의 진화〉와 박재영(고려대), 안수찬(세명대 저널리즘 대학원) 교수의 저서들은 미국과 한국 탐사보도의 역사, 내러티브 글쓰기 방식을 이해하고 책을 쓰는 데 매우 많은 도움이 되었습니다. 자신들의 기사를 이 책에 인용하는 것을 흔쾌히 승낙한 뉴스통신진흥회 탐사·심층·르포 기사 공모전 수상자들과 인터넷 매체 관계자께도 감사드립니다. 짧은 시간의 수업에도 열심히 노력해서 훌륭한 탐사 기사를 제작한 학생들도 고맙습니다. 부족한 점이 많은 책이지만, 조금이라도 우리나라 탐사 저널리즘 교육과 발전에 기여하기를 기대합니다. 감사합니다.

2025년 2월

서울 혜화동에서

차례

CHAPTER 1

INVESTIGATIVE JOURNALISM

탐사

저널리즘이란

무엇인가

INVESTIGATIVE

JOURNALISM

1

탐사 저널리즘의 정의

언론은 역사적으로 민주주의가 탄생하고 발전하는 과정에서 핵심적인 역할을 하였다. 민주주의 사회에서 언론은 국민에게 공정하고 객관적인 정보를 제공하고 논평을 제시해서 올바른 여론을 형성하고, 국가의 권력 남용을 감시해서 민주주의를 지키는 역할을 한다.

탐사 저널리즘은 언론의 다양한 역할 가운데 감시 기능에 중점을 두고 사회를 지키는 역할을 한다. 역사적으로 국가나 사회가 붕괴한 이유를 보면 통치기관의 부패와 무능, 지도층의 권력남용과 불의, 사회 타락 등 내부 문제에서 비롯된 경우가 많다. 탐사 저널리즘은 사회의 안전을 지키기 위해서 정부와 정치인, 공직자, 경제인과 같이 사회적으로 주요한 인사나 권력자들의 비리와 불의를 감시하고 폭로하는 감시견 역할을 한다(Cobb & Elder, 1983, 165~166쪽). 20세기 초 미국 언론인이었던 핀리 피터 던은 언론의 감시견 역할에 대해 "고통을 받는 사람들을 편안하게 하고, 편안한 사람들에게는 고통을 준다."는 유명한 말을 남겼다. 언론은 다수의 사람들을 폭정으로부터 보호하기 위해 소수의 권력자를 감시한다는 의미였다(Kovach & Rosenstiel, 2001/2003, 164~165쪽).

미국 저널리즘에서는 언론을 '민주주의 방파제'(a bulwark of democracy)라고 한다. 언론은 사회가 관심을 갖고 있는 이슈를 다루어 민주적인 결정을 하는 데 필요한 정보를 제공하고, 사회를 불의와 부패로부터 보호하는 방파제 역할을 해야 한다는 의미이다(Gans, 2010). 언론은 공중의 합법적인 이익과 공동체의 안전을 지키는 충실한 감시견 역할을 해야 하는 특별한 책임을 갖고 있는 것이다(Tsfati, Meyers, & Peri, 2006).

민주주의 사회에서 방파제 역할을 하는 대표적인 언론의 역할이 탐사 저널리즘이다. 탐사 저널리즘(investigative journalism)의 영어 단어에서 탐사를 의미하는 'investigative'는 '발자국(footprint)', '추적하다(track)'라는 의미를 갖고 있는 라틴어 'vetigium'에서 유래하였다(Williams, 1978, 6쪽). 프랑스어에서 기원한 저널리즘(journalism) 단어는 19세기 초반에 나타나 프랑스 혁명 이후에 많이 사용되다가, 1830년쯤 영어권으로 들어갔다. 초기에는 '개인 의견의 기록'이라는 뜻이었지만, 이후에는 '공적 문제에 대한 정파적 논쟁'을 의미하게 되었다(Barnhurst & Nerone, 2008).

저널리즘 역사에서 탐사 저널리즘은 언론의 감시견 역할에 관한 규범으로 주목을 받아왔다(Lanosga & Martin, 2017). 감시견 개념은 이론적으로 감시 가치 이론(The checking value theory)으로도 설명된다. 감시 가치 이론은 언론의 자유로운 표현을 보장하는 것은 언론이 공권력 남용을 감시하는 기능을 하기 때문에 가치가 있다고 본다. 감시 가치 이론에 따르면 언론은 정부가 유능하고 효율적이며 정직한지, 그리고 국민에 대한 책임을 잘 수행하고 있는지를 감시해야 한다(McNair, 2008). 미국 탐사보도 전문가인 로웰 버그만은 탐사 저널리즘에 대해 "사람들이 모르는, 또 누군가 남에게 알리기를 원치 않는 정보를 발굴하는 것이며, 새로운 사실을 공공선을 위해 폭로하는 보도"라고 규정하였다(이용주, 2015).

탐사 저널리즘은 정부, 정계, 경제계, 종교계 등 사회 파워 그룹의 권력 남용을 제어하고, 이런 권력에 도전해서 문제점을 파헤치고 폭로해서 개선하는 데 목적을 두고 있다. 단순한 흥미를 위해서 폭로하는 것이 아니라, 시민의 도덕적 분노를 불러오고, 공적으로 매우 중요한 시스템적인 문제를 파헤치는 것이 주요한 목적이다. 정부와 권력층의 비리나 잘못은 숨겨져 있는 경우가 많기 때문에 탐사 저널리즘은 장기간 심층 취재를 통해 그동안 알려지지 않았거나 은폐되어 있던 비리와 불법 활동을 폭로하고, 책임을 묻는 역할을 수행한다(김상균, 한희정, 2014). 그래서 탐사보도는 사회 정의를 지켜온 언론사조로 간주된다(Ettema & Glasser, 2007).

좋은 탐사 저널리즘이 되기 위해서는 강력한 정치집단, 사회비리 세력, 거대한 재벌기업 등과 같은 폭로 대상이 있어야 하고, 사회적으로 힘없고 가난하며 무기력한 소수집단과 같은 피해자가 있어야 한다. 언론은 여론을 환기해서 피해자 보호를 위한 공공의제를 형성하고, 사회 개혁의 실마리를 제공해야 한다(심재철, 이경숙, 1999). 탐사 저널리즘은 정부와 권력층에 대항한다는 의미에서는 적대 저널리즘(adversarial journalism), 폭로 보도(exposé reporting)로 불리지만, 시민을 위한다는 점에서는 옹호 저널리즘(advocacy reporting), 공공 서비스 저널리즘(public service journalism)으로도 불린다(Feldstein, 2006).

탐사보도와 구별해야 할 개념으로 기획보도, 심층보도, 정밀보도 등이 있다. 이러한 개념들은 언론 현장에서 기사 유형이나 보도 방식을 구별하기 위해 사용하면서 시작된 용어들이다. 기획보도는 스트레이트 기사가 아닌 기사, 사건보다 기사의 주제를 먼저 설정하고 취재하는 기사를 총칭하는 지시적 개념이다. 정밀보도는 폭로보다 취재 과정의 엄밀성을 강조하는 미국 탐사보도의 한 경향을 지시하는 개념이다(남재일, 오대영, 2018). 사회의 문제점을 개선해 보자는 식으로 보도하는 캠페인성 기사도 탐사보도는 아니다.

2
탐사보도의 역할

1) 역사를 바꾼 탐사보도

1972년 미국에서 워싱턴포스트(Washington Post)의 워터게이트(Water-gate) 사건 보도는 지진과 같은 파괴력으로 현역 미국 대통령인 리처드 닉슨을 궁지로 몰아넣으면서 미국 정치를 변화시켰다.

미국 대통령 선거를 5개월여 앞둔 1972년 6월 17일. 미국 워싱턴의 워터게이트 호텔에 설치되어 있던 민주당 전당대회 사무실에 괴한 5명이 침입했다가 경비원에 발각되어서 경찰에 체포되었다. 처음에는 단순 절도범으로 여겨졌다. 그런데 워싱턴포스트에서 이 사건을 담당한 기자인 밥 우드워드와 칼 번스타인은 취재하면서 이 사건이 단순 절도나 주거 침입 사건이 아니라 곧 있을 대선에서 재선하려던 공화당 출신 리처드 닉슨 대통령과 관련되어 있다는 것을 느끼게 된다. 워싱턴포스트는 이런 의혹을 제기했지만 다른 언론들은 별다른 반응을 보이지 않았다. 두 기자는 4개월여 동안 끈질기게 취재한 끝에 닉슨 대통령 측이 수많은 요원을 동원해서 민주당의 선거 운동을 방해하고 있다는 사실을 찾아내 보도했다. 뉴욕 타임스와 같은 다른 유력 언론들도 이 기사의 내용을 보도하면서 사건은 확대되기 시작했다.

그럼에도 닉슨은 그해 11월 7일 대선에서 민주당 후보를 압도적으로 누르고 대통령에 재선됐다. 닉슨 행정부는 즉각 워싱턴포스트와 두 기자에 대한 보복 행동을 했다. 워싱턴포스트는 어려움에 처했지만 굽히지 않았다. 두 기자는 계속해서 워터게이트 사건을 파헤치며 불법 헌금, 살해 위협, 정치적 음모 등을 폭로했다. 워싱턴포스트의 경영진과 간부진도 적극 지원했다. 이 보도는 의회와 워싱턴 정부기관들에 대한 국민의 감시와 압력을 높였다. 그러자 침입 사건의 범인 중 한 명이 담당 판사에게 워터게이트 사건은 공화당의 고위층과 관련이 있다는 양심선언을 했다. 이어 전임 백악관 비서실장이 백악관이 도청, 절도, 비자금 조성, 돈세탁 등의 불법적인 행동을 했다고 밝혔다. 닉슨 대통령은 법무장관을 교체해 가면서까지 수사를 방해하려고 했지만 의회는 닉슨을 탄핵하기 위한 법안을 제출했다. 닉슨은 의회에서 탄핵안 가결이 확실해지자, 1974년 8월 9일 대통령직에서 사퇴했다. 미국 역사상 처음으로 대통령이 중도 사퇴하는 일이 벌어졌다. 언론이 파헤친 진실이 거대한 부패 권력을 무너뜨리는 위대한 승리였다. 워싱턴포스트의 워터게이트 보도는 미국 언론 역사에서 기념비적인 업적으로 남아 있다.

미국에서 닉슨 대통령이 자진 사퇴하던 1974년 일본에서는 월간지 분게이슌슈(文藝春秋)가 다나카 가쿠에이(田中角栄) 총리의 정치자금 비리를 심층 취재해서 폭로하는 대사건이 벌어졌다. 금권정치를 기반으로 막강한 정치권력을 휘두르던 다나카 총리는 이 보도로 큰 타격을 입었다가 총리에서 물러나야 했다. 어려운 가정 출신인 다나카 총리는 학력은 낮았지만, 사업을 하면서 정경유착으로 벌어들인 막강한 재력을 기반으로 중의원 의원을 16번이나 지냈다. 그리고 일본 최대 정당인 자민당에서 최대 파벌을 이끌면서 두 차례 총리를 지낸 입지전적인 정치인이다. 그는 2차 세계대전 이후 어렵던 일본 경제를 되살리면서 일본 경제 부흥기를 이끌었고, 대외적으로는 중국과의 국교 정상화를 하는 등 일본의 정치, 경제에서 영향력이 매우 컸다. 그러나 그는 기업과의 정경유착으로 조성한 불법 자금으로 정치적 기반을 키웠기 때문에 금권정치의 대명사라는 불명예스런 평가도 받았다.

그런데 분게이슌슈의 젊은 기자였던 다치바나 다카시(立花隆)가 1974년 다나카 총리의 금권정치를 해부한 〈다나카 가쿠에이 연구-그 금맥과 인맥〉 기사를 11월호에 발표했다. 다치바나는 정치자금 보고서, 회사 등기부 등본 등 방대한 자금 관련 자료를 수집해서 분석하는 한편 다나카 총리의 정치 후원자와 자민당 내 파벌 등 복잡한 인간관계를 도표로 그려서 시각적으로 보여 주었다. 다나카 총리는 이 기사가 보도된 후에 전후 일본 정계 최대 스캔들로 불렸던 '록히드 사건'에 연루된 사실이 드러나면서 1974년 12월 사임했다. 록히드 사건은 미국 방위산

업체인 록히드가 1950년대 후반부터 1970년대까지 항공기를 팔기 위해 일본, 이탈리아, 네덜란드 등 여러 나라의 거물 정치인들에게 거액의 뇌물을 준 사건이다. 이 사건이 미국 의회에서 공개되면서 이들 나라에서는 엄청난 정치적 파문이 일었다. 다나카 총리는 록히드로부터 5억 엔의 뇌물을 받은 혐의로 1976년 구속되었다. 다나카는 이후 자민당 최대 계파를 이끌며 자파 출신 정치인들을 여러 차례 총리로 내세우는 등 일본 정계의 막후 실세로서 권력을 휘둘러 '어둠의 장군'이란 별명을 얻었지만, 더이상 총리는 하지 못했다.

한국에서도 역사의 물꼬를 바꾼 탐사보도가 있다. 대표적인 보도 중 하나가 박종철 고문치사 사건이다(나무위키, 2024.11.19.).

전두환 대통령을 중심으로 한 신군부가 집권했던 1980년대는 우리나라의 역사에서 매우 암울했던 시기였다. 민주화를 요구하는 대학가와 사회의 목소리를 정부가 탄압하는 과정에서 인권 유린과 언론 탄압이 숱하게 벌어졌다. 민주화를 외치는 인사나 대학생들에 대한 고문도 서슴지 않고 자행되었다. 그런 과정에서 경찰은 1987년 1월 14일 수배 중이던 학생의 소재지를 알기 위해 서울대 학생이던 박종철 군을 그의 하숙방에서 체포해서 서울의 남영동에 있던 경찰 대공분실로 연행했다. 박군은 그곳에서 수사받다가 숨졌다. 1월 15일 아침 서울지검에서 취재하던 중앙일보 신성호 기자가 이 소식을 알게 되어서 '경찰에서 조사받던 서울대 학생이 쇼크로 죽었다'는 기사가 중앙일보에 단독으로 보도되었다. 이것이 대한민국 민주화 역사에서 정점이었던 6월 항쟁의

도화선이 된 뉴스였다.[1)]

경찰은 처음에는 박종철 군이 병원에서 숨진 것으로 조작하려고 했다. 그러나 중앙일보에 이 사건이 보도되자, 경찰은 "가혹 행위는 없었다. 수사관이 박종철 군을 심문하는 도중에 책상을 치자 박종철 군이 '억' 소리를 지르며 쓰러져 병원으로 후송했으나, 사망했다."고 밝혔다. 이 해명은 다른 언론들이 취재에 나서면서 거짓으로 밝혀졌다. 동아일보는 최초 보도는 늦었지만, 이후에는 정부의 고문치사 은폐 사실과 축소 논의 등 추악한 사실들을 계속해서 밝혀내는 탐사보도를 하면서 박종철 고문치사 사건의 내막을 파헤쳤다.

당시 전두환 정부는 언론의 입을 막기 위해서 매일 언론사에 〈보도지침〉을 은밀하게 시달하고 있었다. 매일 벌어지는 사건, 상황, 사태의 보도 여부는 물론 보도 방향과 보도 내용, 형식까지 구체적으로 결정하고 보도를 통제한 것이다(나무위키, 2024.11.25.). 동아일보는 1987년 1월 19일 이를 무시하고, 박종철 군이 물고문을 받던 중에 질식사를 했다는 뉴스를 1면 톱으로 쓰고, 전체 12개 면 가운데 6개 면에서 박종철 군 고문 관련 기사를 보도했다.

정부는 이 사건에 대한 국민의 공분이 커지자, 결국 고문을 인정하고 고문 경찰관 2명을 구속했다. 그러나 사회에서는 고문 경찰관이 더 있다는 의혹이 커져 갔다. 검찰은 1987년 5월 21일 고문 경찰관이 3명 더 있다고 밝히는 것으로 이 의혹을 끝내려 했다. 그런데 동아일보는 이를

1) 자세한 내용은 신성호(2017)가 쓴 책 〈특종 1987–박종철과 한국 민주화〉에서 볼 수 있다.

토대로 보충 취재를 해서 경찰이 고문 경찰관 수를 축소하려고 했다는 사실을 밝혀내고, 1987년 5월 22일 신문에서 크게 보도했다. 이 보도는 엄청난 사회적 파문을 몰고 왔다. 정부에 대한 국민의 신뢰는 완전히 땅에 떨어졌다. 동아일보는 이어서 법무부와 검찰의 고위층이 3달 전부터 경찰의 조작을 알고 있었는데도 수사하지 못했다고 보도했다. 이 보도는 전두환 정부를 더욱 궁지로 몰아 넣었다. 이로 인해 국민의 민주화 열기는 더욱 뜨거워졌고, 6월 항쟁으로 이어졌다(황호택, 2017). 박종철 고문치사 사건을 둘러싼 정부의 은폐 축소와 언론의 탐사보도 활동 내용은 영화 〈1987〉로 제작되어 2017년 12월에 개봉되었다(위키백과, 2024.11.29.).

중앙일보는 1987년 '박종철 고문치사 사건 첫 보도'로 한국기자협회의 〈한국언론상〉을 받았다. 동아일보는 1987년에는 '박종철 고문치사 및 은폐 조작 사건'으로, 1988년에는 '박종철 고문치사 사건 재추적'으로 2년 연속 한국기자협회의 〈한국언론상〉을 수상했다.

비리 고발은 탐사보도의 단골 주제이다. 고발 대상에는 성역이 없다. 성스러운 종교단체도 탐사보도의 대상이 된다.

2001년 미국 보스턴에서 존경받던 가톨릭 신부가 30여 년 동안 수많은 아동을 성추행한 혐의로 체포된다. 그러나 보스턴의 가톨릭 교구가 사건을 무마시키기 위해 백방으로 손을 써서 보스턴 사회는 의외로 조용했다. 지역신문인 보스턴 글로브(The Boston Globe)에 새로 부임한 편집장은 탐사보도를 담당하는 스포트라이트 팀에 이 사건을 심층 취재하도록 지시했다. 스포트라이트 팀은 가톨릭 사제들에게 피해를 입었다고 증언하는 사람들과 그들을 변호하는 변호사를 만나 사제들의 성범죄 정황을 취재했다. 기자들은 피해자들을 끊임없이 인터뷰해서 보스턴에서만 80명에 달하는 가톨릭 신부들이 성추행을 한 혐의가 있음을 알아냈다. 가톨릭 보스턴 교구와 추기경이 이 사실을 알면서도 묵인하거나 적극적으로 비호했다는 사실도 밝혀냈다.

스포트라이트 팀은 2002년 취재한 사실을 바탕으로 한 해 동안 600건이 넘는 가톨릭 사제 성추행 관련 기사를 보도해서 미국은 물론 전 세계에 충격을 주었다. 스포트라이트 팀은 퓰리처상을 수상했다. 이 이야기는 2015년 미국에서 〈스포트라이트〉(Spotlight)라는 제목의 영화로 만들어졌다(나무위키, 2024.11.7.). 우리나라에서도 2016년에 개봉되었다.

우리나라의 스포츠 분야를 탐사보도한 기사의 주요 주제도 비리였다. 김용은(2024)은 1990년 9월부터 2024년 3월까지 한국기자협회에서 〈이달의 기자상〉을 받은 38건의 스포츠 탐사보도 수상작의 주제를 분석했다. 가장 많은 주제는 스포츠 4대 악 프레임, 권력형 비리 프레임, 실태 고발 프레임과 같은 비리 문제였다. 우리나라에서 '김학의 원주 별장 성폭행 의혹 사건'과 같이 권력과 연관된 사건이나 수많은 서민을 울리는 경제, 금융비리도 탐사보도의 주요 주제이다(정희상, 최빛, 2019).

▌영화 〈스포트라이트〉의 이미지를 ChatGPT로 제작

2) 공적 이슈

탐사보도의 고발 대상은 정부나 권력층에 국한되지 않는다. 워싱턴포스트가 워터게이트 사건을 보도할 당시 발행인이었던 캐서린 마이어 그레이엄(Katharine Meyer Graham)은 1974년 탐사보도의 역할에 대해 첫 번째는 공직자 부패를 폭로하는 것이며, 두 번째는 사회 문제와 관련된 복잡한 정책 이슈를 보도하는 것이며, 세 번째는 공공과 민간 부문의

시스템과 제도에 있는 문제점을 공중에 널리 인지시키고 변화하도록 공공적인 압력을 넣는 것이라고 강조했다.

실제로 1970년대 미국에서 탐사보도 기자들이 자주 언급한 탐사보도의 특징은 중요한 공적 문제의 숨겨진 비밀을 폭로하는 것이었다. 탐사보도의 주제는 공적인 중요성이 있어야 하며, 폭로된 정보는 국민에게 비밀로 되어 있던 것이어야 했다. 당시 보도된 탐사보도 기사들, 예컨대 시 공무원이 도박장에서 뇌물을 받은 사건, 주 정부의 민권탄압, 주 정부의 소비자 갈취 등은 이런 조건을 충족시켰다. 마이애미 헤럴드 신문이 1971년에 만든 탐사보도팀이 가장 먼저 보도한 뉴스는 미국 상원의원이 연방주택관리청에서 낮은 이자의 융자와 다른 편의를 제공받기 위해서 건설회사 중역들을 갈취한 사건을 폭로한 것이었다(Aucoin, 2005/2007, 116~118쪽).

오대영, 남재일, 박재영(2017)의 연구에서도 한국과 미국의 탐사보도는 공공 부문의 문제점을 가장 많이 다루었다. 2000~2016년에 한국기자협회에서 〈이달의 기자상〉을 받은 기획보도 부문 수상작 가운데 고발 성격이 강한 64개 기사를 분석한 결과, 제도·행정의 실패, 공적자금 오남용, 주요 기관 문제점 등 공적인 문제점을 파헤친 탐사보도가 64%이었다. 구체적으로는 제도·행정의 실패(35.9%)가 가장 많았고, 다음은 기업의 횡포(20.3%), 공적자금 오남용(15.6%), 주요 기관의 문제점(12.5%), 공직자 부패(6.3%) 등이었다. 미국 신문기사는 1995~2017년의 퓰리처 수상작 가운데 탐사보도와 공공서비스 부문 수상작 45개를 분석하였다. 미국 기사에서는 공적인 문제점을 파헤친 탐사보도가 53.4%이었다. 그 밖에 기업의 횡포(24.4%), 제도·행정의 실패(17.8%), 공권력 오남용(17.8%), 주요 기관의 문제점(17.8%), 공직자 부패(13.3%), 공적자금 오남용(6.7%) 등이었다.

탐사보도에서는 정부 정책에 대한 심층 분석도 중요한 이슈가 된다. 정책 이슈와 관련된 탐사보도로는 KBS제주가 국토교통부의 '제주 제2공항' 건설 계획과 관련해서 1년 2개월 동안 보도했던 '제주 제2공항' 프로그램 사례가 있다(김연송, 신소용, 이서현, 최낙진, 2022). 국토교통부는 2015년 11월 10일 제주 성산읍 일대에 '제주 제2공항'을 건설하겠다고 발표했다. 제주도에서는 지역 발전에 도움이 된다면서 찬성하는 여론과 환경 훼손, 지형 보존 문제, 난개발과 투기 우려 등을 이유로 반대하는 여론이 첨예하게 대립하면서 제2공항 건설 문제는 제주도의 큰 갈등 이슈가 되었다. 이런 가운데 제2공항 입지를 선정하는 용역이 부실했다는 의혹과 현재의 제주공항을 확장하는 쪽에 무게를 둔 용역보고서를 국토교통부가 폐기했다는 의혹이 제기되어서 지역사회 여론은 더욱 시끄러워졌다.

이런 상황에서 KBS제주는 2018년 11월 12일부터 2020년 1월 20일까지 1년 2개월 동안 총 86회에 이르는 장기 기획보도 '제주 제2공항'을 방송했다. 성산읍이 제2공항 예정지로 선정되는 절차가 정당하고 타당했는지를 검증하고, 각종 의혹을 밝히겠다는 취지였다. KBS제주는 파리공항공단 엔지니어링(ADPi) 보고서와 전략 환경영향 평가보고서 등 각종 보고서를 중심으로 제2공항 타당성 검증 내용을 조사해서, ADPi 보고서 등 관련 자료들이 조작되거나 편의적으로 취사선택되었다는 사실을 밝혀냈다. 이 프로그램은 제주도 기자협회 소속 9개 언론사가 2020년 2월 제주도민 2000명과 성산읍 주민 500명을 대상으로 '제2공항 찬반 여론조사'를 실시하도록 만드는 등 지역 공론장 형성에 중요한 역할을 했다.

국토교통부는 건설계획을 공개한 지 8년 10개월 만인 2024년 9월 5일 우여곡절 끝에 서귀포시 성산읍 일대에 현 제주국제공항보다 57% 넓은 제2공항을 건설하겠다는 사업안을 고시했다. 그러나 제주도 내에서는 여전히 찬반 여론이 첨예하게 대립하고 있다. 또 제주도에서의 대규모 건설 사업은 제주특별법에 따라 제주도와 협의해야 하고, 도의회의 동의도 필요해서 많은 난관이 예상되고 있다. 공항업계 전문가들은 모든 과정이 순조롭게 진행되더라도 공항 건설까지는 10년 이상 걸릴 것으로 전망하고 있다(조선일보, 2024.9.6.).

KBS의 〈추적60분〉은 1980년대에 충격적인 현장을 보여 주면서 한국 사회의 구조적인 문제점을 고발하고, 법과 제도의 개선을 이끌어 내서 탐사프로그램의 역할을 잘 수행하였다(김정수, 2020). '한국판 몬도가네-몸에 좋다면 뭐든지' 프로그램에서는 뱀의 피부에 기생충이 득실대는 영상을 보여 주었다. 이로 인해 보신문화가 사그라졌고, 서울 시내의 4대문 안에서 뱀탕집 영업이 금지됐다. '긴급점검-기도원' 프로그램에서는 비인간적인 실상을 그대로 보여 주자, 정부는 몇 년 동안 미뤄왔던 정신질환자 치료 병상을 늘리고, 정신보건법 제정을 추진했다. '잃어버린 아이들'이 방송된 후에는 여러 기관으로 나뉘어 업무에 혼선을 빚던 미아찾기 창구 단일화가 이루어지고, 미아찾기 업무 시스템이 정비되었다.

다른 연구에서는 한국에서 탐사보도물은 시청자에게 흡연과 간접흡연의 폐해를 인식시켜서 국내 최대 담배 제조 및 판매 기업인 KT&G에 대한 부정적인 태도를 형성하고, 정부의 강력한 흡연규제 정책에 대한 지지를 이끌어 냈다(이영돈, 심재철, 노성종, 2009). 아프리카의 남부 사하라 지역에서 보도된 12개의 탐사보도는 논쟁을 불러오고 과학적 해결책을 제시해서 정부 정책과 결정에 영향을 주었다(Lublinski et al., 2016).

3) 사회구조 개혁

사회의 문제점은 법과 제도에만 있는 것은 아니다. 빈부격차와 같은 사회의 구조적인 문제도 심각한 병폐이다. 탐사보도는 이런 사회 문제들을 파헤치고 공중에게 알려서 사회를 개혁시킨다.

19세기 후반 뉴욕에서 경찰 담당 기자로 활동하던 제이컵 리스(Jacob A. Riis)는 기자 생활의 대부분을 범죄와 쥐가 들끓고 무질서한 슬럼가를 만들어 낸 뉴욕시 정부의 공적 태만과 정치인 등의 사적 탐욕을 추방하는 운동에 바쳤다. 당시 뉴욕 인구의 4분의 3이 거주하던 공동주택가에는 이탈리아 등 여러 국가에서 온 이민자들이 살고 있었다. 이들은 화재 대피로 등 안전과 위생 필수 시설이 없는 집에서 비참하고 야만적인 생활을 하면서 도시 빈민으로 전락했다. 공동주택은 노동 착취와 타락의 중심이 되었다. 리스는 글과 사진으로 이곳에서 벌어지는 일들을 생생하게 전달했다. 늦은 밤까지 이어지는 노동 착취, 가족과 사회의 무관심 속에서 갱단이 되어가는 부랑아들의 골목, 선거 승리에만 혈안이 된 정치인들이 부랑아와 빈민들의 표를 헐값에 매수하는 싸구려 숙박업소 등 사회 실태를 신랄하게 폭로하고 고발했다. 그는 특히 참담한 모습을 카메라 렌즈에 담아 생생한 증거 자료로 제시했다. 당시는 언론에서 삽화가 중심이었기 때문에 뉴욕 선은 그의 사진 일부를 선화(線畵)로 게재했다.

리스는 빈민층의 주택 상황에 관한 책을 10권이나 발간했다. 그중 가장 유명한 책은 1890년에 발간된 〈세상의 절반은 어떻게 사는가〉(How the Other Half Lives)이다(Riis, 1890/2017). 이 책은 17건의 사진과 19건의 그림을 포함시키고 다큐멘터리 기법으로 전개했다. 새로운 기법들은 여론의 주목을 받으면서 실질적인 정책 변화를 이루어 내는 데 성공했고, 폭로 보도의 전통을 한 단계 발전시켰다. 그는 이 책에서 도시 빈민의 비참한 삶이 그들의 태생적인 성품이나 나태함 때문이 아니라 정치, 경제, 사회적 조건이 빚어낸 결과라는 사실을 사회에 널리 알렸다. 이 책은 다큐멘터리 사진의 토대가 되는 최초의 작품집으로 평가받고 있다. 리스는 카메라를 폭로 도구로 완성시킨 포토저널리즘의 선구자가 되었다(Aucoin, 2005/2007, 44~45쪽).

이 책은 1895년 뉴욕의 경찰청장이었던 시어도어 루스벨트에게 매우 깊은 인상을 주었다. 루스벨트는 리스에게 뉴욕 슬럼가의 문제를 해결하기 위해 적극적으로 나서겠다고 약속했다. 루스벨트는 1898년 뉴욕 주지사가 된 이후에 이를 실천에 옮겼다. 루스벨트가 1901년 미국 대통령이 되자, 리스는 고문으로 활동하면서 1902년 〈빈민가와의 전쟁〉을 출간하는 등 사회 개혁을 위한 노력을 지속했다.

한국에서는 2001년에 보도된 중앙일보의 〈현장리포트-서울 최대 달동네 난곡〉 시리즈가 사회의 빈민 문제를 심층적으로 취재해서 구조적으로 접근한 최초의 탐사보도였다. 이 탐사보도는 최빈층의 문제를 사회 문제로 환기시키고 해결책에 대한 사회적 관심을 유발하였다. 당시 난곡은 최빈층이 몰려 살던 곳이었다.

중앙일보 기사는 이렇게 시작한다(중앙일보, 2001.4.9.).

"산꼭대기의 파란색 공동화장실. 소방차가 올라갈 수 없는 평균 경사 35도의 골목길. 주로 소주·라면만 팔리는 동네 가게. 옛 삼성전자 로고가 남아 있는 1970년대식 거리 간판. 아직도 두 집에 한 집 꼴로 연탄을 쓰는 곳. 여기는 2001년 4월, 서울 관악구 신림동 산 101 '난곡'-. 본사 취재팀은 국내 최대 규모인 2천여 가구의 저소득층이 사는 이곳에 70여일간 머물며 빈곤 실태를 규명하고 대안을 모색하기 위한 '조사 보도'를 벌였다."

이 기사에서 소개된 박순자(가명·86) 할머니 일가는 벗어나기 힘든, 크고도 깊은 가난의 수렁 속에서 살고 있다. 증손자까지 4대 여섯 가구가 난곡에 살고 있는 朴할머니 일가 가족 29명 거의 모두가 최저생계비(3인 가구 기준·월소득 76만 원) 이하 생활자이다. 네 명 중 한 명꼴로 중증 질환자이다. 대졸자는 단 한 명(손자)뿐이다. 유일한 정규직 취업자다. 이들은 한국전쟁 때 가난의 늪에 빠진 뒤 외환위기를 거치면서 '저학력-저소득-노동력 마모'의 '사슬'에 빠졌다. 중앙일보는 기사에서 "실업이 고착화하고, 근로 의욕이 감퇴하며, 장래에 대한 극도의 절망감이 번지는 등 '빈곤의 함정'이 확산되고 있음을 확인했다."고 밝혔다.

중앙일보가 난곡의 성인 남녀 200명을 면접 조사한 결과, 119명(65%)이 1997년 이후 단 한 번도 직업(공공근로 제외)을 갖지 못했다. 특히 근로 능력이 왕성한 20~40대 중 62%가 4년간이나 실업 상태였다. 정부가 각종 자활·재취업 사업을 벌이고 국민기초생활보장제를 도입했지만, 이들을 일터로 끌어내는 데는 실패했다. 주민의 68%는 "정부의 자활정책은 전혀 도움이 안 됐다."고 생각했다.

중앙일보 기사는 우리 사회가 그동안 깊게 고민하지 않고, 어쩌면 당연하게 생각하던 빈민층 문제에 관심을 갖는 계기를 가져왔다. 난곡에는 훈훈한 사회의 손길이 쏟아졌다. 이 기사는 2001년 한국기자협회의 〈한국기자상〉을 받았다.

중앙일보는 2004년 3월, 난곡리포트 2탄 격인 탐사기획 기사 〈가난에 갇힌 아이들〉을 보도했다. 이 기사는 빈민층 아이들이 겪기 쉬운 '가난의 대물림'을 끊는 고리를 만드는 사회운동으로 발전하였다. 이 기사를 취재하고 보도한 기자들은 복지·사회단체, 학계, 정부 관계자들과 많은 논의를 하면서 미국의 'Head Start', 캐나다의 'Fair Start', 영국의 'Sure Start' 같이 체계적인 빈곤층 아동 지원 프로그램을 국내에도 만들기로 했다. 빈민층 아이들에게 교육과 복지 면에서 공정하고 확실한 출발선(start)을 마련해 주어서 그들이 성인이 됐을 때 가난에서 벗어날 수 있도록 해주자는 것이었다. 언론보도로 생긴 사회적 관심을 사회운동의 에너지로 바꾸기로 한 것이다(중앙일보, 2009.5.9.).

2004년 여름, 사회복지공동모금회, 한국복지재단, 한국사회복지협의회, 굿네이버스 등 50여 개 민간단체로 구성된 We Start 운동본부가 발족했다. We Start 운동은 '사회 구성원 모두(We)가 나서 빈곤층 아동의 삶의 출발(Start)을 도와 가난 대물림을 끊어 주자'는 취지의 시민 사회 운동이었다. 'We'는 복지(Welfare)와 교육(Education)의 영문 머리글자이기도 했다(중앙일보, 2004.5.3.). 〈가난에 갇힌 아이들〉 시리즈는 국내 언론으로는 처음으로 2005년 미국 탐사보도기자협회(IRE)로부터 〈2004 외국 언론 특별상〉을 수상했다.

탐사보도는 우리 사회가 겪고 있는 다양한 구조적인 문제를 다루면서 심층적으로 발전했다. 기후 변화가 생태계 및 인간 생활에 미치는 영향은 중요한 주제이다. 이제는 기후 변화가 일으키는 사회 갈등과 불평등 문제까지 탐사보도 이슈가 될 정도로 탐사보도 수준이 깊어지고 있다(안영인, 2021).

4) 역사의 진실 찾기

숨겨진 역사의 진실을 찾는 것은 역사 발전을 위해서 매우 중요한 일이다. 탐사보도에서도 역사의 진실 찾기는 중요한 주제가 된다.

미국 신문의 〈펜타곤 페이퍼〉(Penagon Papers) 보도는 미국의 베트남 전쟁 역사에 지대한 영향을 주었다.[2] 펜타곤 페이퍼는 1940년대 제2차 세계대전 때부터 1968년 5월까지 인도차이나에서 미국이 했던 역할을 기록한 250개 자료를 담은 47권의 방대한 보고서이다. 1967년 미국 국방장관 로버트 맥나마라의 책임 아래 18개월 동안 작성된 미국 국방성의 1급 비밀문서이다. 미국 신문 뉴욕 타임스는 이 자료를 입수해서 1971년 6월 13일 연재기사를 보도하기 시작했다.

당시 베트남은 자유주의 진영인 남베트남과 공산주의 진영인 북베트남이 전쟁을 하고 있었다. 미국은 남베트남을 지원하기 위해 베트남 전쟁에 참여하고 있었다. 페타곤 페이퍼 작업에 참여하고 있던 한 연구원이 미국의 베트남 전쟁 참여에 반대하는 입장으로 바뀌면서 펜타곤 페이퍼를 뉴욕 타임스에 슬쩍 흘렸다. 뉴욕 타임스가 펜타곤 페이터의 핵심 내용을 보도하자, 리처드 닉스 행정부는 이 뉴스가 미국의 안보 이익에 치명적인 손실을 끼친다며 법원에서 공표금지 명령을 얻어 냈다. 그러자 미국 신문 워싱턴포스트가 펜타곤 페이퍼를 전격적으로 입수해

---

2) 나무위키(2024.4.12.)의 '펜타곤페이퍼'와 위키백과(2024.12.1.)의 '펜타곤 문서' 자료를 참고해서 정리하였음.

서 후속 보도를 이어나갔다. 그러면서 뉴욕 타임스와 워싱턴포스트는 연합해서 법정투쟁을 벌였다. 1971년 6월 30일 미국 연방대법원은 두 신문사가 펜타곤 페이퍼를 보도할 수 있는 권리를 인정했다.

이 보도로 미국 정부가 20년 넘게 베트남 전쟁에 개입하게 된 배경과 과정이 자세하게 드러났다. 주요 내용을 보면 프랑스와 베트남 간에 전쟁이 시작되었을 때 트루먼 정부(1945년 4월~1953년 1월)는 프랑스에 군사 원조를 제공했기 때문에 미국은 베트남 사태에 직접 개입하게 되었다. 아이젠하워 정부(1953년 1월~1961년 1월)는 1954년 북베트남의 공산주의 정권을 붕괴시키기로 결심했다. 케네디 정부(1961년 1월~1963년 11월)는 베트남에서의 제한 전쟁 전략을 전면적인 전쟁 개입정책으로 전환했다. 존슨 정부(1963년 11월~1969년 1월)는 1964년에 공개 전쟁을 개시하고, 1965년에는 북베트남 폭격이 남베트남에 있는 베트콩을 위축시키는 데 도움이 되지 못한다는 정보 조직의 판단을 무시하고 폭격 명령을 내렸다.

특히 미국이 베트남 참전의 명분으로 내세운 '통킹 만 사건'은 북베트남이 도발한 것이 아니라, 미국이 조작한 사건이라는 사실이 밝혀졌다. 이는 베트남 전쟁을 밀어붙이던 미국 정부를 궁지에 몰아넣었다. 기사 내용은 "베트남의 통킹 만에 있는 공해상에서 공격받은 것으로 알려진 미국 구축함 매독스호는 북베트남 영해를 수시로 드나들던 암호명 '데소토'라는 정보 수집 함정이었다. 북베트남 어뢰정이 미 구축함을 공격했다는 증거가 없다."는 것이었다.

북베트남이 전쟁을 도발한 것으로 알고 있던 미국 국민들은 이 보도로 큰 충격에 빠졌다. 뉴욕 타임스와 워싱턴포스트의 후속 보도로 베트남 전쟁은 냉전 시대에 미국 정부와 군수업체, 광신적인 반공주의자들이 결합한 침략 전쟁이었다는 사실이 드러났다. 미국 내에서 거세게 일고 있던 반전 운동이 더 확산되고, 세계 각국에서 전개되었다. 이는 미국 정부가 베트남 폭격을 중지하고, 북베트남과 평화 교섭을 개시한 후에 미군이 베트남에서 철수하는 데 큰 영향을 주었다. 이 내용은 1971년에 〈펜타곤 페이퍼〉라는 책으로 출판되었다. 2017년에는 워싱턴포스트가 정부의 압력에도 불구하고 '펜타곤 페이퍼'를 보도하는 과정을 그린 영화 〈더 포스트〉(The Post)가 미국에서 개봉되었다(나무위키, 2024.9.12.). 한국에서는 2018년에 개봉되었다.

영화 〈더 포스트〉의 이미지를 ChatGPT로 제작

5) 전쟁 범죄

전쟁 범죄도 중요한 탐사보도의 주제이다. 2022년 러시아의 침략으로 시작된 우크라이나 전쟁에서는 많은 탐사보도 기자들이 현장을 돌아다니면서 전쟁 범죄를 추적하고 있다(KBS, 2023.10.7.). 2022년 3월 우크라이나 수도 외곽 지역인 부차에서 민간인 450여 명이 학살됐다. 미국 뉴욕 타임스의 마샤 프로리악은 러시아군이 부차에서 철수한 이후 8개월 동안 그 지역에 머물며 학살의 참상을 보도하는 한편 학살 범인을 추적했다. 끈질긴 추적 끝에 그녀는 부차 학살의 범인 중 하나로 러시아 제234연대를 지목했다. 그녀는 부차의 야블룬스카 거리에서 발생한 학살의 범인을 찾기 위해 학살을 목격한 주민이 찍은 영상, 거리와 건물에 있는 CCTV 영상, 우크라이나 군이 날린 드론 등에 있는 자료를 확보했다. 그렇게 구한 영상의 분량만 23테라바이트이었다. 그 영상에 담긴 장갑차와 제복, 군인들의 얼굴 등은 학살 범인을 찾는 퍼즐 조각 중 하나일 뿐이었다.

또 다른 퍼즐 조각은 러시아 병사들의 휴대전화 통화 기록이었다. 그녀는 현장 주민들로부터 일부 러시아 병사들이 민간인을 학살한 뒤 휴대전화를 가져갔다는 사실을 알게 되었다. 그녀는 우크라이나 당국을 통해 2022년 3월 부차 지역에서 러시아로 걸린 모든 통화와 메시지에 대한 데이터베이스를 입수했다. 그리고 피해자 가족들을 인터뷰하면서 학살 피해자들의 전화번호를 받아 그 데이터베이스에 있는지 확인했다. 점령 기간 동안 군인들이 적어도 6명 이상의 학살 희생자 휴대전화를 사용한 것으로 확인되었다. 우크라이나 당국은 2022년 8월 부차에서 458명의 민간인이 총상과 방화, 고문으로 희생됐다고 발표했다. 러시아 측은 우크라이나 측이 꾸민 조작이라고 주장했다.

그러나 뉴욕 타임스는 부차 야블룬스카 거리에서 숨진 민간인 36명의 신원을 가족의 동의를 받아서 공개했다. 마샤 프로리악은 "희생자들은 군인들이 쏜 총에 맞아 사망한 것으로 파악됐고, 이는 국제법정에서 전쟁 범죄의 증거로 사용될 수 있다."고 밝혔다. 전장에서의 취재는 매우 위험하고 어렵다. 미사일이 어디에 떨어질지도 알 수 없고, 러시아 군인들이 어디에 폭탄을 숨겨 놓았을지 몰라 위험했다. 그리고 인터넷이 안 되고 전기도 끊겨 매우 추웠다. 그래도 마샤 플로리악은 "현장에 있으면서 참상을 계속 기록하고 보여 줘야 한다."고 강조했다.

6) 개인 구조

탐사보도의 지향점은 시민을 지키는 일이다. 탐사보도가 정부나 특권층의 비리를 파헤치고, 정부 정책이나 사회 구조의 문제점을 고발하는 궁극적인 이유는 시민의 안전과 행복을 지키려는 데 있다. 이런 점에서 사회의 부조리로 억울한 고통을 겪고 있는 개인들을 구조하려는 노력은 탐사보도의 궁극적인 주제이다.

우리나라에서는 20세기 후반까지만 해도 사법기관에 의한 고문이 종종 벌어져 문제가 되었다. 조갑제(현 조갑제닷컴 대표)는 우리나라에서 인간의 존엄성을 심각하게 훼손하는 고문 문제에 대해 정면으로 파헤치고 고발한 대표적인 탐사보도 기자였다. 그가 기사로 보도했다가, 책으로 펴낸 〈사형수 오휘웅 이야기〉는 지금도 한국 언론계의 대표적인 탐사보도물로 평가받고 있다.

다음은 이 사건의 줄거리다.

1974년 12월 30일 밤, 인천에서 남성과 두 아이가 목이 졸려서 숨진 시체로 발견된다. 경찰은 다음날 숨진 남성의 부인인 두이분과 30대 남성 오휘웅을 살인범으로 체포한다. 두 씨가 평소 정을 통해 오던 미혼 청년 오휘웅을 시켜서 남편과 두 아이를 죽였다는 것이다. 오휘웅은 경찰 조사에서는 자신이 죽였다고 인정했지만, 법정에서는 말을 바꿔 두 씨와 경찰, 검찰이 자신에게 누명을 씌웠다고 항변했다. 그런데 두 씨가 1심 재판을 받던 도중에 자살을 했다. 오휘웅의 무죄를 입증해 줄 사람이 사라지면서 오휘웅은 1976년 사형이 확정돼 1979년 34세의 나이로 처형된다.

1979년 9월 13일 서울구치소 사형집행장에서 오휘웅은 이 같은 유언을 남겼다.

“저는 절대로 죽이지 않았습니다. 이것은 하느님도 알고 계십니다. 저의 유언을 가족에게 꼭 전하여 제가 죽은 뒤에라도 누명을 벗도록 해주십시오. 여기 검사와 판사도 나와 있지만 저와 같이 억울하게 죽는 이가 없도록 해주십시오. 엉터리 재판 집어치우십시오. 죽어서 원혼이 되어서라도 위증하고 고문하고 조작한 사람들에겐….”

당시 오휘웅은 흉악한 살인범으로 처형당했기 때문에 누구도 그의 유언에 관심을 갖지 않았다. 그런데 이 사건은 오휘웅이 숨진 5년 뒤에 조갑제에 의해 우리나라 인권사의 살아 있는 역사적인 이야기로 되살아났다.

조갑제는 조선일보 시사잡지인 월간조선에서 일할 때 우연히 오휘웅 사건을 듣게 되었다. 조갑제는 오휘웅이 억울하게 죽었을 수 있다는 생각에서 3년 동안 오휘웅의 진술서, 자백 진술서와 검찰조서 등 방대한 자료를 뒤지고, 경찰과 증인 등 관련자들을 집요하게 취재했다. 조갑제는 오휘웅은 결백하다는 결론을 내리며, 무고한 인간의 생명을 앗아간 사법제도를 준엄하게 꾸짖는 장문의 탐사기사를 1984년 9월 〈물증 없는 사형집행〉이란 제목으로 월간조선에 보도했다.[3] 그리고 1986년에는 〈사형수 오휘웅 이야기〉라는 책을 발간했다. 이 책은 언론계, 법조계에서 "한국 언론사에 남을 탁월한 탐사보도", "최고의 논픽션", "이야기 논픽션의 한국적 원형", "법률가들이 필독해야 할 책"이라는 찬사를 받았다. 논픽션과 탐사기사에 관한 이야기가 나오면 '무조건 읽어야 하는 걸작'이 되었다.

조갑제는 2015년 내용을 보완해서 재출간했다. 조갑제가 이 책에서 말하고 싶었던 것은 고문에 대한 고발, 소수의 인권보호에 대한 외침이었다.

---

3) 기사 내용은 조갑제닷컴(https://www.chogabje.com/)에서 〈물증 없는 사형집행〉이란 검색어로 찾아볼 수 있다.

그는 1986년 발간한 첫 책에서 다음과 같이 적었다(조갑제, 2015, 16쪽).

"어느 사회의 양식을 가늠해 보는 한 기준은 '그 사회의 소수파가 어떤 대우를 받고 있는가'라고 한다. … 민주화란 것은 결국 사람답게 살 수 있는 사회의 건설이고, 그런 사회에서는 고통 받는 소수의 사람들에게 다수의 사람들이 애정 어린 관심을 갖게 된다는 뜻이겠다. 비슷한 논리로서 어떤 사회가 가진 법의 양식이나 민주화 정도는 사형제와 사형수에 대해 구성원들이 얼마나 많은 관심을 보이느냐가 하나의 잣대가 될 것이다."

그는 2015년 재출간한 책의 머리글에서는 '가장 힘센 직군인 언론인과 법률가에게 바친다'라는 제목 아래 다음과 같이 썼다.

"1980년대 민주화 운동 시절의 한 주제는 고문이었다. 경찰, 검찰, 안기부, 보안사 등 공안기관의 고문과 조작이 자주 폭로되었다. 한국의 민주화 운동은 인권 보호를 핵심 가치로 삼고 있었다. 1987년 1월에 발생한 박종철 고문치사 사건은 당시의 전두환 정권을 몰아붙여 그해 6월 29일 '민주화 선언'을 만들어 내는 데 결정적 역할을 했다. … 자유민주주의의 기초 단위는 개인이다. … 기적과 역전의 드라마인 한국의 발전을 뒷받침한 힘의 원천은 '개인의 자유'이다. 고문은 국가 권력으로 이런 개인의 존엄성을 짓밟는다는 점에서 가장 반민주적이고 반국가적이며 반문명적이다."

그가 '가장 힘센 직군인 언론인과 법률가에게 바친다'라고 제목을 붙인 것은 인권보호에 대한 언론인과 법률가의 책무를 강조하기 위한 의도였다. 조갑제는 〈사형수 오휘웅 이야기〉, 〈고문과 조작의 기술자들〉, 〈이수근은 역시 간첩이 아니었다〉, 〈김기철씨는 왜 요절했나〉 등 고문을 고발하는 4권의 책을 썼다.

미국에서 탐사보도 수업을 활용해서 학생들과 함께 억울하게 형사처벌을 받거나 그럴 위기에 처한 사람들의 무죄를 입증하는 노력을 해온 미국 데이비드 프로테스 교수의 이야기도 사람을 구제하는 탐사보도의 역할을 보여 준다(이재경, 2017). 프로테스 교수는 1990년대부터 미국 노스웨스턴 대학 저널리즘스쿨에서 탐사 저널리즘 수업을 진행하면서 자신이 무죄라고 주장하는 중범죄자들의 청원을 받아서 학생들과 함께 그들의 무죄를 입증하는 프로젝트 수업을 해왔다. 이 프로젝트는 10년 만에 사형수 5명을 포함한 장기복역수 11명의 무죄를 입증해서 석방시켰다. 사형이 집행되기 48시간을 앞두고 무죄가 입증되어서 풀려난 사람도 있었다. 이 프로젝트의 성과로 잘못된 사법제도의 폐해를 절감한 당시 일리노이주지사는 2003년 일리노이주에서 사형제를 폐지한다고 선언하기도 했다.

그러나 2009년 학생들이 현장 조사를 진행하면서 신분을 속이거나 증인을 매수한 정황들이 나타나면서 이 수업은 중대한 위기에 처했다. 일리노이주 검찰청이 이 프로젝트에 반격을 가하고, 학교도 문제를 삼았다. 2011년 프로테스 교수는 학교와의 갈등 끝에 학교를 떠난 후 비영리 시민단체 형태로 시카고무죄센터를 설립했다. 미국 전역의 대학생들이 인턴 자격으로 무죄 입증 프로젝트에 참여했다. 프로테스 교수와 인턴들은 탐사취재를 해서 허핑턴포스트에 기사를 보도했다.

이 기사는 기적을 만들기 시작했다. 31년을 복역했던 사람은 2013년에 무죄가 입증되어서 59세의 나이에 석방되었다. 오클라호마 주립대 농구 선수였던 사람은 성폭행 혐의로 유죄판결을 받아 30~45년 정도 형무소에서 살아야 할 상황이었다. 그러나 시카고무죄센터의 노력으로 오클라호마주 검찰이 그에 대한 기소를 취하하고, 형사 법원도 무죄를 선고했다. 그는 2014년 풀려나서 대학을 졸업하고 프로농구 선수로 활약할 수 있었다. 시카고무죄센터의 활동이 알려지면서 미국의 거의 모든 지역에서 무죄 프로젝트들이 만들어졌다. 시민들의 사법정의에 대한 인식도 과거에 비해 매우 성숙해졌다.[4)]

---

4) 2024년 9월 25일 시카고무죄센터의 최신 정보를 알기 위해 홈페이지(www.chicagoinnocencecenter.org)를 클릭했으나, 접속되지 않았다. 관련 사이트를 검색한 결과, 2017년 이후에는 활동을 중단한 것으로 추정되었다.

CHAPTER

2

INVESTIGATIVE JOURNALISM

탐사보도 관련 저널리즘 이론

INVESTIGATIVE JOURNALISM

1
객관주의와 사회책임주의

전통적인 저널리즘은 객관주의 보도(Objective Reporting)를 원칙으로 하였다. 언론의 뉴스 보도에는 언론사나 기자의 관점이 개입해서는 안 되며, 뉴스는 객관적인 시각으로 바라본 엄격한 사실을 바탕으로 보도해야 한다는 것이다(김형진, 2000, 106~108쪽). 객관주의 저널리즘은 언론은 정확하고 검증 가능한 사실을 취재하면서 객관적이고 공정하게 뉴스를 만들어 보도함으로써 정책과 제도를 개선하고, 사회의 안전을 지키기 때문에 민주주의의 기본 요소라는 믿음에 기초한다.

객관주의 저널리즘은 모든 사건이나 사물에는 객관적인 실체가 있으며, 언론은 그것을 정확하게 볼 수 있다고 전제한다. 그러면 기자는 사건이나 사물을 뉴스로 정확하게 설명할 수 있으며, 실제 현실과 기자가 설명한 현실의 실체는 일치한다는 것이다. 언론은 거울처럼 현실을 있는 그대로 보여 주어야 한다는 '거울이론'이다. 언론은 이런 방식으로 객관적 지식과 과학적 진실을 생산하게 된다. 객관주의 저널리즘은 수동성과 순수성의 원칙을 중시한다. 수동성은 저널리즘은 뉴스를 알려주는 기능만 해야 하며, 뉴스를 만들려고 해서는 안 된다고 강조한다. 언론은 의제를 만드는 캠페인성 기획보도를 해서는 안 된다. 순수성은 언론이 사건에 개입해서는 안 되며 바라만 보고 있어야 한다는 것을 의미한다(김사승, 2013, 14~15쪽).

객관주의 저널리즘은 19세기 중반 미국에서 신문 산업이 발전하면서 시작되었다. 증기기관과 인쇄기술의 발달로 신문 생산량이 증가하고 신문 가격이 1페니로 크게 떨어지면서 일반 대중도 부담 없이 신문을 살 수 있게 되었다. 대중신문을 표방한 '페니 프레스'(penny press) 시대가 열린 것이다. 이전의 신문은 소량 생산되어 가격이 비싸고, 주로 부유한 사람들이 신문을 샀다. 신문은 특정 정파의 입장을 대변하는 당파지 신문이 주류였다. 그런데 페니 프레스 시대가 열리면서 신문들은 대중에게 신문을 많이 팔기 위해서 어느 정파도 편들지 않는 사실보도를 추구하게 되었다. 대중신문들이 특정 정파를 일방적으로 옹호하거나 비판하지 않는다는 입장을 취하면서 객관주의가 등장했다(박재영 외, 2016, 293쪽).

신문은 언론의 자유를 제약하려는 정부에 맞서기 위해서도 객관주의 저널리즘을 발전시켰다. 신문이 어떤 정치 정당이든 불만을 사지 않는 가장 좋은 방법은 정파성에서 벗어나 중립적으로 보도하는 것이었다. 기자들은 이해를 초월하는 태도를 갖게 되고, 기사와 논평을 분리해서 쓰기 시작하였다(Siebert, Peterson, & Schramm, 1956/1991, 87~88쪽).

당시 사회적으로 유행하던 실증주의 사조는 객관주의 저널리즘이 뿌리 내리는 데 기여했다. 미국의 대표적인 언론인이었던 월터 리프만은 과학 원리로서의 실증주의는 언론이 사실을 정확하게 파악해서 대중에게 전달하는 데 꼭 필요한 태도라고 강조했다. 그의 주장은 1920~1930년대 객관성을 중심으로 하는 저널리즘 원칙이 확고하게 자리 잡는 데 공헌했다(박재영 외, 2016, 293쪽). 실증주의 인식론의 영향으로 언론이 객관적인 현실을 정확하게 파악해서 표현할 수 있다는 낙관론이 확산되면서 객관주의 저널리즘의 이론적 토대가 강화되었다. 1차 세계대전(1914년 7월~1918년 11월) 기간 동안 언론이 정치권력의 선전정책에 이용될 수 있다는 것을 경험한 언론계 내부에서 주관성을 최소화할 수 있는 객관적인 보도에 대한 요구도 커졌다(남재일, 2008).

객관주의 저널리즘은 뉴스의 상품화에 크게 기여하였다. 뉴스가 시장에서 지속적으로 거래되기 위해서는 일정 수준의 품질을 유지해야 했다. 뉴스의 객관성은 매우 효과적인 품질 유지 기준으로 적용되었다(김사승, 2013, 12~13쪽). 민디치(Mindich, 1998)는 객관성을 구성하는 요소로 공평성(detachment), 불편부당성(nonpartisanship), 역피라미드형(inverted pyramid), 순진한 경험주의(naive empiricism), 균형성(balance) 등 다섯 가지를 제시하였다. 공평성은 기자가 선입관 없이 있는 그대로 사실을 전달하는 것이다. 불편부당성은 기자가 모두의 이야기를 전달하는 것이다. 역피라미드형은 기자가 기사를 쓸 때 가장 중요한 사실부터 전달하는 방식이다. 순진한 경험주의는 기자가 사실에 기초해서 뉴스를 정확하게 전달하는 것이다. 균형성은 이해 관계가 있거나 갈등이 있는 사안의 경우 뉴스는 당사자들의 입장을 고르게 반영해야 한다는 것이다.

객관주의 저널리즘이 발전시킨 저널리즘 이론 가운데 많은 부분은 지금도 저널리즘의 정신적, 실무적인 직업 규범에서 중요한 중심 가치로 작용하고 있다. 기자들이 취재와 기사 작성에서 중시하는 핵심 기준인 공평성, 불편부당성, 균형성 등의 가치, 사실 전달에 치중해서 기사를 쓰는 역피라미드형 스타일, 신뢰도 높은 취재원을 선호하는 취재 관행, 기자를 전문직으로 인정하는 관행 등은 모두 객관주의 저널리즘 개념에서 나왔다(김경모, 신의경, 2013).

그러나 시간이 흐르면서 객관주의 저널리즘의 허점이 드러났다. 객관주의 저널리즘에 대한 가장 핵심적인 비판은 사실과 진실에 관한 것이다. 언론이 모든 사실과 진실을 정확하게 안다는 것은 사실상 불가능하다는 비판이다. 실제로 저널리즘의 기본 역할은 어떤 사건이나 이슈에 대한 정보를 전달하는 것이지만, 모든 사실을 정확하게 안다는 것은 사실상 불가능하다.

객관주의 저널리즘이 강조하는 수동성과 순수성의 원칙에도 맹점이 많다는 비판이 제기되었다. 이 원칙으로 객관주의 저널리즘은 진실 추구를 사건에 개입하는 것으로 생각했다. 그래서 사건의 실체적인 진실을 알려고 하기보다는 발생한 사실 자체에만 집착하고, 모든 사실을 기계적으로 단순 나열해서 보도하는 방식을 취하게 된다. 이런 보도 방식은 뉴스의 관점을 다양화하고 객관적인 접근을 시도한다는 장점이 있지만 뉴스가 피상적으로 흘러 초점이 흐려질 가능성이 매우 높다. 기자는 형식적인 중립을 취하거나 기사 보도 분량을 균형 있게 맞추는 등의 산술적 중립을 취한다. 그래서 양시양비론을 펼치고, 제3자의 입장에서 실체적인 진실을 찾아내는 작업을 외면하게 된다(김형진, 2000, 107쪽). 객관주의 저널리즘의 양적인 균형 보도 태도에 대해서는 양측 의견의 중요도와 여론의 지지 정도에서 큰 차이가 있는데도 양측 의견을 똑같은 분량으로 보도하는 것은 불공평하며, 보도 분량을 차등화하는 것이 균형 있고 공평하다는 비판이 제기되었다.

객관주의 저널리즘은 이런 보도 태도로 저널리즘이 외부 세력에 쉽게 지배되고 조종당할 수도 있다. 유력한 정치인이나 노련한 여론 조작 전문가들이 객관주의 저널리즘의 보도 태도를 이용해서 자신의 의도에 맞는 뉴스를 만들기 위해 정보를 갖고 언론을 조정할 수 있는 것이다(김사승, 2012, 29쪽). 언론이 자신의 뜻과 달리 정부기관이나 권력집단의 나팔수 역할을 하는 상황도 벌어질 수 있다. 예컨대 국민이 원하지 않는 새로운 정책이나 제도를 정부가 도입하면서 왜곡된 여론조사 결과와 통계의 일면만 분석한 결과를 기자에게 제공할 수 있다. 기자가 그 자료의 신빙성과 진실을 검증하지 않은 채 그대로 보도만 하면 결국 정부의 뜻에 따라 왜곡된 정보를 전달하는 나팔수 역할을 하게 된다(김형진, 2000, 108쪽).

미국 언론은 1950년대 매카시 상원의원의 반공주의 마녀사냥을 경험하면서 전통적인 객관주의 저널리즘이 갖고 있는 문제점을 실감했다. 정치인들이 국민을 속이는 방법으로 언론의 객관주의 원칙을 쉽게 악용할 수 있다는 사실이 확인되었다. 매카시는 미국에 암약하는 공산주의자들이 정부의 고위직으로 침투해서 체제 전복을 꾀하고 있다는 근거 없는 고발을 남발하면서 언론에도 자료를 제공했다. 언론은 그의 주장에 대한 진실을 확인하지 않고 그대로 보도했다. 국민은 언론 보도를 믿었고, 이로 인해 많은 사람이 억울하게 유죄판결을 받거나 직장을 잃었다. 그러나 매카시의 주장들은 상당수가 거짓으로 밝혀졌다.

맥카시 사건을 계기로 미국 언론은 객관주의에서 벗어나 사회책임주의 시대로 본격적으로 진입하였다. 사회책임주의는 미국의 언론자유위원회가 1947년 발표한 이론이다. 이 위원회는 시카고 대학의 로버트 허치슨 총장이 위원장을 맡았기 때문에 '허치슨 위원회'로도 불렸다. 허치슨 위원회의 보고서는 이전까지 저널리즘 원칙의 근간이었던 자유주의 이론에서 벗어나 언론의 사회적 책임을 새롭게 강조했다. 언론이 사실을 올바르게 보도하는 것만으로는 불충분하며 사실에 대한 진실을 보도해야 한다는 것이 사회책임주의 이론의 골자이다(Siebert, Peterson, & Schramm, 1956/1991, 120~127쪽).

자유주의 이론은 유럽에서 17세기 저널리즘이 태동한 이후 저널리즘의 주류 이념이었다. 자유주의 이론은 언론을 '사실의 목격자, 방관자, 기록자'로 간주했다. 객관주의 저널리즘 이론의 기본 개념이다. 그러나 사회책임주의 이론에서는 언론을 사회 현실을 구성하는 데 적극적으로 참여하는 의제설정자로 보았다. 사회책임주의 이론에서의 언론은 정부를 감시하고, 사회 의제를 설정하는 역할을 하는 독립적인 행위자가 된다(Altschull, 1984/1993, 286쪽).

허치슨 위원회가 사회책임주의 이론을 발표한 이후에도 언론의 주류 이념은 여전히 자유주의 이론이었다. 그러다 매카시 사건으로 자유주의 이론에 기초한 객관주의 저널리즘 이론이 많은 비판을 받으면서 사회책임주의 이론이 새로운 언론 이념이 되었다. 1960년대에는 저널리즘은 객관성과 단편성을 거부하고 진실을 찾는 데 중점을 두어야 한다고 강조하면서, 기사 작성 방식에서도 소설적인 기법을 중시하는 뉴저널리즘이 탄생하였다. 뉴저널리즘은 기자나 언론사의 의견을 반영해서 심층적이고 해설적인 보도를 했다. 뉴저널리즘은 지나치게 기자의 주관성을 강조한 나머지 무책임한 보도를 한다는 비판을 받으면서 10년 후에는 거의 사라졌지만 사회책임주의 보도 기풍을 확산시키는 데 기여하였다.

기자는 현실에 대한 중립적인 관찰자가 아니라, 적극적인 참여자가 되어야 한다는 주창 저널리즘(advocacy journalism)도 이 시기에 등장하였다. 주창 저널리즘은 언론인은 주장을 대변하는 사람이어야 한다고 강조했다. 주창 저널리즘에서의 기자는 일반 보도기사를 논설과 같은 시각에서 쓰는 언론인을 의미하였다(Altschull, 1990/2007, 578~588쪽).

기자가 중시하는 기자의 역할에 따라 기자는 중립적인 기자와 참여적인 기자로 구분된다. 중립적인 기자는 수용자가 진실하고 올바른 것을 결정할 수 있도록 좋은 정보를 제공하는 것을 기자의 핵심 역할로 생각한다. 참여적인 기자는 진실은 저절로 드러나지 않기 때문에 기자는 진실을 탐구해야 하며, 공공의 정책결정자로 행동해야 한다고 생각한다(Cohen, 1963, 22~47쪽). 사회책임주의 이념에서의 기자는 참여적인 기자에 가깝다.

저널리즘 이념의 변화 속에서 특정 사안을 독립적인 관점에서 독자적으로 파고들어 진실을 파헤치고 권력층의 비리를 폭로하는 탐사 저널리즘이 부활하였다. 탐사보도 기자는 대표적인 참여형 기자이다. 탐사기자는 사회의 잘못된 점을 고발하기 위해서 객관성을 포기하고, 도덕적인 판단을 중시한다(Abdenour & Riffem, 2016). 그래서 탐사 저널리즘은 사회책임주의 이념의 대표적인 보도 형태이며, '정의로운 분노'(righteous indignation)로 표현되기도 한다(심재철, 이경숙, 1999). 미국에서의 탐사기자들은 거의 모두가 진보적인 성향을 갖고 있다(최문호, 박승관, 2018).

2

의제설정이론

탐사 저널리즘은 중요한 의제설정 역할을 한다. 의제는 '공동체가 중시해야 할 중요 이슈'이다. 의제설정이론(agenda setting theory)은 언론이 수용자에게 보여 주는 외부 세계의 이미지가 수용자의 머릿속 이미지로 전이되는 과정을 설명하는 이론이다. 언론이 특정 이슈를 빈번하고 눈에 띄게 보도하면 수용자도 그 이슈를 다른 이슈보다 더 중요하게 생각한다는 이론이다. '중요하다고 생각하는 것'을 현저성(salience)이라고 한다. 의제설정이론의 핵심은 '이슈 현저성의 전이'에 있다(Chyi & McCombs, 2004; Kosicki, 1993).

미국의 대표적인 언론인이었던 월터 리프먼은 1922년 저서 〈여론〉에서 처음으로 언론의 의제설정 역할을 언급했다(Lippmann, 1922/2013). 그는 '바깥 세상과 사람 머릿속 이미지'(the world outside and the pictures in our heads)라는 은유를 통해 뉴스는 세상에 대한 사람들의 관점을 구성한다고 주장했다. 미국의 언론학자인 맥콤스와 쇼는 1968년 대통령 선거 캠페인 당시 언론의 의제설정 효과를 실증적으로 연구해서 처음으로 의제설정이론을 정립했다. 두 사람은 미국 노스캐롤라이나주의 채플 힐에서 유권자들을 조사해서 언론이 강조한 이슈와 유권자가 선거에서 중요하다고 생각하는 인식 간에는 높은 상관관계가 있는 것을 밝혀내고, 이를 언론의 의제설정 효과라고 하였다(McCombs & Shaw, 1972). 의제설정 효과 연구는 경제, 사회 등 다른 분야로 확대되었고, 세계 곳곳에서 입증되어서 중요한 미디어 효과이론으로 확립되었다(Chyi & McCombs, 2004).

탐사보도가 수용자에게 의제설정 효과를 준다는 사실은 많은 연구에서 확인되었다. 한국에서 TV 탐사보도 프로그램은 지역 내에서 의제설정 역할을 하면서 이슈 공론화, 환경 감시, 지역 현안 문제 해결, 사회적 약자 입장 반영과 공익성 실현 등을 충실하게 수행하였다(김진영, 성민규, 2016). 1980년대 미국에서는 여러 학자들이 4건의 연구를 시리즈로 수행해서 탐사보도의 의제설정 효과를 확인하였다. 첫 번째로 연방정부의 지원을 받는 가정의료 보험제도의 부정과 비리 문제를 파헤친 TV 탐사보도는 정부 정책을 담당하는 공무원들과 국민에게 큰 영향을 주어서 정책을 변화시켰다(Cook et al., 1983). 두 번째로 시카고 지역정부가 여성 성폭행 사건을 처리하는 과정에서 드러난 문제점을 보도한 시카고 지역신문의 탐사기사는 시민과 정책결정자에게 영향을 주었다(Protess, Leff, Brooks, & Gorgon, 1985). 세 번째로 시카고 경찰의 야만적이고 무자비한 폭력행동을 고발한 TV 탐사보도는 경찰의 폭력성에 대한 수용자의 인식에 큰 영향을 주었고, 시카고 경찰의 정책을 변화시켰다(Leff, Protess, & Brooks, 1986). 네 번째로 미국 시카고 대학의 건물 지하에 보관되어 있는 독성물질과 방사능 폐기물의 위험에 대한 미국 NBC 방송의 탐사보도는 정책결정자들의 태도 변화에 많은 영향을 주었다(Protess et al., 1987).

주요 언론의 탐사보도는 다른 언론에도 영향을 주고, 탐사보도의 사회적 파급력을 확대시키면서 광범위한 사회적 논의를 불러일으킨다(Lublinski et al., 2016). 언론의 의제설정 과정에서 언론들이 서로 영향을 주는 현상을 매체 간 의제설정(intermedia agenda setting)이라고 한다. 탐사 저널리즘은 매체 간 의제설정을 통해서 사회의 중요한 의제를 만들고 확대시킨다(김진영, 성민규, 2016). 통상 사회적 영향력이 큰 엘리트 언론이 다른 언론들의 의제설정에 영향을 준다(Hester & Gibson, 2003). 미국의 대표적인 언론인 뉴욕 타임스는 2012년 미국의 경마장에서 자행되던 약물 투입과 말의 신경쇠약 등 동물 학대 실태를 고발하는 17건의 탐사기사를 6개월 동안 보도하였다. 워싱턴포스트, LA타임즈 등 다른 유력 신문과 시사 잡지들이 이 내용을 보도하면서 매체 간 의제설정 효과가 발생했다. 말 학대에 대한 광범위한 사회적 의제가 형성되었고, 뉴멕시코 주지사는 경마장의 실태에 대해 조사하였다(Denham, 2014).

언론의 의제설정 효과가 발생하는 과정은 두 가지 모델로 설명된다. 첫 번째 모델은 동원 모델(mobilization model)이다. 언론이 의제를 제시하면, 그것이 여론을 자극하고 정부와 공직자에게 압력을 가해서 정책을 개선하고 대응책을 만들게 한다. 언론의 의제설정이 국민의 인지와 태도 변화에 직접적으로 작용하는 방식이다. 탐사보도가 사회 비리를 보도하면 개혁을 요구하는 국민 여론이 형성되어서, 국민이 주체가 되는 사회 개혁을 유도하는 것이다.

심재철, 이경숙(1999)은 동원 모델로 박종철 고문치사 사건(1987년)에 대한 언론의 탐사보도가 사회에 영향을 주고, 사회 변화를 촉발하는 과정을 분석했다. 정부의 박종철 고문치사 은폐와 조작에 대한 언론의 최초 폭로 → 언론의 특종 경쟁으로 매체 간 의제설정 발생 → 국민의 공분이 폭발한 6.10 항쟁 → 정부의 6.29선언 → 실질적인 정치적 변화 발생이 이뤄졌다는 것이다. 박종철 고문치사 사건은 1987년 1월 서울의 남영동에 있던 경찰의 대공분실에서 수사를 받던 서울대학생 박종철 군이 물고문으로 사망한 사건이다. 이 사건은 중앙일보의 특종으로 세상에 처음 알려졌다. 경찰은 처음에는 물고문 사실을 숨겼으나, 동아일보 등 언론사들의 탐사보도로 물고문 사망과 정부의 조작, 은폐 의혹의 진실이 밝혀졌다.

두 번째 모델은 합의 모델(consensus model)이다. 합의 모델은 탐사보도 기자들이 국민의 행동을 자극하려고 시도하지 않는다고 전제한다. 탐사보도 기자들은 취재 과정부터 공공정책 담당자나 사회단체들과 교류하고 제휴하면서 사회 변화를 추구하기 때문에 국민의 집단적인 참여 없이도 사회 변화에 영향력을 행사한다고 본다. 탐사보도 기자들은 이슈를 확인하기 위해 공공정책 입안자나 시민단체들과 접촉할 때부터 그들이 이슈에 대응하도록 하면서 공공정책에 직접적인 영향을 미친다. 이 같이 기자와 공무원, 시민단체의 협력으로 정책 변화가 이루어진다는 것이 합의 모델의 핵심이다(Aucoin, 2005/2007, 15쪽). 실제로 언론이 권력의 비리를 폭로할 때 실질적인 효과를 얻기 위해서는 정부 담당자의 협력이 중요할 때가 적지 않다. 일본에서는 언론과 수사기관이 협력해야 사회악에 대한 대항력이 높아진다고 인식되어 왔다(田島泰彦, 山本博, 原壽雄, 2011/2014, 47쪽).

동원 모델과 합의 모델을 접맥해서 탐사보도의 사회적 효과를 더 정교하게 분석하려는 통합 모델도 있다. 통합 모델은 탐사보도가 사회적 효과를 일으키는 과정을 '탐사보도 기자와 매체 - 다른 뉴스 매체 - 정부 및 행정기구 - 시민과 공중 - 비정부 기구와 전문가 그룹, 기타 행위자의 상호작용 과정'으로 가정한다. 이 모델로 아프리카의 사하라사막 남쪽 지역에서 탐사보도가 사회적 변화를 촉발하는 과정을 분석한 결과, 탐사보도는 중요 의제를 공중의제로 만드는 것, 작은 행정상의 부실을 즉각 시정하도록 하는 것, 사회 구조 문제의 변화에서 도화선이 되는 것, 공중에게 과학적 지식 제공 등 4가지 역할을 통해 사회 변화를 촉발하였다(남재일, 오대영, 2018).

3
알권리

민주주의에서 가장 중요한 원칙 중의 하나는 표현의 자유이다. 표현의 자유는 헌법에서 보장하고 있는 국민의 기본권이다. 우리나라 헌법은 "모든 국민은 언론·출판·집회·결사의 자유를 갖는다."며 표현의 자유를 보장하고 있다. 표현의 자유는 국민이 자신의 의견이나 사상을 자유롭게 표시하면서 여론 형성에 참여할 수 있는 권리이다(박윤경, 2015). 민주주의와 표현의 자유가 실제로 보장되기 위해서는 주권을 가진 국민이 공적인 판단과 의사결정을 할 수 있도록 그들에게 객관적인 정보가 충분히 제공되어야 한다(이기라, 2012). 표현의 자유를 실질적으로 보장하는 것이 국민의 알권리이다.

알권리는 민주주의 언론의 기본 이념인 '사상의 자유시장'(marketplace of ideas)에서 생겨난 개념이다. 사상의 자유시장은 종교 서사시인 〈실낙원〉을 쓴 영국의 존 밀턴이 처음 제시한 민주주의 언론 이념이다.

영국에서 왕당파와 의회파가 전쟁 중이던 1643년 의회파였던 밀턴은 이혼을 강력하게 지지하는 소책자를 썼다. 그런데 출판허가제를 시행하던 영국 정부가 이 책의 출판을 문제 삼았다. 그러자 밀턴은 1644년 11월 24일 항의 표시로 〈아레오파지티카(Areopagitica): 허가받지 않고 인쇄할 자유를 위해 영국 의회에 보내는 존 밀턴 씨의 글〉이라는 책을 출판했다.

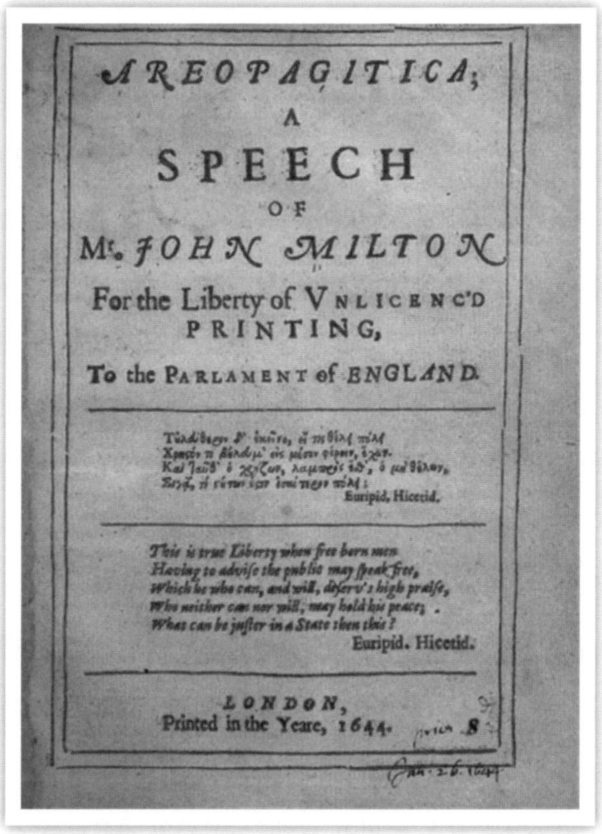
AREOPAGITICA;
A
SPEECH
OF
Mr. JOHN MILTON
For the Liberty of VNLICENC'D
PRINTING,
To the PARLAMENT of ENGLAND.

Euripid. Hicetid.

This is true Liberty when free born men
Having to advise the public may speak free,
Which he who can, and will, deserv's high praise,
Who neither can nor will, may hold his peace;
What can be juster in a State then this?
Euripid. Hicetid.

LONDON,
Printed in the Yeare, 1644.

▌알레오파지티카

이 책에는 다음과 같은 글이 있다.

"모든 주의와 주장을 이 땅 위에 자유로이 활동하도록 내버려 두면 진리도 거기에 있을 터인데, 허가를 받게 하고 금령으로 금지함으로써 우리는 진리의 힘을 의심하는 부당한 일을 하고 있다. 진리와 거짓이 서로 다투게 하라. 어느 누구가 자유롭고 개방된 대결에서 진리가 패배하리라고 본단 말인가?"

이 글은 민주주의 언론의 기본 이념을 상징하는 유명한 문구가 되었다. 밀턴은 이 글에서 진리와 거짓이 싸우면 진리가 반드시 승리한다는 '자동조정의 원리'(the self-righting principle) 개념을 제시하였다(오대영, 2019, 97~99쪽). 사상의 자유시장과 자동조정 원리의 핵심은 모든 사람들이 자신의 사상을 자유롭게 이야기할 수 있고, 그 사상에 장점이 있다면 다른 사상과의 경쟁에서 이겨 살아남는 데 있다. 자유롭게 제기된 많은 의견이 서로 충돌해서 조정 작업을 거치면 자연스럽게 가장 나은 아이디어가 채택된다는 것이다. 다만 진리가 거짓을 이기기 위해서는 사람들이 자유롭게 자신의 의견을 제시할 수 있어야 하며, 자유로운 주장과 토론이 보장되어야 한다(박소라, 2003).

고전적인 민주주의 언론 이념에서 알권리는 국민의 기본 권리로 인식되었다. 언론자유의 개념이 점차 넓어지면서 국민은 소극적인 자유권뿐만 아니라, 적극적인 청구권까지 갖고 있는 것으로 인정되고 있다. 소극적인 자유권은 모든 국민이 권력으로부터의 자유로운 것이다. 적극적인 청구권은 국민이 정부와 국가에 대해서 적극적으로 협력을 요청할 수 있는 자유이다. '~로부터의 자유'(freedom from~)에서 '~을 위한 자유'(freedom for~)로 자유 개념이 확대된 것이다.

우리나라의 헌법재판소는 1991년 5월 13일 결정문에서 알권리는 자유권인 동시에 청구권이라고 하였다(나무위키, 2024.8.30.). 언론·출판의 자유는 전통적으로 사상이나 의견의 자유로운 표명(발표의 자유)과 그것을 전파할 자유(전달의 자유)를 의미한다. 사상이나 의견의 자유로운 표명은 자유로운 의사의 형성을 전제로 한다. 자유로운 의사의 형성은 정보에의 접근이 충분히 보장됨으로써 비로소 가능하다. 그러한 의미에서 정보에의 접근·수집·처리의 자유, 즉 알권리는 표현의 자유와 표리일체의 관계에 있으며, 자유권적 성질과 청구권적 성질을 공유한다고 헌법재판소는 밝혔다.

알권리는 언론 자유를 구성하는 필수 요소이며 기본 인권이다. 국민주권주의에서는 국민이 국가와 사회의 정보와 국정 전반에 대해 충분하게 알고 참여해서 바른 판단을 할 수 있도록 하는 것도 알권리에 포함된다. 언론은 국민의 알권리를 실현하기 위해 정부나 정부기관에 취재와 표현의 자유를 주장할 수 있다. 알권리는 국민이 올바른 정치의사를 형성하고 선거권을 행사해서 국가권력을 감시하고 비판할 수 있게 해 준다. 궁극적으로는 국민이 민주적인 정치과정에 참여하고 국민의 자기통치를 실현하게 하는 권리이다.

알권리와 유사한 개념으로 중요한 정보의 접근을 보장하는 '정보의 자유'가 있다. 정보의 자유로운 접근 없이는 비판적인 의사 형성이 어렵기 때문에 정보의 자유는 의사형성의 전제조건이며, 표현의 자유에서 중요한 요소이다. 정보의 자유는 정보에 대한 접근, 수집, 처리, 전달을 모두 포함한다. 국민의 의사표현과 정보 취득을 통제하는 사전 검열을 금지해야 한다(한수경, 2012).

알권리는 적극적인 생존권적 권리로 인정되기 때문에 알권리에는 국민이 정부에 대해 공공 정보를 공개하라고 적극적으로 요청할 수 있는 권리도 포함된다. 우리나라에서 1998년에 시행된 '공공기관의 정보공개에 관한 법률'도 국민의 알권리에 근거해서 탄생하였다. 대부분의 국가에서도 국민의 알권리에 근거해서 정보공개법을 시행하고 있다. 다만 국방상의 필요, 개인의 사생활 보호와 같은 중대한 목적을 위해서는 불가피하게 국민의 알권리는 제한될 수 있다.

언론이 중요한 정보를 제공한 취재원을 보호하는 것은 알권리 차원에서 중요한 이슈이다. 언론이 보도하는 과정에서는 정부, 정부기관, 권력자의 비리와 같은 중요한 정보를 제공하고 확인을 해주는 취재원의 도움이 필요할 때가 있다. 언론이 이런 취재원의 신분을 노출할 경우 취재원은 많은 피해를 볼 수 있다. 이는 취재원이 사회에 필요한 정보를 공개하지 못하게 할 수 있기 때문에 언론은 취재원 보호가 필요한 경우에는 익명으로 보도하는 등 신분을 지켜 줘야 한다.

이런 내용은 언론기관이나 언론사가 만든 보도윤리 규정에서도 명시되어 있다. 한국신문협회, 한국신문방송편집인협회, 한국기자협회가 공동 제정한 신문윤리실천요강은 언론의 취재원 보호를 중요한 윤리로 명시하고 있다. 신문윤리실천요강 제5조(취재원의 명시와 보호)는 “언론인은 보도기사를 작성할 때 취재원이나 출처를 밝히는 것이 원칙이지만, 취재원의 안전이 위태롭거나 부당하게 불이익을 받을 위험이 있다면 그의 신원을 밝혀서는 안 된다.”고 밝히고 있다. 세계적인 뉴스통신사인 프랑스의 AFP는 가이드라인 3조에서 “기자들은 취재원의 기밀을 보호해야 하며, 고의적으로 그들이 위험에 처하도록 해서는 안 된다.”고 규정하고 있다.

미국에서 워싱턴포스트가 워터게이트 사건을 끝까지 보도할 수 있었던 이유는 밥 우드워드와 칼 번스타인 기자에게 정보를 확인해 주고, 다른 핵심 정보까지 제공했던 익명의 고위 공무원이 있었기 때문이다. 두 사람은 이 핵심 취재원을 ‘딥 스로트’(deep throat)라고 불렀다. 워싱턴포스트는 30년 동안 이 고위 공무원의 신분을 밝히지 않았다. 그러다 워터게이터 사건 당시 연방수사국(FBI) 부국장이었던 마크 펠터가 2005년 스스로 딥 스로트이었음을 밝히자, 워싱턴포스트는 이를 인정했다.

핵심 정보가 언론에 노출되고 보도되면 정부기관에서는 정보를 유출한 사람을 찾아내려 한다. 심지어 언론에 대해 취재원을 알려달라는 압력을 비공식으로 넣기도 한다. 언론의 자유가 가장 발전했다는 미국에서도 취재원을 공개하라는 주 법원의 명령을 거부한 기자가 구속되는 일도 있었다.

언론이 취재원 공개를 거부하는 것은 알권리 차원에서 매우 중요한 문제이다. 언론이 사회에 도움이 되는 중요한 정보를 제보한 취재원의 신분을 공개하지 않는 것은 인간의 기본적인 자연법을 지키기 위해 비이성적인 실정법에 맞서는 행위로 인식되기도 한다. 인간은 비이성적이고 비합리적인 실정법을 만들 수가 있다. 그러나 자연법은 이성의 법이다. 자연법에서의 언론인은 자연적으로 선한 행동을 해야 하며, 어떤 어려움이 있더라도 취재원을 보호한다는 약속을 지켜야 한다. 기자가 취재원을 공개하라는 법원의 명령을 무시한 행위는 이성적인 자연법을 따른 것이며, 정부가 만든 실정법을 거부했을 뿐이다(Altschull, 1990/2007).

4
감시견

탐사 저널리즘의 역할을 상징하는 감시견(watch dog)은 미국 신문들이 정부와 권력층의 비리와 불의를 폭로하는 보도를 강화하기 위해 탄생시킨 개념이다. 감시견은 사회를 지킨다는 의미에서 '파수꾼'이라고도 한다. 18세기 서구에서 신문들이 정부나 공직자들의 문제점을 파헤쳐서 보도했다가 명예훼손을 했다는 이유로 소송을 당하는 일이 많아졌다. 신문들이 이에 대응하기 위한 논리로 만들어 낸 것이 감시견 개념이다. 당시 영미법은 언론 보도에 명예훼손을 엄격하게 적용했다. 신문 발행인들은 이에 맞서 '언론은 공공이익을 위한 서비스'라는 개념을 만들어 법이 언론자유를 위해 부여한 특권의 범위를 확대하려 했다. 신문 보도의 명예훼손보다는 공공이익을 위한 보도가 더 중요하다는 논리로 감시견 이론이 등장했다.

신문 발행인들은 언론을 '공공의 이익을 위해서 정부와 공무원의 행동을 감시하고 비리를 공중에게 알려야 하는 의무가 있는 존재'로 규정했다. 신문 지지자들은 '언론은 사회와 공중을 위해 정부와 사회 유력 인사를 감시하는 역할을 해야 할 의무가 있는 공공 저널리즘'이라고 규정하고, 명예훼손법도 언론의 이런 역할을 특별하게 보호해야 한다고 주장했다. 이런 특권은 언론자유를 확장하는 수단으로 간주되었다.

이런 상황에서 미국이 영국의 식민지였던 1735년에 벌어진 존 피터 젱어(John Peter Zenger) 재판은 미국 법정의 명예훼손에 대한 정의를 수정하고, 감시견 개념과 언론의 자유 이념을 정립하였다. 뉴욕 위클리 저널(New York Weekly Journal)의 발행인이었던 젱어는 1734년 영국에서 온 새로운 총독의 비행을 비난하는 기사를 몇 차례 보도했다가 명예훼손 혐의로 구속되었다. 새로운 총독은 임명장을 받은 시점부터 부임하기까지 자기 업무를 대행한 총독 대리에게 해당 기간에 받은 급여의 절반을 내놓으라고 요구하는 등 탐욕스럽고 권위적인 사람이었다.

1735년 8월에 열린 재판에서 젱어의 변호사 앤드루 해밀턴은 감시견과 언론의 자유 개념을 제시하였다. 해밀턴은 공직자 비리나 범죄 고발은 공익 행위이며, 공직자 명예훼손은 일반인 명예훼손과 달리 악의적인 허위 사실인 경우에만 성립된다고 주장했다. 해밀턴은 젱어의 석방은 억압정치와 잘못된 권력을 폭로하고 비난할 수 있는 권리를 모든 미국인에게 보장해 주는 '숭고한 기초'를 마련하는 것이라고 호소하였다. 배심원들은 이 주장을 수용했다. 젱어는 명예훼손 혐의에서 벗어나 석방되었다. 이것은 신문에 실린 의견에 진실성이 있다면 명예훼손 혐의에 대해 적절한 항변이 될 수 있음을 처음으로 인정한 판결이었다. '숭고한 기초'는 미국 언론 이념의 초석 중 하나인 감시견 원리의 핵심이 되었고, 언론을 압제와 권력남용에 대한 제동장치로 생각하는 신념의 토대가 되었다(오대영, 2019, 105~107쪽).

그러나 이 재판으로 언론이 명예훼손의 족쇄에서 완전히 자유로워진 것은 아니었다. 언론과 표현의 자유를 보장한 미국 수정헌법 제1조도 언론이 잘못된 정보로 특정 인물의 명예를 훼손한 경우에는 언론을 명예훼손죄로부터 보호하지 못했다. 그러다 1964년 미국 연방 대법원의 '뉴욕 타임스 대 설리반 사건' 판결은 언론과 표현의 자유에 대한 보호를 강화하는 계기가 되었다.

1960년 3월 29일자 뉴욕 타임스 신문에는 앨라배마 주립대에서 열린 흑인 인권운동 시위를 강경 진압한 경찰을 비판하는 인종차별 철폐 광고가 실렸다. 앨라배마주 몽고메리의 시 의원이자 경찰 업무를 관장하던 설리반은 그 광고가 시 경찰력을 허위로 기술해서 자신의 명예를 훼손했다고 주장했다. 그는 광고를 게재한 인권운동가들과 광고의 정확성 여부를 확인하지 않은 뉴욕 타임스를 대상으로 소송을 제기해 1심과 2심에서 승소했다.

그러나 연방대법원은 이를 뒤집었다. 연방대법원은 "공적 사안에 대한 논의는 규제되지 않아야 하고, 활기 넘치며 널리 열려 있어야 한다. 이러한 논의에는 정부나 공무원에 대한 강력하고, 격렬하며, 때로는 불쾌할 정도로 날카로운 공격이 포함돼도 좋다."고 밝혔다. 이어 "자유로운 토론에서는 때로 잘못된 표현이 불가피하고, 표현의 자유를 보장하기 위하여 '숨 쉴 공간'이 필요한 이상 잘못된 표현 역시 보호되어야 한다."고 했다. 특히 "공무원이 자신의 공무와 관련하여 명예훼손으로 인한 손해배상을 받으려면 '현실적 악의', 즉 상대방이 진실이 아님을 알았거나 진실 여부를 파악하려는 시도조차 하지 않았다는 것을 스스로 입증해야 한다."고 명시했다. 현실적으로 상대방의 '실제의 악의'나 '지나친 부주의'를 입증하는 것은 대단히 어려운 만큼 사실상 언론 자유를 확장하는 데 크게 기여한 판결이었다(세계일보, 2021.8.2.).

미국 대법원은 이후에도 공격적인 보도가 한층 더 용인되고, 보호되고, 가능하게 해주는 여러 판결을 내렸다. 뉴욕 타임스 대 설리번 판결은 이런 움직임의 첫 번째였다. 미국 언론인들은 뉴욕 타임스 대 설리번 판결에 대해 "미국 언론이 오랫동안 동거해 왔고 억제를 받아왔던 명예훼손법은 사실상 폐지되었다."고 높게 평가했다(Aucoin, 2005/2007, 95쪽).

CHAPTER

3

INVESTIGATIVE JOURNALISM

탐사 저널리즘의 역사와 현재

I N V E S T I G A T I V E

J O U R N A L I S M

1
저널리즘의 역사

저널리즘의 역사는 독일의 요하네스 구텐베르크가 1455년 서양에서는 처음으로 금속활자 인쇄술을 발명하면서 시작되었다. 구텐베르크의 인쇄술은 성경과 대중적인 책을 인쇄하는 데 사용되면서 서구의 지식을 발전시키고, 언론이 탄생하는 기반이 되었다.[5)]

구텐베르크의 금속활자 인쇄술은 커뮤니케이션 기술을 획기적으로 발전시키면서 사회 구조에도 엄청난 지각 변동을 가져왔다. 금속활자 인쇄술로 서적의 대량 생산이 가능해지면서 많은 사람이 새로운 정보 세계를 접할 수 있게 되었다. 그 이전만 해도 서적은 양피지에 적은 필사본으로 만들어졌기 때문에 매우 비쌌다. 성직자와 학자, 귀족 등의 상류층에서만 책을 읽을 수 있었고, 자연스럽게 그들이 지식을 독점했

5) 세계에서 가장 오래된 금속활자 책자는 1377년 고려 시대 때 청주에 있었던 사찰 흥덕사에서 고승이었던 백운 경한이 쓴 책을 금속활자로 인쇄한 〈직지심체요절〉이다.

다. 그런데 금속활자 인쇄술로 서적이 대량 생산되면서 일반 서민들도 책을 접할 수 있는 기회가 생겼다. 책을 빌려주는 도서관 사업도 생겨났다. 서민들의 읽고 쓰는 능력이 향상되면서 부모나 조부의 구술에 의해 전달되던 지식이 이제는 책으로 전달되는 시대가 열렸다.

독일의 성직자였던 마르틴 루터가 1517년 로마 가톨릭 교회의 면죄부 판매 등 부패를 비판하면서 시작된 종교개혁은 금속활자의 힘 덕분에 빠르게 확산되었고, 서구사회의 구조 변화를 확산시켰다. 가톨릭 교회는 로마 재건사업 등으로 재정난을 겪게 되자 누구든지 돈을 내면 천국에 갈 수 있다면서 면죄부를 판매했다. 루터는 면죄부 판매는 성경의 교리에 맞지 않는다면서 95개조 반박문을 발표하고 배포했다. 그리고 일반 서민들도 성경을 읽을 수 있도록 독일어로 번역된 성경을 만들고, 금속활자 인쇄술을 이용해서 대량 생산했다. 이전의 성경은 라틴어로 되어 있어서 일반 서민들은 읽을 수가 없었고, 성직자와 귀족 등만 읽을 수 있었다. 서민들은 성경 내용을 성직자의 해석에 의존해서 알 수밖에 없었고, 자연히 교회는 서민들의 정신 세계를 지배하였다.

그런데 루터가 교회의 부패에 맞서는 과정에서 일반 서민들은 독일어로 된 성경을 읽고, 스스로 성경을 해석하는 기회를 갖게 되었다. 유럽의 여러 지역에서도 민족어로 된 성경의 번역본들이 만들어져 금속활자로 인쇄되고 배포되었다. 그러자 가톨릭 교회와 다르게 성경을 독자적으로 해석하는 서민들이 늘어났다. 그동안 읽기와 쓰기 교육을 독점하고 있던 교회의 힘은 약화되고, 종교개혁은 가속화되어 개신교가 탄생하게 되었다. 가톨릭 교회의 종교권력이 약해지면서 상대적으로 지식의 힘이 커졌다. 인쇄술의 발달로 일반 서민은 종교지식뿐만 아니라 과학 정보, 정치 정보에도 접할 수 있게 되었다. 과학의 발달은 서민들이 기존의 사고와는 다른 지식을 접하면서 다양한 토론을 할 수 있는 지식 환경을 조성했다(오대영, 2019, 88~90쪽; 이진로, 2012; Altschull, 1990/2007, 67~68쪽).

17세기 초반 급변하는 지식사회의 변화 속에서 인쇄 신문들이 유럽에 등장했다. 1609년 독일의 아우쿠스부르크 등 몇 개 도시에서 주간지가 발행되었다. 종교개혁을 계기로 신문은 여러 지역으로 빠르게 확산되었다. 기업가, 종교개혁가 등 특정 계층의 독자층을 중심으로 신문은 정보 취득과 소통을 위한 도구로 적극 활용되기 시작하였다. 초기 신문은 정치적인 이슈를 다루지 않았지만, 부르주아 공론장의 등장은 신문을 상업 수단과 종교적 논쟁의 도구에서 정치적 논쟁과 숙의의 장으로 변화시켰다.

부르주아 공론장은 당시 부르주아들이 모여서 공적인 논쟁과 토론을 하던 장소를 의미한다. 프랑스어에 기원한 브루주아(bourgeoisie)라는 단어는 '성벽 안에 사는 사람'이란 뜻이다. 중세에는 도시에 사는 사람들을 의미했지만, 근대 이후로는 자본가 계급을 뜻하는 단어가 되었다. 독일의 철학자 하버마스는 공론장의 기원을 17~18세기 영국의 커피하우스와 프랑스의 살롱에 두었다. 부르주아들은 이곳에 모여서 공적인 이슈에 대해 공개적으로 논의하고 비판했다. 그리고 서신, 뉴스레터,

저널, 수기신문 등을 발행해서 여론을 조성하고 정부를 감시하였다. 공론장은 개인의 사생활, 재산, 인권과 함께 발전된 민주주의 개념이다(조맹기, 2009, 115~116쪽).

신문과 공론장의 발전으로 인류 역사에서 처음으로 독자성을 갖춘 공공 영역으로의 언론이 형성되기 시작했다. 자율적인 판단에 따라 권력과 정치를 포함해서 현실 세계를 비판할 수 있는 언론이 역사에 등장했다. 시민들은 언론을 통해서 현실 문제에 관한 자율적인 담론을 공개적으로 생산할 수 있게 되었다. 언론은 부르주아의 시민혁명 시기에 중요한 역할을 했다(이민웅, 2008, 43~45쪽).

언론으로 인해 탄생한 여론은 시민계급이 봉건적인 절대주의에 대항하는 데 매우 중요한 무기가 되었다. 여론은 왕족, 귀족과 같은 특권층이 아닌 일반 시민이 정치와 공적인 영역에 참여해서 영향력을 행사하는 데 있어서 중요한 정치적, 철학적 이념을 제공하는 개념이다. 근대적인 의미의 여론은 17~18세기 유럽에서 자본주의가 발전하고, 부르주아 계급과 시민국가가 등장하면서 나타났다. 부르주아 계급이 정치적, 경제적 자유를 획득한 후 왕권이나 종교권력에 대항하기 위해서 제시한 시민권력의 개념이 여론의 연원이다. 여론은 부르주아 계급의 정치권력 기반이었다. 부르주아 계급은 여론을 바탕으로 국가의 공적 영역에 참여하였다(손영준, 2006).

언론은 여론이 형성되는 과정에서 핵심 역할을 하였다. 시민들은 언론을 통해서 사회에서 벌어지는 사실들을 동시에 알 수 있게 되었다.

그러면서 흩어져 있던 개개인의 생각이 전체 집단의 생각으로 뭉쳐지고, 모래알에 불과했던 개인들이 대중으로 변화하였다. 이런 과정을 거쳐서 언론은 시민들이 사회의 핵심 이슈에 관심을 갖도록 만들었으며, 여론을 형성하였다. 일반 시민은 여론이라는 개념으로 인해 사상 처음 정치적 권력을 행사할 수 있게 되었다(Coleman & McCombs, 2007).

시민 권력이 부상하자 왕족, 귀족 등의 권력층은 신문에 대한 규제와 검열을 시작했다. 권력층은 루터의 종교개혁으로 시작된 종교전쟁이 오래 지속된 이유 중 하나는 인쇄 뉴스의 확산에 있기 때문에 시민의 자유로운 토론과 신문을 통제하는 것이 평화와 권력을 유지하는 데 필요하다고 생각했다. 유럽과 미국에서는 정부가 과도한 세금 부과와 규제를 통해서 언론을 통제하기 시작했다(Barnhurst & Nerone, 2008).

신문, 잡지 등의 언론은 이에 맞서 시민계급의 힘과 여론을 결집하는 역할을 강화했다. 시민계급의 중심 구호는 '언론 출판의 자유 획득'이었다. 당시 유럽에서 불기 시작한 계몽주의 철학을 대표하던 제레미 벤담, 제임스 밀, 존 스튜어트 밀 등의 자유민주주의 사상가들은 표현의 자유와 언론의 자유를 적극 주창하였다. 그들은 언론의 자유로운 의견 표현을 보장하는 것은 국가 권력의 남용에 맞서는 절대적인 방패라고 강조하였다. 절대왕정에 맞선 시민혁명 세력도 언론의 자유를 적극 지지하였다. 프랑스 혁명으로 단두대의 이슬로 사라진 루이 16세가 재임할 당시 사회혁명을 주도했던 자코뱅당이 1789년 국민의회에 제시한 '인간과 시민의 제 권리에 관한 선언'은 자유언론의 신념을 다음과 같이 표현하였다.

> "사상과 의견의 자유로운 전달은 인간의 가장 소중한 권리 가운데 하나이다. 모든 시민은 자유롭게 말하고, 쓰고, 발행할 수 있다. 단지 예외적으로 법이 정하는 경우 그 자유의 남용에 대한 책임을 진다."

프랑스 대혁명 이후에 만들어진 프랑스 헌법은 1789년의 인권선언을 바탕으로 표현의 자유를 명시적으로 인정했다. 표현의 자유에 대한 법과 제도적인 보장은 이후 유럽 여러 국가에서 채택되었고, 언론의 자유는 서구 국가의 헌법적인 특징이 되었다(Thompson, 2007/2012). '언론은 제4부'라는 말도 이 당시에 나왔다. 18세기 영국의 정치가 에드먼드 버크는 "영국 의회에는 3계급이 있지만, 그 위의 기자석에는 3계급보다 더 중요한 4계급이 앉아 있다."고 말했다. 언론이 신, 교회, 평민 계급보다 더 중요하다는 것을 뜻한 것이다(McQuail, 2000/2003). 지금도 제4부는 언론이 입법부, 행정부, 사법부보다 더 중요하다는 의미로 쓰인다.

미국이 영국의 식민지이던 시절, 언론은 미국 식민지들이 영국과 독립전쟁을 하는 과정에서 매우 중요한 역할을 하였다. 미국 언론은 처음에는 인쇄의 자유를 위해 영국 식민지 통치자들의 검열과 제약에 대항해서 싸웠다. 그러다 독립전쟁 때는 식민지의 독립을 위해서 영국 통치자들에게 맞섰다. 당시 미국 독립의 지도자들도 정치 권력자들이 언론에 간섭해서는 절대로 안 된다고 생각하고 있었다(Altschull, 1990/2007,

196~230쪽). 1776년 미국 독립의 기초가 된 버지니아 권리장전은 "언론은 자유의 가장 위대한 보루 중의 하나이며 전제 정부에 의하지 않고서는 결코 제한될 수 없다."고 선언했다. 미국은 건국 후에 언론자유를 수정헌법 제1조로 규정하였다.

2
외국의 탐사 저널리즘 역사

1) 탐사보도의 탄생

탐사보도는 미국에서 탄생해서 꽃을 피운 미국식 저널리즘이다. 미국 최초의 폭로 기자는 1690년 보스턴에서 아메리카 대륙 최초의 영어 신문인 '국내외의 공적사건들(Public Occurences Both Foreign and Domestick)'을 창간한 벤저민 해리슨이었다. 그는 런던에서 신문을 발행하다가 영국 정부를 비판했다는 이유로 투옥될 위기에 처하자 1686년 보스턴으로 피신했다. 그는 미국에서 정부의 허가를 받지 않고, 미국 식민지 최초의 신문사를 설립했다. 3페이지 분량의 1호 신문은 일상적인 기사부터 추문에 이르기까지 다양한 뉴스를 보도했다. 당시 지속되고 있던 영국과 프랑스 식민지 간의 전쟁 중에 영국의 미국 인디언 동맹세력인 이로쿼이(Iroquois)족이 프랑스 포로들을 고문한 것으로 알려졌다고 폭로

한 기사도 있었다. 프랑스 왕이 며느리와 성적 희롱을 한 데서 불거진 프랑스의 정치적 불안도 보도됐다. 해리슨이 독자적으로 취재한 기사는 아니었지만, 이들 기사는 정부가 알리고 싶어 하지 않는 새로운 정보를 폭로했다. 그의 기사는 공적비리 폭로, 증거 자료 제시, 공공정책에 대한 도전, 여론에 개혁 호소 등 탐사보도의 기본 요건을 수용하고 있었다. 이런 보도는 미국 식민지를 통치하고 있던 매사추세츠 영국 총독을 격분시켜 해리슨의 신문은 발매 금지 조치를 당했다(Aucoin, 2005/2007, 29~31쪽).

이후 60여 년 동안 미국 언론에서 폭로 기사는 후퇴하였다. 지역 신문들은 정부의 허가를 받아서 신문을 발행하면서 유럽 뉴스는 크게 보도하고, 미국 뉴스는 작게 보도했다. 정치와 사회 뉴스보다는 교육이나 문학적인 소재를 보도하면서 정부의 검열을 조심스럽게 피해 나갔다. 그러다 미국 식민지들이 영국 통치에 반란을 일으킨 18세기 중엽부터 폭로 기사는 꽃을 피우기 시작했다. 영국 통치에 반대하는 식민지 신문들은 영국 식민지 정부의 부패와 권력남용을 폭로하는 방식으로 독립혁명을 고취시켰다.

미국이 영국에서 독립한 이후에도 정부와 유력 인사들의 비밀과 스캔들을 폭로하는 미국 언론의 전통은 지속되었다. 미국 정부가 구성되었을 때 미국 언론은 정부의 폐해에 대한 견제장치로 인정받아, '모든 명칭의 공직자 공훈과 조치들에 대한 감시자'라는 특권적 지위를 부여받았다. 18세기 후반부터 19세기 전반에 걸쳐 미국 언론의 폭로 기사들은 꾸준하게 정부 정책과 공직자들을 공격 대상으로 삼았다. 식민지 시대의 언론 관행에서 생겨나서, 미국을 설계했던 지도자들이 구상했던 언론자유의 이념에 따라 강화된 폭로보도의 전통이었다.

미국이 독립된 초기에 미국 정부의 형태를 놓고 연방주의자들과 공화주의자들이 다툴 때 신문에는 뇌물수수와 절취, 온갖 종류의 기만 행위에 관한 비난 기사들이 넘쳐났다. 연방주의자는 영국과 같은 강력한 정부 체제를 지지하는 사람들이었다. 공화주의자는 권력의 분산을 주장한 분권주의자들이었다. 언론인 벤저민 프랭클린 배치(Benjamin Franklin Bache)는 연방주의를 반대하고, 공화주의를 지지하는 수단으로 폭로 수법을 활용했다. 그는 1795년 유출된 정부 문서에 근거해서 초기의 탐사보도 형태로 워싱턴 연방정부의 재정에 관한 폭로기사를 썼다. 배치는 또 프랑스 외무장관이 평화협상을 요청하면서 서명한 공식 비밀서한을 입수해서 대대적으로 보도하면서 미국 초대 대통령인 조지 워싱턴이 전쟁 위기를 고조시키기 위해 1주일 이상 이 문서를 의회에 알리지 않았다고 비난했다. 토마스 제퍼슨이 현직 대통령이던 1802년에는 제퍼슨이 자신의 노예와 불륜을 저질렀다는 폭로 기사가 제퍼슨의 정적이 편집하는 버지니아의 한 신문에 보도되기도 했다(Aucoin, 2005/2007, 33~34쪽).

1800년대 미국의 탐사보도는 정부 조직의 부패를 폭로하고 독점 자본가의 비리를 파헤치면서 새로운 언론사조로 발전했다. 당시 탐사보도 기자들은 폭로 저널리즘을 이용해서 자본가의 노동 착취, 석유회사의 독과점적인 유가 결정, 보험회사의 비합법적인 자금 유용, 쇠고기의 독점적인 유통 구조와 비위생적인 가공 처리, 사창가 문제들을 고발하였다(심재철, 이경숙, 1999). 1800년대 후반 뉴욕 월드, 뉴욕 타임스, 뉴욕 선, 뉴욕 트리뷴 등 미국의 신문사 경영자들은 부패와 불의, 권력남용을 폭로하는 것은 언론의 역할이자 사회적 책임이라고 생각하였다. 뉴욕 월드를 운영하던 퓰리처는 부패와 악덕이 비밀리에 번성하기 때문에 폭로기사는 민주주의를 보호하고 사회의 도덕적 질서를 강화한다고 강조하였다. 이런 보도 경향은 당시 합리주의와 과학의 중요성을 중시하기 시작한 시대 상황으로 더욱 확대되었다. 국민들은 신문이 사실을 알려주기를 원했다. 언론은 이에 부응해서 객관적이고 왜곡되지 않은 보도를 강화하는 한편 전문성과 사회과학에 토대를 둔 전문분야로 진화하고 있었다(Aucoin, 2005/2007, 41쪽).

1900년대 초에는 미국에서 초기 형태의 탐사보도가 본격적으로 등장하고, 폭발적으로 증가하였다. 사회 변혁을 꿈꾸던 잡지 기자들이 정부, 공직자, 대기업의 비리를 경쟁적으로 폭로하기 시작했다(Hamilton, 2016, 34쪽). 1903년부터 1912년 사이에 2000여 건 이상의 탐사기사가 미국 잡지들에 실렸다. 이는 사회적으로 광범위한 정치, 사회 개혁 요구를 촉발시켰다. 탐사보도는 짧은 기간 내에 미국 주류언론에 진입하였다. 인쇄기술의 발전과 대량 보급된 잡지, 자본 구조의 변화, 산업화로 야기된 사회적 격변으로 폭로보도는 20세기 초 미국 언론의 특징이 되었다(Aucoin, 2005, 46~47쪽).

그러나 폭로성 탐사보도가 많아지면서, 기자들이 정치인이나 유명 인사의 사생활을 지나치게 뒷조사하고 흥미 위주로 폭로하는 사례가 잦아졌다. 그러자 시어도어 루스벨트 미국 대통령이 1906년 탐사보도 기사를 '추문추적자(muckrakers)'라고 강하게 비판하는 등 폭로성 탐사보도에 대한 부정적인 인식이 많아졌다(Feldstein, 2006). 'muckrake'는 'muck(쓰레기)'과 'raker(갈퀴)'를 합친 말이다. 이런 가운데 1917년 미국의 1차 세계대전 참전으로 전쟁 뉴스가 늘어나고, 정부의 다양한 개혁 입법으로 사회 문제가 많이 해소되고, 언론에서 객관주의 이론이 발전하는 등 언론 환경이 달라지면서 탐사보도는 점차 대중의 관심에서 멀어지고 위축되기 시작했다.

2) 탐사보도의 발전

1940년대 후반부터 언론의 사회적 책임을 강조하는 목소리가 사회에 등장하면서 기자들은 다시 공격적이 되었다. 언론은 뉴스 제작에서 정부와 정치인이 내세우는 프레임을 따라가던 방식에서 벗어나 분석적이고 자신의 맥락을 담기 시작했다. 뉴스 스토리는 예전보다 길어졌고, 맥락 저널리즘(contextual reporting)이 증가하기 시작했다(Fink & Schudson, 2014). 맥락 저널리즘은 뉴스를 만들 때 사실 중심으로 서술하는 방식에서 벗어나서 사건에 담겨 있는 의미, 파장, 이면을 파악해서 설명하는 보도 방식이다.

이런 상황에서 1950년 초 미국 상원의원 매카시의 공산주의자 매도 사건으로 탐사보도의 중요성이 부각되었다. 2차 세계대전 이후 동유럽과 중국이 공산화된 데 이어 1950년 한반도에서 북한이 한국을 침략하자 미국에서는 공산주의에 대한 두려움이 확산되고 있었다. 정치적 기반이 약했던 매카시는 이런 분위기에 편승해서 공산주의자들이 국무부 등 사회 각 분야에서 고위직으로 활동하면서 미국 체제를 전복하려 한다는 반공산주의 선동을 하였다. 매카시는 자신의 주장을 합리화하기 위해서 거짓말과 과장으로 많은 사람을 무고하게 공산주의자로 지목해서 공개했다. 객관주의 보도 관행으로 공적 인물의 발언을 뉴스라고 생각하던 미국 언론은 진실성을 확인하기보다는 그의 주장을 큰 여과 없이 수용자들에게 그대로 전달했다. 이로 인해 많은 사람이 유죄판결을 받거나 직장을 잃었다. 4년 동안 사상 검증이라는 명분으로 1만 명에 가까운 미국 행정부 인사와 비판적인 지식인들이 누명을 쓰고 구속되거나 현직에서 물러나야 했다. 화병으로 숨진 사람들도 있었다. 매카시의 마녀사냥에 시달린 유명한 사람들 중에는 원자폭탄을 개발한 줄리어스 로버트 오펜하이머와 영화배우 찰리 채플린도 포함되어 있었다.

1954년 미국 방송 CBS의 전설적인 앵커 에드워드 머로(Edward R. Murrow)가 자신이 진행하던 다큐멘터리 프로그램인 〈씨 잇 나우〉(See it now)에서 맥카시의 주장 가운데 상당 부분은 근거가 없다고 보도하면서 상황은 급반전되었다. 맥카시의 주장에 의구심을 가진 의회가 청문회를 열어 확인한 결과, 맥카시의 주장이 허위인 것으로 밝혀졌다. 맥카시는 상원에서 비난을 받았다. 맥카시의 정치생명은 끝이 났다. 낙담한 맥카시는 지나치게 술을 많이 마신 끝에 건강을 헤쳐 1957년 48세의 젊은 나이에 사망했다. 매카시가 주도했던 광기에 가까운 반공주의와 반공주의자 색출 열풍은 지금도 매카시즘(McCarthyism)으로 불리고 있다. CBS의 에드워드 머로와 그의 동료들이 매카시즘과 싸우는 이야기는 2005년 〈굿 나잇 앤 굿 럭〉(Good Night, and Good Luck)이라는 흑백 영화로 제작되었다(나무위키, 2024.9.18.).

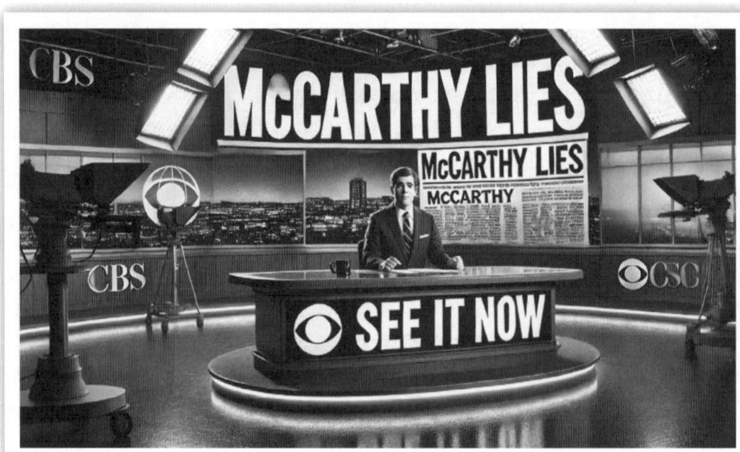

▍영화 〈굿 나잇 맨 굿 럭〉의 이미지를 ChatGPT로 제작

〈씨 잇 나우〉(See it now)는 미국에서 텔레비전 탐사보도 시대를 열었다. 미국 방송계에서는 CBS의 〈60분〉(60Minutes), ABC의 〈클로즈업〉(Close up), ABC의 〈20/20〉 등이 주요 탐사보도 프로그램으로 자리 잡았다(김연식, 조성호, 2008). 미국에서 가장 권위 있는 저널리즘상인 퓰리처

상은 1962년 보도 부문에 처음으로 탐사보도상을 신설하였다. 미국의 대표적인 저널리즘 기구가 미국 저널리즘에 새로운 시대가 왔음을 정식으로 인정한 것이다(Kovach & Rosenstiel, 2007/2008).

1970년대에는 워싱턴포스트의 워터게이트 사건 보도가 탐사보도 시대의 전성기를 열었다. 워싱턴포스트의 칼 번스타인과 밥 우드워드는 이 사건을 치열하게 파헤치면서 불법적인 헌금과 살해 위협, 정치적 음모들을 폭로했다. 이 보도는 미국 정부와 의회에 대한 국민의 압력을 높였고, 결국에는 리처드 닉슨 대통령이 중도 사퇴하게 만들었다. 두

영화 〈모두가 대통령의 사람들〉의 이미지를 ChatGPT로 제작

사람은 1974년에 출간한 책 〈모두가 대통령의 사람들〉(All the President's Men)에서 워터게이트 사건의 내막을 적나라하게 공개했다. 2년 후에는 이 책을 토대로 한 영화가 같은 제목으로 개봉되었다. 미국 탐사보도에 대한 국민적인 관심이 매우 높아지면서 탐사보도 신화가 만들어졌고, 선풍적인 탐사보도 열풍이 불었다. 언론에 대한 미국 젊은이들의 인식이 좋아지면서 미국 대학입시에서 신문방송학과의 인기가 높아졌다.

1974년에 탐사보도는 꽃을 활짝 피웠다. 그해 퓰리처상 42건이 탐사보도에 주어졌다. 뉴욕주 롱아일랜드의 뉴스데이는 터키부터 롱아일랜드까지 불법적인 마약 밀거래 루트를 추적한 〈헤로인 궤적〉(Heroin Trail) 시리즈로 공공 서비스 부문 퓰리처상을 받았다. 리처드 닉슨 대통령의 1970년과 1971년 소득세 납부 부정을 폭로한 언론사와 1972년 리처드 닉슨 대통령의 선거운동 후원금 문제를 폭로한 언론사는 전국보도 부문 퓰리처상을 받았다. 미국의 시사잡지 타임은 1974년을 〈추문 폭로의 해〉로 선언했다. 미국의 시사잡지 뉴스위크는 "미국의 기자들 가운데 영웅적 업적과 서사시적인 보상의 환상에 물들지 않은 사람이 드물다. '우드스타인의 시샘'(밥 우드워드와 칼 번스타인에 대한 시기심)이 무성하다."고 보도했다(Aucoin, 2005/2007, 157쪽).

다른 국가에서도 1960년대 이후 탐사 저널리즘이 활발해지기 시작하였다. 영국에서는 1960년대 말 선데이타임스 인사이트의 활약에 이어 1990년대까지 BBC방송 등 텔레비전 탐사보도가 붐을 이루었다. ITV의 〈빅 스토리〉(Big Story), BBC의 〈인사이드 스토리〉(Inside Story), 〈퍼블릭 아이〉(Public Eye) 등이 대표적이다(정서린, 2010, 26쪽). 프랑스에서는 1970~1980년대에 신문들이 정치인이나 유명인사들의 스캔들을 밝히기 위해서 주기적으로 탐사보도를 하였다(Chalaby, 2004).

일본에서는 다치바나 다카시(立花隆)가 1974년 잡지인 분게이슌슈'(文藝春秋)에 보도한 '다나카 가쿠에이 연구-그 금맥과 인맥' 기사가 일본 탐사 저널리즘의 포문을 열었다. 당시 일본 정계의 최고 거물이자 현직 총리이던 다나카 가쿠에이(田中角栄)의 금권정치를 파헤친 이 기사는 다나카가 실각되고 구속되는 방아쇠가 되었다. 그 이후 일본에서는 리쿠르트 사건(1988) 보도 등 많은 탐사기사가 보도되었다(田島泰彦, 山本博, 原壽雄, 2011/2014, 152~153쪽). 아사히(朝日)신문이 보도한 리쿠르트 기사는 부동산 사업 등으로 성장하던 신흥기업 리크루트가 자회사를 주식시장에 상장하기 직전에 자회사의 미공개 주식을 정계, 관계, 경제계, 언론계 유력 인사들에게 싸게 양도해 거액을 챙길 수 있게 한 내막을 파헤친 기사였다. 루마니아와 불가리아에서는 온라인 매체들이 중요한 탐사 저널리즘 제공자로 부상하였다(Stetka & Örnebring, 2013).

탐사 저널리즘이 확산되면서 1975년에는 미국 탐사보도기자협회(IRE)가 설립되었다. 1989년에는 아시아 최초의 탐사보도 전문기관인 필리핀 탐사저널리즘센터(PCIJ)가 만들어졌다(이유정, 2015). 1997년에는 국제탐사보도언론인협회(ICIJ)가 설립되었다.

3) 외국의 비영리 독립 탐사보도 매체

민주주의 국가에서는 국영 언론사는 매우 적고, 대부분의 언론사는 민간기업이다. 일반적으로 민간기업은 수익을 올리는 것이 최대 목적이지만, 언론사는 공공재인 뉴스를 상품으로 하는 기업이어서 공공기업과 영리기업의 경계선상에 있는 특수한 기업이다. 공공기업의 입장에서는 공익을 위해 가치 있는 정보를 국민에게 제공해서 민주주의를 발전시켜야 한다. 그러나 민간기업의 입장에서는 언론사도 공정한 경쟁을 해서 이윤을 창출해야 사업을 지속할 수 있다(김진국, 김영환, 2012).

언론사의 주 수입원은 광고와 판매이다. 경제 상황이 나빠지면 광고가 줄고, 판매도 감소해서 수익이 줄어든다. 그러면 언론사들은 경비가 많이 들어가는 탐사보도를 줄이고, 상업주의적이거나 제작 경비가 적은 뉴스를 더 많이 만들게 된다. 그러자 탐사보도를 하기 위해서 소규모의 비영리 독립 탐사보도 매체를 만드는 언론인들이 늘어났다. 디지털, 인터넷 기술과 소셜 미디어가 발달하면서 적은 예산과 인력, 소규모 장비로도 수준 높은 뉴스를 만들고 배포할 수 있는 미디어 환경이 조성된 점도 비영리 독립 매체의 확산에 기여하고 있다.

2009년 7월 1일 미국의 비영리 독립 매체 소속 기자 27명이 미국 뉴욕의 포칸티코 센터에서 〈포칸티코 선언〉(Pocantico Declaration)을 발표하고, 탐사보도 네트워크(INN, Investigative News Network)를 출범시켰다.

탐사보도 전문매체 프로퍼블리카, 공공청렴센터(CPI, Center for Public Integrity), 탐사보도센터(CIR, Center for Investigative Reporting) 등 24개 비영리 언론사의 기자들이었다. 2008년 국제적인 금융위기로 경기가 악화되면서 문을 닫는 언론사들이 속출하고, 탐사보도가 붕괴하는 것을 목격한 비영리 언론사 기자들이 탐사보도를 살리기 위해서 모였다.

포칸티코 선언의 핵심은 비영리 독립매체들의 협업과 공유였다. 이들은 비영리 탐사 저널리즘 생태계를 육성하고 지속적으로 발전시키기 위해 취재보도, 경영, 재정 등 3대 분야에서 상호 협력하기로 했다. 이를 위해서 공동 보도 프로젝트를 진행하고, 언론사 경영 정보를 공유하고, 지속가능한 재정 모델을 협업하기로 합의했다. 그리고 비영리 언론사들을 연결하고 탐사보도를 지원할 협의체로 탐사보도 네트워크(INN)를 설립했다. 포칸티코 결의문은 미국 비영리 독립 탐사 저널리즘 발전의 출발점이 되었다.

탐사보도 네트워크(INN)에 가입하기 위해선 매체가 탐사 저널리즘과 공익보도에 집중하는 비영리 언론사라는 것을 입증해서 INN 이사회의 승인을 받아야 한다. 지역 단위의 소규모 비영리 언론사들이 가입하면서 INN은 빠르게 성장했다. 2015년에는 이름이 비영리언론협회(Institute for Nonprofit News)로 변경되었다. 'INN'이라는 이니셜은 그대로 쓴다(시사IN, 2019.11.27.). 2024년에는 회원 언론사가 450개 이상으로 늘어났다.

비영리언론협회(INN)는 자신의 역할에 대해 "모든 커뮤니티의 모든 사람들이 신뢰할 수 있는 뉴스에 접근할 수 있도록 하는 비영리 뉴스

네트워크를 구축하는 것이다. 이를 위해 우리는 비영리 회원 조직에 교육과 비즈니스 지원 서비스를 제공하고, 공공 서비스 및 탐사 저널리즘의 가치와 혜택을 증진한다는 사명을 추구한다."고 밝히고 있다. 비영리언론협회(INN)는 이런 모토 아래 "비영리 저널리즘은 사람과 지역사회에 서비스를 제공한다, 독립성은 대중의 신뢰를 구축한다, 형평성은 우리의 행동과 뉴스 보도의 기본이다, 저널리즘에서 인종차별 반대 운동은 반드시 필요하다. 협업, 동지애, 상호 존중은 긍정적인 직장 문화의 근간이다."라는 가치를 추구하고 있다(INN).

비영리 독립매체는 미국 이외의 지역에서도 확대되고 있다. 2003년 5월 4일에는 미국, 유럽, 남미, 아시아, 중동 등 전 세계에 있는 30여 개 기관이 덴마크 코펜하겐에서 글로벌 탐사 저널리즘 네트워크(GIJN, Global Investigative Journalism Network)를 설립했다. 영국, 독일, 네덜란드, 덴마크, 멕시코, 터키, 필리핀, 스리랑카 등 20여 개 국가의 비영리 독립매체들이 참여했다. 글로벌 탐사 저널리즘 네트워크(GIJN)는 지역 및 국제 컨퍼런스와 워크숍의 조직과 홍보, 탐사보도와 컴퓨터 활용 보도(CAR, Computer Assisted Reporting) 지원 및 모범 사례 공유, 모든 국가의 공공 문서와 데이터에 대한 자유로운 접근 등을 목표로 하고 있다. 글로벌 탐사 저널리즘 네트워크(GIJN)에는 탐사보도 또는 컴퓨터 활용 보도(CAR)를 하는 비영리 저널리즘 단체만 회원이 될 수 있다.

가입 기관들이 매년 증가해서 2024년에는 회원수가 95개국의 251개 단체로 늘었다. 5개 대륙의 23개국에 운영진을 두고 있다. 글로벌 탐사

저널리즘 네트워크(GIJN)는 매일 14개 언어로 된 각종 정보를 소셜 미디어로 배포하고 있다. 매주 185개국의 독자들이 글로벌 탐사 저널리즘 네트워크의 웹사이트를 읽고 있다. 2024년 9월 26일에는 카메룬, 가나, 아제르바이잔 등의 국가에서 탐사보도 활동을 하는 12개 비영리 독립 매체가 글로벌 탐사 저널리즘 네트워크(GIJN)에 신규로 가입했다. 이들 매체는 아프리카의 산림 파괴, 이민자 어린이 착취 등의 문제를 다뤄온 탐사보도 기관이다(GIJN, 2024.9.27.).

3
한국의 탐사 저널리즘

1) PD저널리즘

우리나라의 탐사 저널리즘은 1960년대 방송국의 기자들이 제작한 〈카메라의 눈〉(TBC)과 〈카메라 초점〉(KBS), 1970년대 〈카메라출동〉(MBC) 등에서 시도되었다(김상균, 한희정, 2014). 〈카메라의 눈〉은 TBC(동양방송)[6]가 1964년 우리나라에서는 처음으로 탐사보도 형식으로 매주 1회 15분 분량으로 보도한 고발 프로그램이다. 6년간 지속되었다가 1970년에 중단되었다(김정수, 2020). TV의 탐사보도 프로그램은 심층 보도와 성역 없는 고발이 필요한 시사적인 이슈를 다룸으로써 저널리즘 본연의 사회 환경 감시 기능을 수행한다는 평가를 받았다(이승선, 2005).

1980년대에는 방송국 PD들이 자유로운 형식으로 현장감을 살려 제

---

6) 민영방송이던 TBC는 1980년 전두환 정부의 언론 통폐합 조치에 의해 KBS로 통합되었다.

작한 탐사보도 프로그램이 각 방송사의 주요 장르로 등장했다. 방송국의 탐사보도 프로그램은 '시사보도 프로그램', '시사고발 프로그램', '시사다큐멘터리' 등 이름이 다양했지만, PD들이 제작했다는 점에서 PD저널리즘으로 불렸다.

본격적인 PD 탐사보도 프로그램은 KBS의 〈추적60분〉에서 시작되었다. 〈추적60분〉은 1983년 2월 처음 방송되었다가 1986년 5월 소재 부족 등으로 폐지되었다. 그러다 1994년 2월에 재개되어 2019년 8월 폐지되기까지 30년 가까이 방송된 국내 최장수 탐사 프로그램이었다. 〈추적60분〉은 2편에서 방송한 '한국판 몬도가네-몸에 좋다면 뭐든지'가 시청률 50%와 점유율 70% 가까이를 기록하면서 엄청난 성공을 하였다. 이후에도 외제 시계 범람, 미아보호 정책의 허점, 부실한 기도원 실태 등을 영상으로 고발하면서 높은 인기를 누렸다(김정수, 2020).

1987년 민주화 운동이 활발해진 이후에는 사회의 다양한 목소리를 반영하는 방송 프로그램들이 많이 생겨났다(김연식, 2011). 1987년 10월에는 KBS에 〈뉴스비전 동서남북〉이 신설되었다. 1990년에는 MBC에서 〈PD수첩〉이 생겼다. 〈PD수첩〉은 다양한 사회 부조리에 대한 취재보도를 하면서 사회적 약자나 소수자들의 권리를 옹호하는 소재들을 많이 제작해서 1990년대 본격적인 탐사보도 프로그램 시대를 열었다. 1991년 개국한 SBS서울방송은 〈그것이 알고 싶다〉라는 새로운 유형의 탐사보도 프로그램을 만들었다. 이슈를 추리와 미스터리 방식으로 접근해서 시청자들의 의문과 궁금증을 풀어 보자는 의도로 기획되었다.

PD저널리즘이 고유의 장르적 특성을 확립하고, 방송 저널리즘 발전에 기여할 수 있었던 이유는 권위주의 정부의 오랜 언론 통제 정책과 언론의 형식적인 객관주의 저널리즘에 대한 비판적인 대안으로 자리 잡았기 때문이다. PD저널리즘은 텔레비전 탐사보도의 심층성은 물론 방송 소재의 폭과 범위를 확대하면서 사회 환경 감시 기능에 충실하였다. 기존 방송의 저널리즘은 객관주의 보도 양식으로 현존하는 권력과 지배 관계를 재생산하는 기능을 한다는 비판을 받아왔다. PD저널리즘은 기존 저널리즘의 이러한 약점을 보완하면서 감시견으로서의 언론 기능을 강화하려고 시도하였다. PD저널리즘 프로그램이 권위주의 정부와 보수화된 사회를 비판하면서 노동자와 농민 등 사회적 약자 계층의 사회개혁 요구에 부합하는 보도를 시도했던 점도 당시 분출하던 한국 사회의 민주주의 욕구와 맞아 떨어졌다.

1980년대 초반 우리 사회에 민주화의 봄이 싹트면서 국민들은 정치 사회적인 이슈에 대한 정보를 알고 싶어 했다. 시사고발 프로그램을 만드는 방송국 PD들은 사회 현실을 제대로 알리기 위해서는 발생한 사실만을 단순히 전달하는 역할에서 벗어나 구조적인 모순을 바로잡고 부정부패를 고발하는 개혁가 입장을 취해야 한다고 생각했다. PD들은 시사고발 프로그램의 방송시간이 일반 뉴스의 방송시간보다 훨씬 긴 장점을 활용해서 기자들이 만드는 객관 보도 프로그램과는 달리 자신들의 주장과 가치관을 강력하게 표출하면서 대립 구도의 저널리즘을 만들었다. PD저널리즘은 2000년대 들어서는 정치권력뿐만 아니라 경제,

안보, 종교, 언론 등 여러 분야에서 성역을 허물기 위해 다양한 소재를 발굴해서 과감하게 다뤘다(김연식, 조성호, 2008; 김정수, 2020).

PD저널리즘이 성공한 배경에는 기술 발전의 힘도 컸다. KBS의 〈추적60분〉은 방송촬영 기자가 손이나 어깨에 걸쳐 들고 다니면서 촬영할 수 있는 ENG카메라를 사용해서 방송 제작 패러다임을 획기적으로 변화시켰다. 동시녹음이 가능한 ENG카메라는 현장의 말소리, 주먹질 소리 등을 그대로 채취해서 시청자들에게 현장의 모습을 생생하게 전달했다. 구도나 미학을 따지던 필름 카메라와 달리 '지금 의미 있는 순간'을 잡아낼 수 있는 ENG카메라의 차별성은 〈추적60분〉이 새로운 영상 제작 방식을 구현하는 계기를 만들었다. TV 화면에서 현장의 모습과 소리를 실감나게 던져줌으로써 시청자들은 한국 사회의 부조리와 부패를 직접 목격할 수 있었다. 수식어가 없어도 영상과 현장 음은 메시지를 실감나게 전달해 주었다. 시사고발 프로그램은 이를 통해서 호소력과 영향력을 가지게 되었다(백미숙, 2020). PD저널리즘은 2020년 이후에도 KBS의 〈시사기획 창〉과 〈추적60분〉, MBC의 〈PD수첩〉, SBS의 〈그것이 알고 싶다〉, JTBC의 〈스포트라이트〉 등으로 계속되고 있다.

2) 한국 언론의 탐사보도[7)]

(1) 신문·방송의 탐사보도 역사

한국 언론의 뉴스 조직에서는 1990년대 중반부터 탐사보도에 대한 관심이 높아졌다. 언론계 내부에서 오랜 기간 한국 언론계의 보도관행이었던 객관주의 보도 태도에 대한 비판과 자성의 목소리가 높아졌다. 군사정권 기간 벌어진 각종 비리와 폭력에 대한 진실을 규명하자는 사회적 요구가 많아졌다. 이런 분위기 속에서 신문사와 방송국의 뉴스조직에서 기획취재를 전담하는 부서들이 생겨나기 시작했다(남재일, 박재영, 2020).

한국의 뉴스조직에 별도의 탐사보도팀이 처음 등장한 것은 2000년대 초반이다. 2001년 특별기획취재팀을 만든 세계일보가 선구자다. 세계일보 특별기획취재팀은 정보공개 청구 등을 활용한 조사보도 영역에서 두각을 나타냈다. '기록 없는 나라' 연재기획이 대표적이다. 2005년에는 인터넷에 탐사보도 전문 사이트를 개설했다. 중앙일보도 이 시기에 큰 성과를 이뤄냈다. 2001년 '서울 최대의 달동네 난곡' 연재기획을 보도했다. 한국기자협회의 〈한국기자상〉을 받은 이 기사는 국내에 내러티브 저널리즘을 소개하는 역할을 했다. 조사보도, 컴퓨터 활용보도 등 탐사보도 방법론을 대부분 활용해서 탐사보도 방법이 발전하는 데

7) 안수찬(2013). 뉴스가 지겨운 기자. 217~223쪽., 이규연(2006). 탐사보도의 출범, 그리고 험로. 관훈저널, 101, 112~119쪽 자료를 토대로 작성하면서 일부 내용은 보완했음.

도 많이 기여했다. 중앙일보 기획취재팀이 2004년 보도한 '가난에 갇힌 아이들' 연재 기획은 2005년 미국 탐사보도기자협회(IRE)가 주는 특별상을 받았다.

조선일보는 2004년 8월 탐사보도팀을 출범시켰다가 2007년에 크로스 미디어팀을 새로 만들었다. 크로스 미디어팀은 신문, 인터넷, 영상을 결합한 심층 보도물을 만들어 보도했다. 2008년 '천국의 국경을 넘다'는 영국의 국제 영상 저널리즘상인 〈로리펙상〉(The Rory Peck Award)에서 임팩트상(Impact Award)을 받았다(조선일보, 2008.11.14.). 경향신문은 특정 테마를 정한 후에 여러 부서에서 기자들을 차출해서 한시적으로 팀을 운영하면서 특정 의제를 확산시키는 방식으로 장기 기획보도를 해서 좋은 평가를 받았다. 한겨레신문의 주간지 한겨레21은 '노동OTL 연재 기획'(2009년), '장애인 킨제이 보고서'(2010년), '돈을 갖고 튀어라-영업정지 전날 밤 100명 VIP에 100억 몰래 빼준 부산저축은행'(2011년) 기사로 3년 연속 한국기자협회의 〈한국기자상〉을 받았다. 부산일보는 2005년 3월 탐사보도팀을 만들어 지역 언론의 탐사보도를 이끌었다.

방송에서는 KBS가 선두 역할을 했다. KBS는 2005년 4월 탐사보도팀을 만들고, 54개월 동안 26편의 심층 프로그램을 제작해 〈KBS 스페셜〉에서 보도했다. KBS는 '파워엘리트 그들의 병역을 말하다'(2006년), '시사기획 쌈 김앤장을 말한다 1, 2편'(2007년), '2008 스포츠와 성폭력에 대한 인권 보고서'(2008년), '전자발찌 1년-내 아이는 안전한가?'(2009년) 프로그램으로 4년 연속 한국기자협회의 〈한국기자상〉을 받았다. KBS 탐사보도팀이 2005년 11월에 방송한 '최초 보고-해양투기 17년, 바다는 경고한다' 프로그램은 2006년에 미국 탐사보도기자협회(IRE)의 TV 부문에서 한국 언론 최초로 본상을 수상했다(KBS, 2006.3.28.).

(2) 비영리 독립 탐사보도 매체

한국의 탐사보도는 2008년에 정치·경적인 이유로 상당히 위축되었다. 국제적인 금융위기로 신문사들의 경영 상태가 매우 나빠져서 탐사보도팀을 운영하기 어려운 신문사가 많아졌다. 방송 분야에서는 이명박 정부가 집권한 이후 정부의 압박과 방송국 경영진의 탈저널리즘 정책으로 KBS와 MBC의 탐사보도가 위축되었다. KBS와 MBC의 사장들은 정부에 대한 문제 제기나 여당에 비판적인 내용을 담은 뉴스나 탐사보도는 방송되지 않도록 통제했다. 시사와 탐사보도 프로그램은 줄이고 지원도 축소했다. 그로 인해 1990년대 초반 활성화되어 2000년대 전성기를 맞았던 공영방송의 탐사보도는 위축되고, 제작진의 의지는 약화되어 2010년대에 급격히 퇴조했다.

그러자 이명박 정부 때 해직된 언론인과 탐사보도 전문 언론인들이 2012년 탐사보도 전문매체인 뉴스타파를 설립하면서, 우리나라에서 비영리 독립 탐사매체 시대가 열렸다. 뉴스타파는 광고나 외부 이익단체 등의 지원을 전혀 받지 않고 일반시민들의 후원금으로만 운영되었다(박인규, 2017). 뉴스타파 모델은 외국에서도 많은 주목을 받았다. 뉴스타파는 매체 이름을 한국탐사저널리즘센터[8]로 변경했다.

2020년에는 재단법인 뉴스타파함께재단이 설립되어 뉴스타파와 함께 비영리 독립매체의 설립을 적극 지원하고 있다. 뉴스파타함께재단은 정관에서 설립 목적에 대해 "비영리 독립매체인 한국탐사저널리즘센터(뉴스타파) 등 독립언론의 운영을 지원하고, 탐사보도 및 데이터저널리즘 연수, 연구, 출판, 독립언론 연대와 협업 사업을 영위함으로써 저널리즘 발전의 기반을 구축해 사회 일반의 이익에 이바지함을 목적으로 한다."고 밝혔다. 뉴스타파의 첫 보도 10주년인 2022년에는 뉴스타파와 뉴스타파함께재단이 독립매체 100개를 만든다는 목표 아래 뉴스타파저널리즘스쿨(약칭 뉴스쿨) 프로젝트를 시작했다(뉴스타파함께재단, 2024.11.26.).

뉴스쿨은 1년 동안 기존 언론사 입사 희망자가 아니라, 독립언론을 창업하려는 사람들을 교육하고 창업을 지원한다. 2022년 3월에 시작한 뉴스쿨 1기에는 20명 선발에 120여 명이 지원했다. 뉴스쿨 1기 졸업생들은 2023년 6월~10월에 인천, 경기지역에서 '뉴스하다', '뉴스어디', '코트워치' 등 3개의 비영리 독립매체를 각각 설립했다. 뉴스하다[9]는 뉴스타파 등 6개 언론사와 3개 시민단체가 구성한 검찰 예산검증 공동취재단에 참여했다. 뉴스어디[10]는 과거 4년 동안 신문들이 돈을 벌기 위해 기사 형태로 포장한 '기사형 광고' 4만 6000여 개를 분석했다.

---

8) https://newstapa.org/
9) https://newshada.org/
10) https://newswhere.org/

250여 명의 피해자가 발생한 분양 사기에 이용된 '기사형 광고'도 밝혀냈다. 코트워치[11]는 이태원 참사에서 드러나지 않은 사실들을 찾는 데 힘 쏟고 있다. 뉴스쿨 2기에는 전·현직 언론인 지원자가 부쩍 늘었다(한국기자협회, 2023.12.12.). 탐사보도와 권력 감시를 하기 위해서 탐사보도 전문 비영리 독립매체를 만들려는 언론인들이 늘고 있다는 것이다(미디어오늘, 2024.7.20.).

뉴스쿨 2기에서는 기존 언론사에서 환경 문제를 취재해 오던 기자 출신 언론인이 2024년 10월 환경 문제 전문 비영리 독립매체인 '살아지구'를 창립했다. 살아지구[12]는 전국 6000여 개 초등학교와 600여 개 미세먼지 측정소 사이의 거리를 모두 조사해서 초등학교 3분의 1이 정부가 발표하는 미세먼지 정보의 사각지대에 있다는 탐사보도를 했다(살아지구, 2024.10.24.). 살아지구는 프랑스의 르포르테르(Reporterre)를 모범으로 삼았다. 르포르테르는 르몽드의 환경 전문 기자였던 에르베 캄프가 2007년 만든 비영리 독립언론이다. 르포르테르는 광고나 정부 지원 등을 전혀 받지 않는 1인 온라인 매체로 출발했다. 지금은 후원자가 3만 명 가까이 되고, 직원도 20명 정도 된다(한국기자협회, 2024.10.28.).

11) https://c-watch.org/
12) https://disappearth.org/

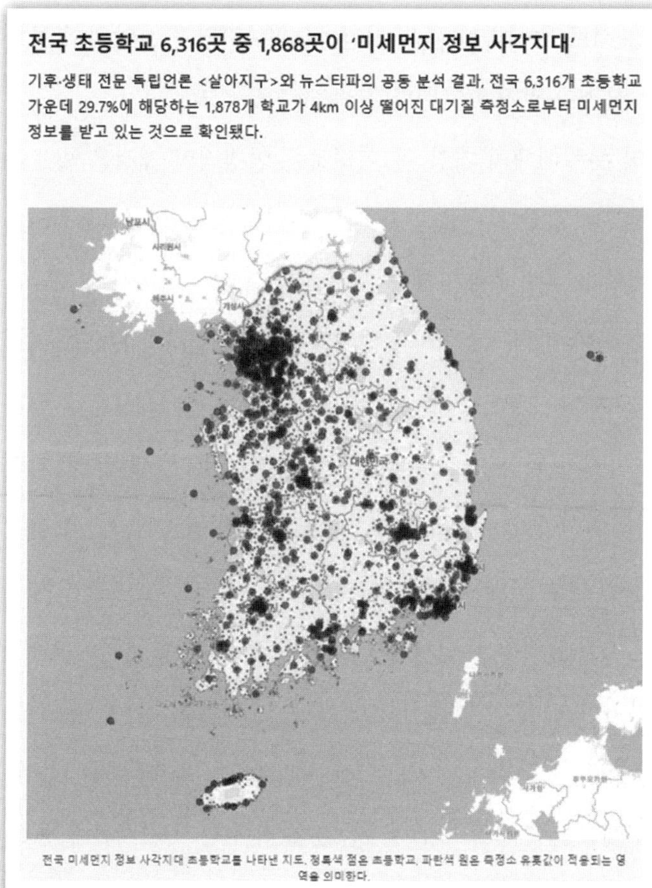

(출처: 살아지구(2024.10.24.). 전국 초등학교 1/3은 '미세먼지 정보 사각지대')[13)]

뉴스타파함께센터와 뉴스타파는 뉴스쿨에서 탄생하는 비영리 독립 매체들의 협업 환경을 만들기 위해서 한국독립언론네트워크(KINN, Korea Independent Newsroom Network)를 만들었다. 협업 취재를 위한 공동 모금을 할 수 있고, 각자 출고한 기사를 한 곳에 모아 독자 유입을 늘릴

---

13) '살아지구'의 허락을 받고 지도 그림을 인용

수 있고, 서로 협력하면 짧은 시간에 넓은 지역과 분야의 정보를 모을 수 있는 장점이 있기 때문이다(한국독립언론네트워크).

비영리 독립매체의 가장 큰 어려움은 안정적인 재정을 확보하는 것이다. 광고와 정부 지원을 받지 않고 운영하기 위해서는 후원자가 필요하다. 비영리 독립매체가 제때 기사를 보도하기 위해서는 기자가 최소 2명은 있어야 한다. 그러기 위해서는 소액 후원자가 600명 이상 필요하다(한국기자협회, 2023.12.12.). 외국의 비영리 독립매체들은 후원자를 확보하기 위해서 다양한 프로젝트를 진행하고 있다. 말레이시아의 독립매체 말레이시아키니(Malaysiakini)는 2014년 회원과의 스킨십을 강화하기 위해서 '벽돌 구매 캠페인'을 기획했다. 후원자의 이름을 새긴 벽돌을 1개당 250달러씩 후원자에게 파는 행사였다. 이 벽돌은 3개월 동안 1000개 이상 팔렸다. 말레이시아키니는 수익금을 본사 사무실을 짓는데 사용했다. 대만의 더 리포터(The Reporter)는 독자의 흥미를 끌기 위해 직접 제작한 캐리커쳐와 마카롱을 팔거나 뽑기 기계를 활용한 '뉴스 뽑기' 행사를 했다(뉴스타파, 2018.10.26.).

2017년에 설립된 진실탐사그룹 셜록[14]도 후원금만으로 운영되는 탐사전문 비영리 독립매체다. 셜록은 스스로 '진실탐사그룹'이라 부른다. 탐사에 그치지 않고 '솔루션 저널리즘'을 지향하기 때문이다. 알리고, 퍼뜨리고, 해결하는 것이 목표이다. 그래서 취재 과정에서 소송도 불사한다. 셜록의 박보경 기자는 탐사보도를 통해서 2020년 2월 동물보호

14) https://www.neosherlock.com/

단체 케어의 박소연 대표 사퇴, 2020년 12월 국회에서 양육비 이행법 개정안 통과, 2022년 1월 태아 산재법 개정, 2023년 6월 김상돈 전 의왕시장의 장남에 대해 농지법 위반 혐의로 징역 6개월에 집행유예 2년 선고, 2024년 1월 유기견을 불법 안락사시킨 군산보호소 대표에게 징역 1개월에 집행유예 2년 선고, 2024년 5월 국내에서는 처음으로 전·현직 검사 5명의 정부 국외 훈련비 일부 환수 조치 등 많은 부조리를 밝혀냈다(단비뉴스, 2024.9.24.).

전·현직 검사 5명의 정부 국외 훈련비 일부 환수 조치는 대부분 기자들이 관심을 갖지 않는 이슈를 파고 들어서 공무원들의 도덕 불감증 문제를 비판하고, 개선 조치를 이뤄낸 탐사보도였다. 검찰은 '검찰의 발전과 훈련 대상 검사의 자기계발'이라는 목적에서 세금으로 검사의 국외훈련을 실시한다. 훈련 기간은 6개월에서 1년이다. 국외훈련을 가는 검사에게는 항공비, 생활준비금, 귀국 이전비 등의 체재비와 학비가 세금으로 지원된다. 2022년에는 검사 48명에게 1명당 6100만 원이 지급되었다. 이들은 귀국 후에 국외훈련 연구 논문을 쓴다. 법무연수원 홈페이지(www.ioj.go.kr)에는 심사를 받은 '국외훈련 검사 연구논문' 원본을 공개하고 있다. 셜록은 이 사업이 제대로 잘 되고 있는지 의문을 가졌다. 그래서 2019~2021년에 발행된 84건의 논문을 표절심의 사이트 카피킬러를 통해 직접 검증했다. 5건의 논문에서 표절 비율이 42%에서 93%인 것을 발견했다. 셜록은 2022년 이 내용을 보도했다(셜록, 2022.12.13.). 공무원 인재개발법 시행령에 따르면 "연구보고서의 내용이 부여된 훈련 과제와 관련이 없거나 다른 연구보고서·논문 등을 표절한 것으로 밝혀진 경우에는 지급한 훈련비의 100분의 20 범위에서 환수할 수 있다."고 규정되어 있다. 셜록은 표절이 심한 검사들에 대한 부패행위 및 공익침해행위 신고서를 국민권익위원회에 제출했다. 국민권익위원회는 2024년 7월 이들의 국외훈련비를 환수했다고 밝혔다. 국내 처음으로 검사의 국외훈련비를 환수한 사례다. 이후 법무부는 '검사 국외훈련 운영규정'까지 개정했다.

세명대 저널리즘대학원 전공 대학원생이 주축이 된 단비뉴스,[15] 군 단위 지역에서 발행되는 옥천신문[16]도 비영리 언론사이다. 국내 비영리 저널리즘이 수행하는 기능 중 하나는 탐사보도이다. 기존 언론사가 정치적, 경제적 이해 관계에 얽혀 보도하지 못하는 영역을 심층적으로 보도하거나 문제를 제기한다. 국내 비영리 저널리즘 언론사의 대부분은 소규모 조직이어서 취재에 물리적인 제한이 많고, 고정적인 광고 수입의 비중이 낮다. 그러나 규모가 작아서 뉴스 제작 과정에서 의사결정이 신속하며, 혁신 지향적으로 조직을 운영할 수 있다는 장점이 있다. 고정 수입의 비중이 낮아서 미디어 환경 변화에 민감하게 반응하고 새로운 시도를 적극적으로 추진하려는 경향이 강한 것도 장점이다. 국내 비영리 저널리즘은 주류 저널리즘의 새로운 대안으로서 주류 언론의 깊이와 다양성의 한계를 극복하는 데 중요한 역할을 할 수 있다(이정훈, 2017).

15) https://www.danbinews.com/
16) http://www.okinews.com/

(3) 개인 탐사 저널리스트의 확산

탐사보도에 대한 사회적인 관심이 증가하면서 개인을 대상으로 탐사보도 공모전을 실시하는 기관들도 생겨났다. 뉴스통신진흥회는 2019년부터 매년 탐사·심층·르포 취재물 공모전을 실시하고 있다. 뉴스통신진흥회는 '뉴스통신 진흥에 관한 법률'에 의해 뉴스통신의 진흥과 공적 책임을 실현하고 연합뉴스사의 독립성 및 공정성을 보장하기 위해 설립된 법인이다. 이 공모전에는 누구든지 응모할 수 있다. 2019년 시행 첫해에는 대학생 2명이 청소년과 아동의 불법 음란물을 공유하는 디지털 성범죄 집단인 텔레그램 N번방의 실체를 파헤치고, 고발한 기사로 우수상을 받았다. 그 밖에도 매년 우리 사회의 문제점을 고발하는 우수한 탐사보도 기사들이 수상하고 있다.

우리 사회의 그늘진 곳에서 힘들게 살고 있는 경계선 지능인 문제를 심층 조명한 '우리는 경계선 지능인입니다: 한국 사회에서의 경계선 지능인의 삶' 기사도 그중의 하나다. 3명의 대학생이 4회 시리즈로 쓴 이 기사는 2022년 제5회 탐사·취재 공모전에서 대상을 수상했다(김윤지, 김제원, 윤은영, 2022.11.3.).

다음은 기사의 시작 부분이다.

"'경계선 지능'이란 지적 장애 수준은 아니지만, 평균보다 낮은 지적 능력을 말한다. ... IQ 71~84 사이를 '경계선 지적 기능'으로 정의한다. … 한국 사회에서 경계선 지능이 언급되기 시작한 건 2014년 EBS '심층취재 - 경계선 지능' 보도 이후다. 그러나 8년이 지난 지금도 사회의 시선과 교육 및 복지 개선 속도는 제자리걸음이다. 취재팀은 경계선 지능인이 겪고 있는 현실적 어려움을 재조명하고 사회의 다각적 변화를 도모하고자 본 기사 취재를 시작하였다."

학생들은 경계선 지능인 당사자, 학부모, 특수교사, 경계선 지능 전문가 등 14명을 인터뷰하고, 관련 데이터 등을 분석해서 4편의 기사를 썼다. 학생들은 기사에서 "단순히 문제점을 지적하는 데 그치지 않고, 현장별로 느끼는 어려움과 해결방안을 구체화하는 방향성을 제시하는 데 집중했다."고 밝혔다.

이 기사는 '〈1편〉 숫자로 나뉜 울타리, 경계에 놓인 사람들-학교에선 문제아, 직장에선 눈엣가시, 〈2편〉 맞춤형 교육의 부재에 심화되는 학습 공백-생애주기별 경계선 지능 맞춤형 교육의 필요성, 〈3편〉 복지 사각지대에 갇힌 경계선 지능인-장애와 비장애 그 사이 '경계'에 놓여 있는 이들, 〈4편〉 "느려도 괜찮아"…더불어 사는 세상을 향해-느림에 익숙한 사회를 위한 다각적 변화의 시작' 기사를 만들었다. 이 기사에서 이들은 경계선 지능인들이 겪고 있는 어려움의 실상을 잘 보여 주었다. 그리고 법적, 제도적 문제점을 구체적으로 취재하고, 개선 방안을 제시하였다.

이들은 만든 '경계선 지능 관련 기관 전국기관분포도'는 대부분의 경계선 지능 교육 시설은 청소년과 아동을 대상으로 하고 있고, 지역아동센터를 제외한 123개의 교육 시설 중 101개의 시설이 수도권에 위치해서 어른들과 많은 지역이 교육 시설에서 소외되어 있다는 점을 지적했다. 이들은 서울시 청소년 상담복지센터에서 제작된 '2021년 느린 학습자 자립지원체계 구축 시범 사업 결과' 중 느린 학습자 지원기관 목록, 아동권리보장원의 '느린 학습자 사례관리 사업'에 참여한 지역아동센터 개수, 빅카인즈를 통해 취합한 경계선 지능 관련 기사를 참고해서 이 분포도를 만들었다(그림).[17] 느린 학습자(slow learner)는 경계선 지능인을 의미한다.

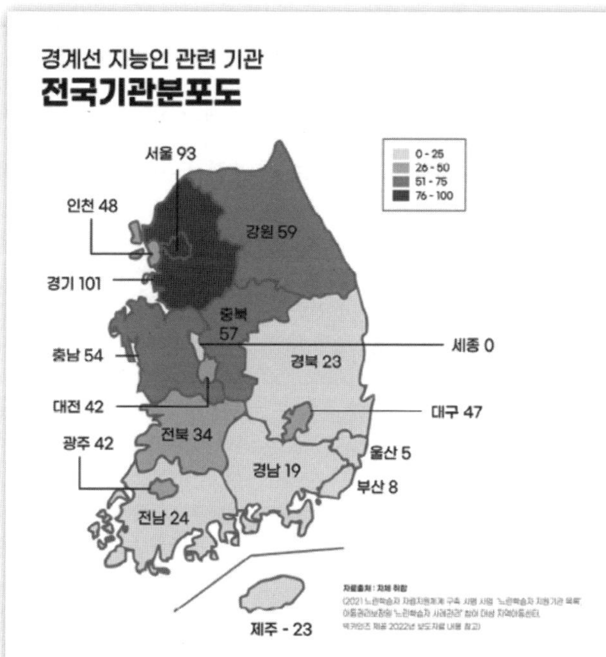

▌〈우리는 '경계선 지능인'입니다〉 탐사기사에 실린 지도

17) 취재팀의 허락을 받고 지도 그림을 인용함.

한국대학언론협의회는 2024년 전국 대학생들을 대상으로 〈탐사보도 공모전〉을 개최했다. 전국에서 많은 팀이 공모해서 3개 팀이 수상했다. 교육부의 대학생 현장실습학기제의 시행과정에서 노출된 문제점을 다룬 '대학생 현장실습 학기제, '유명무실' 규정에 학생 노동침해 여전' 기사, 기후 변화 문제들을 심층적으로 다룬 '한국 사회에 감춰진 기후위기: 불평등, 기후플레이션, 그린워싱, 언론' 기사, 지자체의 원어민 보조 교사 지원 체계 문제점을 다룬 '누가 학생들의 영어를 가르칠 것인가: 원어민 보조교사의 소멸' 기사이었다. 한국대학언론협의회는 "이번 공모전은 우리 대학생들이 사회 문제와 탐사보도에 더욱 관심을 갖게 함으로써 조금이라도 사회와 언론 발전에 기여하자는 취지에서 기획했다. 응모작 가운데는 우리 사회의 다양한 문제를 심층 취재한 우수 기사들이 많았다."고 밝혔다. 한국대학언론협의회는 전국 80여 개 대학의 학보사, 방송사 등 언론기관의 전·현직 주간교수들이 참여하고 있는 협의체다(한국대학신문, 2024.12.30.).

CHAPTER 4

INVESTIGATIVE JOURNALISM

탐사 저널리즘의 특징

INVESTIGATIVE JOURNALISM

1
시간과 공간의 제약이 없다

일반적으로 뉴스 보도는 시간과 공간의 제약을 받는다. 언론사는 정해진 분량의 뉴스를 만들어 지정된 시간에 사회에 전달해야 한다. 신문은 아침이나 오후의 정해진 시간에 배달되며, 방송 뉴스는 보도시간이 정해져 있다. 그래서 언론사에는 기자들이 기사 제작을 마쳐야 하는 마감시간(deadline)이 있다. 마감시간을 맞추지 못한 뉴스는 보도가 되지 못한다. 그래서 기자들은 매일 마감시간과 전쟁을 한다.

신문이나 방송의 뉴스는 보도 분량이 정해져 있다. 뉴스의 중요도에 따라 보도 분량은 달라진다. 중요한 기사일수록 분량이 늘어난다. 어떤 기사는 매우 많이 보도되고, 어떤 기사는 적게 보도된다. 인터넷 매체의 기사라고 해서 무한정 길게 보도할 수도 없다. 너무 길면 수용자가 지루해하며 읽지 않는다.

반면 탐사보도는 매일 보도되는 뉴스가 아니다. 탐사 기자들은 오랜 기간 심층취재를 해서 보도한다. 방송의 정규 뉴스는 십 초에서 몇 분의 짧은 뉴스들로 구성되지만, 탐사보도 프로그램은 특정 주제를 깊게 다룬다. 방송사에서 보도하는 PD저널리즘은 분량이 보통 1시간 이상으로 길어서 일반 기자들이 짧은 시간에 담아내기 어려운 현상의 이면을 깊이 있게 파헤칠 수 있다(송철민, 최낙진, 2022).

탐사기사는 장기간에 걸쳐서 취재되며, 보도 기간이 긴 경우가 많아서 분량도 매우 많다. 2011년 미국 탐사보도기자협회(IRE)의 탐사보도상을 받은 '흔들리는 지반(On Shaky Ground)' 기사는 캘리포니아주 샌프랜시스코에 있는 언론사인 캘리포니아 워치와 KQED(TV와 라디오)가 19개월 동안 취재했다. 취재팀은 3만 페이지 이상의 서류를 검토하고, 온라인 지도와 데이터베이스를 구축했다. 그리고 캘리포니아 전역의 학교를 방문해서 현장 취재를 했다. 이들은 담당 공무원이 감독 의무를 제대로 이행하지 않아서 캘리포니아 지역 공립학교 건축 과정에서 지진 안전규정이 제대로 지켜지지 않았으며, 4만 2000명의 학생들이 심각한 지진 안전 문제에 노출되어 있다는 사실을 밝혀냈다(조기선, 2012).

오대영, 남재일, 박재영(2017)에 따르면 한국과 미국의 탐사보도 기사들은 거의 모두 여러 날에 걸쳐 시리즈 형태로 보도되었다. 한국 기사의 시리즈 횟수는 평균 5.1회였고, 최다 횟수는 19회였다. 미국 기사의 시리즈 횟수는 평균 12.3회였고, 최다 횟수는 50회였다. 탐사보도 기사의 전체 보도 기간은 한국 신문에서는 평균 27.0일이었고, 최장 기간은 296일이었다. 미국 신문의 평균은 180.2일이었고, 최장 기간은 344일이었다.

2
탐사보도의 취재 관행

1) 기자의 일반적인 취재 관행

기자는 세상의 일을 국민에게 전달해야 한다. 그러나 기자가 세상의 모든 일을 알 수는 없다. 그래서 기자는 뉴스를 만들기 위해 필연적으로 이슈에 대한 정보와 사실을 알고 있는 취재원에 의존할 수밖에 없다. 취재원에 따라 기사 내용의 수준과 전문성이 크게 달라지기 때문에 기자에게 취재원은 매우 중요하다(Fico & Freedman, 2001). 취재원도 언론의 보도를 필요로 한다. 그래서 기자와 취재원은 공생하는 관계이다. 둘은 서로 맞잡고 춤을 추어야 하기 때문에 댄스에 비유되기도 한다(Kaniss, 1991, 160~170쪽).

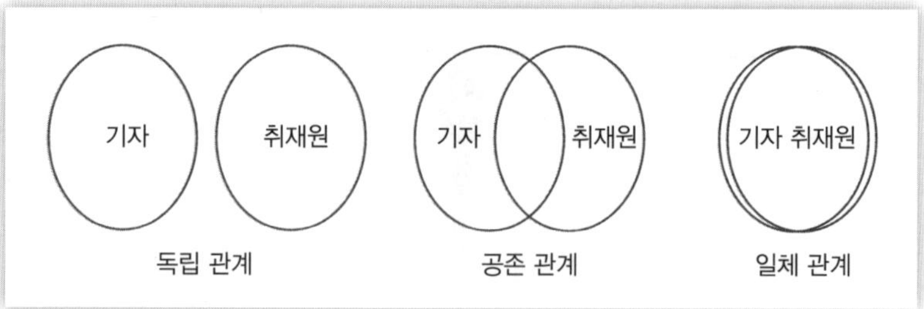

기자와 취재원의 관계

기자와 취재원의 관계에는 세 유형이 있다(그림). 첫 번째는 서로 독립적이며, 공식적인 관계이다. 둘이 공유하는 정보와 접촉 빈도는 매우 적다. 기자가 정보를 수집하고 처리하는 과정도 독립적이다. 두 번째는 둘이 독립적이면서도 어느 정도 공유 부분을 갖고 있다. 둘은 각자 자신의 목적과 역할을 수행하면서도 서로에게 영향을 준다. 둘 사이에는 비공식적인 관계도 생겨나고, 필요할 때는 서로 협조한다. 세 번째는 둘이 완전히 일치하는 관계이다. 어느 한쪽이 다른 한쪽에 포섭된다. 기자가 특정 조직의 일원이나 대변인과 같은 역할을 하거나, 취재원이 기자에게 종속적으로 정보를 제공하는 관계가 된다(박종민, 2012). 두 번째 유형이 가장 일반적인 형태이며, 바람직한 관계이다.

취재원은 기자에게 정보를 제공하고, 의미를 해석해 주는 과정을 통해서 언론의 뉴스 생산과 의제, 프레임 형성 과정에 영향을 주려고 한다. 취재원은 언론을 통해서 자신이 중시하는 의제와 프레임을 사회에 전달해서 자신의 사회적 영향력을 키우려고 하는 것이다(Cobb, Ross, & Ross, 1976). 그래서 기자가 특정 취재원에게 지나치게 의존해서 뉴스를 만들면 취재원이 중시하는 의제나 프레임으로 보도하는 경향이 생긴다(Armstrong & Nelson, 2005). 뉴스에서는 다양한 생각과 의견을 전달하는 다양성이 매우 중요한데, 기자가 특정 취재원에 편향되면 뉴스의 다양성이 낮아진다(심재철, 2003).

한국 기자의 취재 관행에서 출입처 제도는 매우 중요하다. 출입처 제도는 기자가 정부나 공공기관, 기업 등을 출입처로 정해서 담당하는 제도이다. 출입처 제도는 기자가 정보를 취득하는 데 도움이 된다. 출입처가 언론에 정보를 제공하는 대표적인 방법은 보도자료이다. 보도자료는 취재원이 주요 정보를 언론사에 알려서 사회에 공표하려는 목적으로 작성된 것이다. 언론사의 입장에서 보도자료는 비교적 신뢰할 수 있는 각종 정보와 기삿거리를 쉽게 얻을 수 있게 해준다. 그래서 국내외에서 언론사나 기자는 보도자료를 많이 활용한다. 그러나 기자가 보도자료에 지나치게 의존하면 현장을 직접 취재하기보다는 출입처 중심의 뉴스를 만들어 보도하는 현상이 심해진다. 이로 인해 '발표 저널리즘'이라는 부정적인 용어까지 생겨났다. 기자가 출입처의 입장을 대변해서 보도하는 부적절한 공생 관계까지 생기면서 출입처의 홍보 선전에 동원되고 있다는 비판까지 받게 된다(김송희, 윤석년, 2009; 남효윤, 2005).

2) 탐사보도와 취재원

미국 탐사보도기자협회(IRE)는 탐사보도를 "개인이나 조직이 숨기고자

하는 중요한 사안을 기자가 직접 탐사해서 독자적으로 파헤치는 보도 행위"라고 정의한다(남재일, 오대영, 2018). 탐사보도는 누군가가 비밀로 묻어 두려고 하지만, 국민에게는 중요한 정보를 폭로하는 것이다. 그 정보는 정부, 경찰이나 다른 민간기관이 조사한 내용이 아니라, 기자의 독자적인 작업 결과물이어야 한다. 미국에서 1962~1964년 사이에 보도된 탐사기사는 과거에는 알려지지 않았던 공적 문제나 특정 개인들의 범죄행위를 폭로한 것들이었다(Aucoin, 2005/2007, 116~120쪽). 이렇게 하기 위해서 탐사보도는 특정한 취재원이나 보도 대상에 의존하지 않고, 기자가 독립적인 시각과 관점에서 사실을 파고들어서 정확하게 보도해야 한다(설진아, 2009).

그렇다고 탐사보도가 취재원의 도움을 전혀 받지 않는 것은 아니다. 탐사보도에서도 중요한 정보를 갖고 있는 취재원은 기사 제작 과정에서 매우 중요하다. 워싱턴포스트의 두 기자가 워터게이트 사건을 취재하고 보도하는 과정에서도 딥 스로트(deep throat)로 불리던 취재원의 정보 확인과 제공이 결정적인 도움이 되었다. 미국에서 1976년부터 2012년까지 탐사보도 수상작 후보로 오른 기사 757개를 분석한 연구에서도 탐사보도는 중요한 취재원의 정보로부터 시작되었다(Lanosga & Martin, 2017).

그러나 탐사보도에서는 출입처 등 취재원이 전달하는 일상적인 정보에서 벗어나 기자가 스스로 발굴한 아이디어를 활용해서 취재하는 독창성, 그리고 이슈를 단순 설명하는 것이 아니라 사회적 맥락 차원에서 의미를 설명하고 대안을 제시하는 심층성이라는 두 요소가 특성이다(이민정, 이건호, 2014). 탐사보도는 특정 출입처에 의존하지 않고 취재하기 때문에 제3자적 입장에서 객관적이고 통합적으로 이슈의 핵심 쟁점을 규명하게 된다(이승선, 2005). 방송사의 PD저널리즘에서도 PD들은 특정한 출입처가 없어서 취재원의 눈치를 보지 않고 실체를 최대한 있는 그대로 보여 줄 수 있었다(송철민, 최낙진, 2022).

탐사보도는 특정한 유력 취재원에만 의존하지 않고, 탐사기사 제작에 필요한 취재원을 찾아내서 새로운 정보를 확인하는 등 다양한 취재원을 활용하려 한다는 점이 특징이다. 언론에서 취재원은 대통령이나 주요 공무원과 같이 '널리 알려진 사람'(Known)과 '무명의 일반 시민'(Unknown)으로 구분된다. 'Known'은 정보가 많기 때문에 기자들이 많이 의존하다. 미국 기사에서 활용된 취재원은 대부분 'Known'이다. 'Unknown'은 중요한 정보를 갖고 있는 경우가 드물다. 정보를 갖고 있더라도 언론에 노출될 기회가 적어서 언론의 주요 취재원으로 등장하는 경우는 매우 적다(Gans, 2004). 그래서 전통적으로 언론에서 정부, 정치권, 기업 등은 지배적인 취재원이 되고, 시민사회 단체와 일반 시민들은 소외되어 있다(김성태, 이영환, 2006).

그런데 미국 탐사보도의 기사에서는 'Unknown' 취재원이 매우 많고, 공무원 취재원은 많지 않았다. 탐사기사의 주제가 정부와 관련된 경우에도 공무원 외의 취재원이 다수였다. 공무원 이외의 취재원은 기업, 교육기관, 노동조합, 이익단체와 같은 주요 사회기관에 소속된 사람들이었다. 소속을 알 수 없는 일반 시민 취재원들도 많았다(오대영, 남재일, 박재영, 2017).

미국의 기자들도 19세기 초까지는 정부나 단체의 공식 발표 자료나 소속 언론사의 의견을 토대로 기사를 작성했다. 그러다 19세기 중반부터 기자들이 취재원에 의존하는 보도에서 탈피하기 시작하면서 언론의 파급력이 커지기 시작했다. 대표적인 사건이 1836년 뉴욕 해럴드의 제임스 베넷 기자가 보도한 매춘부의 엽기적 살인 사건에 관한 보도였다. 그는 살인이 일어난 아파트의 관리인을 만나 질문과 답변을 하는 방식으로 취재했다. 그는 사건 현장을 스케치하고, 매춘부의 성장 과정에 관한 취재도 했다. 경찰의 공식 발표에만 의존해 오던 당시로서는 이런 취재기법은 획기적인 시도였다. 이 방식은 미국 언론계를 발칵 뒤집어 놓았다. 이후 기자들의 독자적인 취재가 활발해졌고, 탐사보도에서 일반화되었다(김형진, 2000, 118~119쪽).

3
정확한 보도가 생명이다

탐사보도는 정부나 권력자, 유명인사의 숨겨진 비리를 파헤쳐서 공개적으로 비판하기 때문에 이들의 거센 저항이나 반격에 부딪치는 것이 일반적이다. 이들은 변명이나 해명하려고 하고, 때로는 기사 내용을 오보로 몰아가기도 한다. 이런 때 탐사기사의 내용에 조금이라도 오류가 있으면 기사의 신뢰도가 떨어지는 것은 물론 기자와 언론사도 큰 타격을 입게 된다. 명예훼손 등의 혐의로 고발을 당할 수도 있다. 따라서 탐사보도에서는 정확성이 생명이다. 확실한 정보와 과학적인 근거 없이 보도하면 그들의 저항에 부딪쳐서 실패할 수 있기 때문에 탐사기자는 항상 폭로 대상의 저항과 반발을 염두에 두면서 취재하고 기사를 써야 한다. 부정확하거나 사실에 근거하지 않은 내용을 보도하면 소송에 휘말리는 등 역풍을 맞아 어려움에 처할 수 있다. 탐사보도는 보도 초기에는 다수의 언론매체가 동시에 참여하기보다는 한 개의 언론사가 참여해서 거대한 권력과 싸우며 실체적 진실을 규명해 나가는 것이 일반적이다. 그럴수록 철저한 사전 준비와 보도 방향에 대한 과학적 검증을 해야 한다(김형진, 2000, 121~128쪽).

탐사보도가 성공하기 위해서는 다양한 경로로 수집한 자료를 토대로 주요 취재원을 만나 새로운 정보를 얻어야 하며, 의혹을 제기하고 실체 규명과 사실 확인을 위한 검증을 해야 한다(김외현, 2012). 특히 사건이나 이슈와 관련된 모든 사람과 내용을 취재해야 한다. 어느 한편의 이야기만을 듣고 보도하면 오보를 쓸 가능성이 높다. 이해 관계가 엇갈려 있는 사안일수록 당사자는 자기 위주로 이야기하는 경우가 많기 때문에 반드시 반대편에 있는 사람들의 이야기를 들어야 한다. 그래야 기자는 어떤 사건이나 이슈의 전체를 보고 진실을 파악해서 정확한 기사를 쓸 수 있다.

핑계 없는 무덤 없다는 말이 있듯이, 가해자에게도 할 말은 많다. 피해자의 말만 듣고 보도하면 자칫 피해자 중심의 프레임이 만들어져서 피해 사실이 부풀려지거나 왜곡될 수 있다. 그래서 가해자와 피해자가 대립되는 구도의 기사를 쓸 때는 반드시 가해자의 이야기를 취재해야 진실을 알고 정확한 기사를 쓸 수 있다. 비판 기사를 쓸 때는 비판 대상에게 반론권을 제공해서 그의 의견을 기사에 반영해야 한다. 만약 비판 대상에게 연락을 했는데 그가 응답을 하지 않거나, 연락이 안 되는 경우에는 "가해자에게 의견을 묻기 위해서 연락을 했으나 응답하지 않았다."거나 "연락이 되지 않았다."는 사실을 밝혀야 한다.

미국 AP통신의 '노근리 양민 학살사건' 보도는 가해자를 취재하는 것이 탐사보도에서 얼마나 중요한가를 보여 주는 사례이다. '노근리 양민 학살사건'은 1950년 7월 26일 미군의 유도로 철로를 따라 피난가던 노근리 주변 지역의 양민 500여 명이 미국 공군의 폭격 등을 피해 쌍굴다리로 피신하면서 시작되었다.[18] 미국은 이들 중에 잠입한 북한군이 있다고 생각해서 기관총과 박격포를 사격했고 수백 명이 학살당했다. 여성과 어린이가 대부분이었다. 피해자와 가족들은 1960년대부터 주한미군에 공개 사과와 손해배상을 요구했다. 1990년대에는 노근리 미군 민간인 학살 대책위원회가 만들어져 한국과 미국 정부에 여러 차례 진정서를 제출하고, 이 사건에 대한 책을 출판하였다. 연합뉴스, 한겨레신문 등 한국 언론도 보도하면서 미국 언론도 관심을 갖게 되었다.

AP통신이 1998년 4월부터 3명(서울지국 한국인 기자와 미국 본사 기자 2명)의 취재팀을 구성해서 본격적인 탐사취재를 시작했다. 취재팀은 현장을 취재하고 피해자들을 인터뷰하는 한편, 참전했던 미국 군인들의 이야기를 직접 들으려고 시도했다. 취재팀은 한국 정부의 국방문서연구위원회 등을 조사해서 미군 제1기갑 사단이 당시 영동지역에 주둔했음을 확인하고, 미국 정부 문서보관소를 조사했다. 그리고 정보공개법에 근거해 미국 국방성에서 참전용사 명부를 확보한 후에 수백 명의 전역 군

18) '노근리 양민 학살사건'에 관한 내용은 다음의 자료를 토대로 정리하였음. 나무위키(2024.10.29.). 노근리 양민 학살 사건., 미디어오늘(1999.10.14.) 〈인터뷰〉 노근리 사건 보도 최상훈 AP통신 서울지국 기자., 위키백과(2024.12.2.). 노근리 양민 학살사건., 인천투데이(2024.7.26.). [오늘의 역사] 미군, 노근리 양민 학살 사건을 일으키다.

인들에게 일일이 전화해서 50년 전의 사건을 물어봤다. 취재팀은 참전 군인들과 수백 통의 이메일을 주고받았다. 미국 문서보관소에 있는 수백 개의 박스도 열어 보았다. 이런 노력으로 미국 작전명령서 등 공식 문서를 최초로 확인해서 보도했다. 그리고 참전군인 12명을 인터뷰해서 미군 상부의 발포 명령이 있었다는 증언을 보도했다. 50년 만에 가해자의 이야기가 처음으로 공개된 것이다. AP통신 취재팀은 2000년 퓰리처상을 수상했다.

AP통신이 1999년 노근리 사건을 본격적으로 보도하자, 당시 빌 클린턴 대통령은 국방장관에게 진상조사를 하라고 지시했다. 미국 육군은 긴급 기자회견을 열고 "군 자료를 검토하고 참전군인 면담 등을 해서 진상을 조사할 계획"이라고 발표했다. 노근리 사건은 한국과 미국에서 공론화가 되었다. 한국과 미국 정부는 2000년에 각자 실태조사를 한 후에 2001년 1월 조사 결과를 동시에 발표했다. 양국 정부는 공식적으로 이 사건은 '우발적으로 발생한 사건'이라고 결론 내렸다. 사망, 부상, 실종 인원은 총 248명으로 신고되었다. 미국 정부 조사단은 노근리에 있던 미군 부대에 피난민을 공격하라는 명령이 하달된 적이 없기 때문에 미국 정부의 책임이 아니라는 결론을 내놓았다. 대신 미국 조사단은 공동 발표문을 통해 당시 전쟁에 참여했던 병사들의 나이가 어리고 훈련 및 장비가 부족했다고 언급했다. 사실상 간접적인 책임을 시사한 것이다.

미국 정부가 이후 "상부 명령이 있었다."고 주장하는 참전 군인들에게 개인적인 책임을 묻겠다고 하자, 참전 군인들은 증언을 번복하거나 거부해서 더이상 증언은 나오지 않았다. 그러나 AP통신의 탐사보도는 미국 정부가 노근리 사건을 정식으로 진상조사하고, 노근리 사건에 대한 한국 정부의 태도를 바꾸는 계기가 되었다. 노근리 사건의 피해자들은 한국 정부의 무관심에 깊은 상처를 받고 있었다고 한다. 양국 정부의 조사 이후 한국 국회는 2004년 3월 '노근리 희생자 심사 및 명예회복에 관한 특별법'을 제정했다. 특별법으로 희생자 226명과 희생자 유족 2240명이 확정되었다.

탐사보도는 이와 같이 기자가 진실 확인을 위해 모든 노력을 다했을 때 좋은 결과가 나온다. 미국 시카고에서 경찰의 만행을 조사하던 시카고 트리뷴의 취재팀은 경찰 폭력의 피해로 알려진 500건 이상의 사건 가운데 증거가 뚜렷한 31건을 선별했다. 그리고 5개월 동안 경찰 폭력의 희생자라고 주장하는 수백 명과 경찰 폭력 피해의 목격자라고 주장하는 수백 명을 취재했다. 취재팀은 경찰 만행에 관한 고발과 관련해서 수천 명의 경찰, 그리고 법원과 병원 문서를 조사했다. 취재팀은 경찰 피해를 고발한 사람들 이외에도 폭력 혐의로 고발된 경찰관들의 말도 들었다. 시카고 트리뷴은 취재원들의 진실성을 검증하기 위해 자사 비용을 들여 피해자와 경찰 모두에게 거짓말 탐지기 테스트를 했다. 그 결과를 토대로 무수한 경찰 만행의 사례를 보여 주는 기사 8개로 구성된 시리즈를 보도했다(Aucoin, 2005/2007, 127쪽).

탐사기자가 독자적으로 취재해서 기사를 정확하게 쓰기 위해서는 전문성이 매우 중요하다. 한국의 수용자들은 한국 탐사보도 품질에서 공정성, 시민 중심 보도 태도보다는 전문성을 가장 중시했고, 전문성 평가만이 탐사보도 이용량에 긍정적인 영향을 주었다(오대영, 남재일, 2019). 반면 탐사보도에서 기자의 전문성이 떨어지면 기사의 수준이 낮아지고, 사회적 영향력도 떨어진다. 2008년 스페인에서 항공기 사고가 발생했을 때, 스페인 언론에는 항공사고에 대한 전문지식을 가진 기자가 거의 없었다. 그래서 스페인 언론은 항공기 사고를 잘 아는 취재원에 접근할 수 없었다. 기자들은 정부 공무원을 주요 취재원으로 활용했다. 전문가 취재원은 거의 이용하지 못해 핵심 정보가 매우 없었다. 자료와 통계 등 2차 자료도 매우 부족했다. 여러 취재원들이 제공하는 정보를 제대로 검증하지 않은 채 보도했으며, 검증되지 않은 정보와 가설을 보도하는 경향이 많았다(García-Santamaría, 2010).

한국의 탐사보도 기사에서도 이런 현상은 종종 있었다. 한국의 중앙일간지가 보도한 교육 관련 시리즈 탐사기사들은 피상적인 현상만을 지루하게 전달했다. 정보의 맥락을 제대로 전달하지 못하고, 문제의 대안을 제시하는 데 한계를 나타냈다(이민정, 이건호, 2014). 한국기자협회가 주관하는 〈이달의 기자상〉을 수상한 탐사보도물 가운데는 사회의 여러 이슈에 대해 문제 제기만을 하고 대안은 모색하지 못하는 경우가 많았다. 취재원이 다소 엘리트 지향적이어서 시민들의 숙의적인 활동을 진작시키고, 사회 네트워크를 형성하는 데 소극적이었다(김민하, 2008).

4
공동취재

언론사의 특종과 속보 경쟁은 매우 치열하다. 특종은 다른 언론사가 알지 못하는 새로운 사실을 밝혀내서 단독으로 보도하는 것이다. 언론사는 특종을 해서 세상의 이슈를 주도하려 한다. 특종을 많이 하는 언론사는 명성이 높아지고, 독자가 많아져서 더욱 영향력이 큰 언론사로 성장한다. 언론사는 같은 이슈를 보도할 때 다른 언론사보다 1초라도 빨리 보도하려 한다. 그래야 더 많은 독자나 시청자가 그 언론사의 뉴스를 찾아보게 되기 때문이다. 언론사는 같은 사건이라도 가능하면 시민들의 눈길을 끌 수 있는 자신만의 시각에서 보도하려 한다. 독자는 특징이 없는 뉴스를 식상해한다. 그래서 언론사가 서로 협조해서 공동취재를 하는 경우는 언론 생리상 기본적으로 어렵고, 언론사는 단독 플레이를 하는 것이 기본이다.

그런데 탐사보도에서는 심심찮게 언론사들이 공동취재하고 보도하는 일이 벌어진다. 탐사보도에서는 취재 대상과 이슈가 너무 광범위하거나, 개별 언론사가 단독으로 취재하기 어려운 사안인 경우가 있다. 그러면 언론사들이 비리 추적이라는 감시견 역할을 충실하게 수행하기 위해서 협업을 하는 것이다.

대표적으로 미국 언론사들이 했던 '애리조나 프로젝트'가 있다(Aucoin, 2005/2007, 186~222쪽). 돈 볼스는 미국 애리조나주의 신문인 애리조나 리퍼블릭의 탐사보도 기자였다. 그는 1976년 애리조나주의 정치적 비리와 조직범죄 활동을 폭로하는 기사를 썼다. 그는 애리조나주의 경찰순찰대가 비밀리에 관리하는 정치 수뢰 자금과 주 세무서장들의 뇌물수수, 토지사기 내용, 애리조나주의 경마장과 개 경기장을 장악하려는 전국 경기장 매점 관리업체인 엔터프라이즈 코퍼레이션에 대한 마피아의 영향력을 파헤쳤다. 그는 애리조나주에 있는 조직범죄 인물 200여 명과 관련자들의 이름, 그들의 사업체 명단도 폭로하였다. 이 기사로 애리조나주 의회는 앤터프라이즈 코퍼레이션에 대해 5년 내에 애리조나주 경마장에 대한 투자 처분을 명령하였다. 이 기사는 애리조나주의 비리 해소에 큰 도움을 주었다. 그러나 돈 볼스는 1976년 봄에 범죄조직원들에 의해 살해당했다. 1975년에 설립된 미국 탐사보도기자협회(IRE)의 1차 전국총회가 열리기 며칠 전이었다.

미국 탐사보도기자협회(IRE)는 범죄조직이 볼스를 살해한 것은 기사에 대한 보복을 넘어서 미국의 언론 자유에 대한 치명적인 공격이라고 간주하였다. 언론이 돈 볼스의 살해 사건을 방관하면 언론의 취재 대상이 되고 있는 다른 범죄조직들이 고무되어서 기자들을 공격할 것이라고 우려하였다. 그래서 미국 탐사보도기자협회(IRE)의 회원들은 범죄조직원들에게 폭력이나 위협으로는 기자들을 침묵하게 만들 수 없다는 것을 명백하게 알려주기로 하였다.

미국 탐사보도기자협회(IRE)는 '범죄조직과의 전쟁' 프로젝트를 하기로 결정하고, 전국의 언론사와 기자들에게 참여와 도움을 요청했다. 보스턴 글로브, 시카고 데일리 뉴스, 마이애미 헤럴드, CBS방송 등 전국의 크고 작은 28개 신문사와 텔레비전 방송국에서 39명의 기자와 에디터, 기타 지원인력이 참여하였다. 애리조나주의 주요 대학에서는 신문방송학과 학생들이 교대로 자료 조사와 서류 정리를 지원했다. 미국 탐사보도기자협회(IRE)는 공동취재단의 운영비용을 마련하기 위해 전국적으로 모금운동을 했다. 애리조나산업협회, 뉴욕시민신탁기금, 자선가 데이비드 헌터를 비롯해서 여러 언론단체, 신문사, 개인들이 기부금을 후원했다.

미국 탐사보도기자협회(IRE)는 애리조나주의 한 호텔에 취재본부를 설치했다. 그들은 애리조나주의 토지개발 사기 전통, 마약 밀거래, 도박, 매춘과 범 집행의 문제점, 애리조나주 정치인들과 조직범죄 구성원 간의 유착 관계 등을 취재하기 시작했다. 기자들은 관련자 수백 명을 인터뷰하고, 수천 건의 공공자료와 개인자료를 조사했다. 4만 건의 메모를 입수해서 1976년 12월에 취재를 완료하였다. 그들은 취재 내용을 23개 시리즈로 분류해서 기사를 만들었다. 뉴욕의 명예훼손 전문 변호사들이 취재팀의 기사를 무료로 검토한 후에 26개 신문사와 3개 TV방송국, UPI와 AP통신에 기사와 관련 삽화가 전달되었다. 시리즈 기사는 1977년 3월 3일부터 이들 언론사에서 동시에 보도되었다.

이 기사로 애리조나주에 많은 변화가 생겼다. 미국 시사잡지 타임은 애리조나 프로젝트를 "워터게이트 사건 이후 가장 주목할 만한 언론활동"이라고 평가하였다. 전문기자협회(SPJ)는 1977년 미국 탐사보도기자협회(IRE)에 〈공공서비스상〉을 수상하였다. 기사들은 애리조나 대학의 〈존 피터 젱어(John Peter Zenger) 언론자유 및 국민의 알권리 상〉을 수상했다. 미국기자 및 작가협회(ASJA)는 돈 볼스와 미국 탐사보도기자협회(IRE)에 〈미디어의 양심〉 금메달 상을 시상하였다.

언론사들이 협력하는 공조 탐사보도 활동은 애리조나 프로젝트 이후 더욱 확산되었다. 탐사보도 전문매체인 프로퍼블리카와 공영방송 NPR, PBS 등 3개 매체는 UC버클리 대학의 탐사보도 프로그램의 지원을 받아서 '미국의 사망사건 조사(Death Investigation in America)'라는 기사를 보도했다. 이 기사는 미국 사법기관의 사망사건 조사는 유명한 TV 프로그램인 'CSI'와 전혀 다르게 무고한 사람을 감옥에 보내거나 죄가 있는 사람은 풀어 주는 등 허점투성이라는 점을 고발했다. 이 기사는 2011년 미국 탐사보도기자협회(IRE)의 〈탐사보도상〉을 수상했다(조기선, 2012).

세계화로 지도층 인사들의 비리와 일탈 행위, 범죄 행위가 국제화되면서 탐사보도를 위한 협업은 국제적으로도 이뤄지고 있다. 대표적인 사례가 '파나마 페이퍼스'(Panama Papers) 프로젝트였다(나무위키, 2024.12.12.; 위키백과, 2024.12.16.).

독일의 일간지 쥐트도이체 차이퉁의 탐사보도 기자들은 독일 내 탈세 문제를 취재하다가 익명의 제보자로부터 모색 폰세카라는 파나마 법률회사가 갖고 있던 각종 내부 파일을 받게 되었다. 이 파일에는 이 법률회사가 1977년부터 2015년까지 관리하고 있던 조세피난처(tax haven) 고객들에 관한 비밀 데이터들이 들어 있었다. 조세피난처는 법인이 국가에 내는 법인세가 없거나 세율이 매우 낮은 지역을 의미한다. 조세회피처 또는 조세도피처라고도 한다. 이들 지역은 세금을 줄이려는 외국 기업들을 유치하려는 목적에서 법인세를 거의 받지 않는다. 외국 기업들은 법인세 부담을 줄이기 위해 이런 지역에 기업을 설립하고 이용한다. 조세회피 행위 자체는 불법이 아니다. 그러나 조세피난처를 이용하는 기업이 속한 국가의 입장에서 보면 정상적인 조세 수입에 악영향을 받는다. 또 기업이나 개인이 조세피난처에 장부상으로만 있는 유령회사를 설립한 뒤 실제적인 금전적 거래는 없는데도 금전적 거래가 있는 것처럼 장부상 회계 처리를 해서 세금을 탈세하는 것은 윤리적, 법적으로 문제가 된다. 법인세를 비롯한 세금이 많은 국가의 기업인, 정치인, 연예인 등 지도층 인사나 유명 인사들이 이런 방식으로 탈세하는 일이 많아지면서 국제적으로 이슈가 되었다.

이런 상황에서 쥐트도이체 차이퉁 기자들이 입수한 파일은 국제적인 파문을 일으킬 수 있는 중대한 자료였다. 그런데 파일 속 데이터의 분량이 너무 방대해서 쥐트도이체 차이퉁은 자체적으로 분석하기 어려웠다. 그러자 쥐트도이체 차이퉁은 탐사보도 기자들의 국제 네트워크인 국제탐사보도언론인협회(ICIJ)에 공조취재를 요청했다. 국제탐사보도언론인협회(ICIJ)는 2013년부터 몇 차례 유출된 조세피난처 데이터에 대한 분석을 국제적으로 공조해서 성공적으로 취재한 비영리 언론기관이다.

국제탐사보도언론인협회(ICIJ)의 주도 아래 2015년 9월부터 76개국 109개 언론사의 언론인 376명이 이 데이터를 분석하고 보도하는 작업에 참여했다. 2016년 4월 판도라의 뚜껑이 열렸다. 참여한 언론사들은 일제히 세계 여러 국가의 정치인이나 유명 인사들이 파나마의 금융기관들을 이용해서 탈세를 하고 있다는 뉴스를 보도했다. 공개된 자료에는 각국의 정계·재계 인사들과 축구선수, 영화배우 등 유명인의 명단이 포함되어 있었다. 한국인도 195명이 있었다. 이 보도로 아이슬란드와 파키스탄 총리가 사임하고, 유명인들이 정부의 세무조사를 받는 등 많은 국가에서 큰 파동이 일었다.

전 세계적인 규모는 아니지만 권역별로도 국제적인 탐사보도 협업이 활발하게 일어나고 있다. '조직범죄 및 부패보도 프로젝트'(OCCRP, The Organized Crime and Corruption Reporting Project)는 2007년 탐사보도 기자 드류 설리반과 폴 라두가 러시아, 동유럽, 중앙아시아 국가의 탐사보도 기자들과 함께 설립한 비영리 국제탐사보도 기관이다.[19] 이제는 6개 대

19) www.occrp.org/en

룩에 직원을 두고, 암스테르담, 워싱턴 DC, 사라예보 등에 허브를 설치한 세계 규모의 기관으로 발전했다. 세계의 비영리 독립매체와 언론인 네트워크를 위한 탐사보도 플랫폼 역할을 하고 있다. 이들은 71개 지역에 있는 회원 센터와 4개의 지역 파트너와 협력해서 국경을 넘어 부패한 정치인과 기업인, 마약과 무기 밀매조직 등의 자금을 추적하고 감시하고 있다.

프랑스의 비영리기구인 '금지된 기사들'(Forbidden Stories)의 주도로 세계 30개 언론사가 참여한 탐사보도 컨소시엄은 2022년 '팀 호르헤'란 이름의 이스라엘 기업에 접근해서 국제적인 여론조작 기업의 실체를 파헤쳤다(연합뉴스, 2023.2.15.). 이 기업은 건당 82억 원에서 200억 원 이상의 돈을 받고 세계 각국에서 30건이 넘는 주요 선거에 개입하고 주요 인사들의 정보를 해킹해서 여론을 조작한 업체였다. 탐사보도 컴소시엄은 고객으로 가장해서 이 업체에 접근한 후 수차례에 걸쳐 화상회의와 대면회의를 하거나 직접 회사를 방문해서 이들의 사업을 조사했다. 이 회사 사장은 "지난 20년 사이 33건의 대선 규모 캠페인에 관여해 27건에서 성공을 거뒀다."고 밝혔다.

이 업체는 미국, 유럽, 중남미, 아프리카 등지에서 흔적 없이 여론을 조작하려는 정보기관이나 선거캠프, 민간기업 등을 위해 비밀작전을 수행해 왔다. 이 업체는 트위터와 링크드인, 페이스북, 텔레그램, 지메일, 인스타그램, 유튜브 등으로 수천 개의 가짜 계정을 순식간에 만들어 여론 조작을 하였다. 이런 계정에는 인터넷에서 무단 수집한 인물 사진과 지난 수년간의 온라인 활동 기록까지 갖춰져 있었다. 이런 가짜 계정이 3만 개 정도 있었다.

북유럽 4개국(노르웨이, 덴마크, 스웨덴, 핀란드)의 공영방송 기자들은 2023년 공동취재를 통해 역내에서 활동하고 있는 러시아 출신 스파이들의 활동을 규명한 기사를 보도했다. 기자들은 자국의 정보기관으로부터 스파이로 활동하고 있는 러시아 국적 외교관 명단을 입수한 후 현장에서 실제 인물들과 명단을 대조하는 작업을 했다. 그 결과 러시아 스파이 21명의 신원을 확인했고 그중 13명이 여전히 활동하고 있었다(신문과 방송, 2023.11.26.).

우리나라에서도 탐사보도 공조 활동이 이루어졌다. 뉴스타파, 경남도민일보, 부산MBC, 뉴스민, 뉴스하다, 충청리뷰 등 6개 매체는 세금도둑잡아라, 정보공개센터, 함께하는 시민행동 등 3개 시민단체와 공동으로 '검찰 예산 검증 공동취재단'을 구성하고 2022년 9월 14일부터 검찰 예산 사용 실태에 관한 보도를 했다. 사상 처음으로 검찰 예산을 검증한 이 기사는 2023년 한국기자협회의 〈한국기자상〉을 받았고, 한국방송기자 대상 기획보도 부문에서도 수상했다.

이 취재는 탐사보도 전문 비영리 독립매체인 뉴스타파가 처음 시작했다. 뉴스타파는 막강한 권력기관인 검찰을 감시하고 견제하자는 취지에서 2019년 11월 18일 세금도둑잡아라, 정보공개센터, 함께하는 시민행동 등 3개 시민단체와 공동으로 검찰을 상대로 특수활동비 등 예산의 세부 자료를 공개하라는 정보공개 행정소송을 제기했다. 3년 5개월의 긴 소송 끝에 재판에서 이겨 2023년 6월 대검찰청과 서울중앙지검의 특수활동비 등 방대한 검찰 예산 자료들을 받아내 검찰 예산 감시 프로젝트를 진행했다.

뉴스타파는 나아가 전국 65개 지방검찰청이 쓴 특수활동비 자료를 추가로 검증하면 전국 검찰의 예산을 모두 검증할 수 있다고 생각해서 지방 언론사들과 '검찰 예산 공동취재단'을 구성했다. 인천지역 검찰청은 신생 독립언론 뉴스하다, 대구 경북지역은 독립언론 뉴스민, 부산지역 검찰청은 부산MBC, 경남지역은 경남도민일보, 충북지역은 충청리뷰, 서울과 수도권 등은 뉴스타파가 담당했다. 우리나라에서 권력기관을 감시하는 전국 단위의 공동취재단이 구성된 것은 처음이었다.

6개 언론사는 담당지역의 검찰청들을 찾아다니며 자료를 받아내서 분석하였다. 공동취재단이 전국 지방검찰청에서 확보한 2017~2023년의 특수활동비 지출 증빙자료만 6만 장이 넘었다. 증빙자료가 한 장도 없는 특수활동비부터 결제시간, 출납공무원 이름 등이 가려진 먹칠투성이 내역 자료, 잉크가 휘발되어서 읽을 수 없는 영수증들도 많았다. 공동취재단은 수집한 자료들을 스캔하고 전산화하는 작업부터 시작해서 예산 검증을 꾸준히 한 결과, 부정과 오남용 사례를 다수 확인하고 보도하였다(뉴스타파, 2023.7.27.; 단비뉴스, 2024.10.4.; 방송기자연합회, 2024.11.25.; 한국기자협회, 2024.2.6.).[20]

---

20) 검찰이 2024년에 특수활동비 지출 증빙자료를 비공개하기로 결정하면서 뉴스타파와 시민단체들은 다시 검찰을 상대로 특수활동비 정보공개 행정소송을 냈다(뉴스타파, 2024.5.16.).

5
시민과의 협력

탐사보도에서는 비영리 독립매체가 일반 시민들의 도움을 받아서 정보를 취득하거나 분석하는 사례도 많다(Howard, 2014/2015, 82~83쪽). 미국의 탐사보도 전문 매체인 프로퍼블리카는 2011년 지역 방송국들이 집행한 정치광고 자료들을 일반에게 공개하는 운동을 시작했다. 프로퍼블리카의 노력으로 미국 연방통신위원회(FCC)는 2012년 8월 미국에서 50위 안에 있는 TV방송국들에게 정치광고 자료를 온라인으로 공개하라고 명령했다. 그런데 FCC는 방송국이 자료를 공개할 때의 표준 형식을 정하지 않았다. 방송국들은 일반인들이 검색하기 어려운 형태의 이상한 전자자료 파일로 제출했다.

프로퍼블리카는 고심 끝에 이런 사실을 보도하고 자원봉사자들의 도움을 요청했다. 그러자 전자자료 전문가를 비롯한 자원봉사자 1000여 명이 지원했다. 그들은 방송국들이 제출한 이상한 파일들을 구조화된 데이터로 변환해서 10억 달러 규모의 정치광고 자료 공공 데이터베이스를 만들었다. 프로퍼블리카는 이 데이터베이스를 근거로 정치광고 시장과 총량 등을 분류하는 소프트웨어 앱을 만들어 공개해서 일반인들이 쉽게 이용할 수 있도록 했다.

전문성을 갖춘 시민들과 협력하는 것은 탐사보도에서 매우 중요한 취재 방법이다. 집단지성을 활용한 취재라고 할 수 있다. 시민들의 전문성을 활용하는 지식 클라우드 소싱 방식은 수준 높은 뉴스를 생산하는 데 큰 힘이 된다. 미국의 영리 사이트인 토킹 포인트 메모(Talking Points Momo)는 정부 자료를 분석할 때 시민들의 도움을 받아서 정부의 비리, 남용, 부정행위를 밝혀낼 수 있었다. 미국 뉴욕의 공공 라디오 방송국은 2013년 기후에 관한 이색 실험 뉴스를 만들기 위해서 시청자들에게 미국에서 출현하는 매미를 센서로 추적하는 작업을 도와달라고 요청했다. 약 800명이 프로젝트에 참여해서 추적기로 약 8000건의 매미를 목격했다. 이 방송국은 이 자료를 토대로 1만5000건의 기후 관련 뉴스거리를 수집할 수 있었다(Houston, 2010).

서구에서는 대학이 단독 또는 탐사보도 전문기관들과 협력해서 탐사뉴스를 제작하는 일도 많아지고 있다. 호주에서는 2013년 독립 온라인 뉴스매체 크리키의 데이터 기반 정치 탐사보도 프로그램에 지역대학의 저널리즘 전공 학생 24명이 12주 동안 참여해서 의회 자료 등을 찾는 작업을 지원하였다(Caroline, 2015).

CHAPTER

5

INVESTIGATIVE JOURNALISM

탐사 저널리즘의 취재 방법

INVESTIGATIVE JOURNALISM

1
취재 방법의 기초 이론

1) 양적 방법과 질적 방법

탐사보도는 정부나 권력층의 비리와 같이 접근이 어려운 대상이나 이슈를 취재해야 한다. 탐사기자는 탐정과 같은 취재 과정을 통해서 사실을 확인하고 증거물을 확보해서 체계적으로 제시해야 하기 때문에 다양한 방법을 동원하게 된다. 탐사기자는 사전 준비와 과학적 검증을 통해 기사 작성 방향부터 명쾌하게 설정해야 한다. 취재와 기사 작성의 모든 과정에서는 치밀함과 끈기가 요구되며 신중한 접근이 요구된다. 탐사보도의 취재 방법은 새로운 진리를 조사하기 위해 사용하는 연구 방법을 연상하게 한다. 그래서 학술적인 연구 방법의 기본 개념을 이해하면 탐사보도 방법을 활용하는 데 큰 도움이 된다. 사회과학의 연구 방법에는 크게 양적 방법과 질적 방법이 있다.

양적 분석은 자료에 측정 수치를 부여하고 통계적인 방법으로 분석해서 의미를 체계적으로 도출하는 것이다. 반복 가능한 조사가 가능하다(Riffe, Lacy, & Fico, 1998/2001). 양적 분석은 연구자가 미디어 내용의 표면적인 의미를 계량화해서 측정할 수 있으며, 미디어 내용에 있는 단어와 같은 구성 요소 간의 수적 상태를 파악해서 전체 의미를 알 수 있다고 가정한다(Gunter, 2000/2004, 129~131쪽). 양적 분석을 할 때는 연구 문제와 가설을 세운 후에 연구하려는 모집단을 정의해야 한다. 모집단의 규모가 너무 크면 서베이 조사처럼 표본을 추출한다. 분석 유목은 분석 내용을 분류할 수 있도록 정의한다. 조사 내용은 객관적인 원칙에 따라 코딩한다. 코딩 내용은 점수로 집계될 수 있도록 척도화하거나 세분화한다. 이 점수들은 통계로 분석될 수 있어야 한다. 조사 결과는 검증된 개념이나 이론에 따라 해석될 수 있어야 한다(Severin & Tankard, 2001/2005, 64~66쪽). 탐사보도에서 활용하는 대표적인 양적 조사 방법에는 설문조사, 사회 데이터 분석 등이 있다.

질적 방법은 사회적 실체와 사회 현상을 관찰과 경험 등을 통해서 해석주의적인 방법으로 이해하기 위해 사용하는 방법이다. 질적 방법은 양적 방법보다 구체적이고 세부적인 맥락 분석과 심층적인 조사를 가능하게 한다(Mason, 1996/2005, 18~21쪽). 질적 연구는 언어 이외에도 인간에 관련된 모든 것들이 언어적으로 이해될 수 있거나 재구성될 수 있다고 생각하면서 외연적인 현상 뒤에 숨겨진 의미를 파악하려 한다(이효선, 2005, 4~5쪽). 질적 연구의 자료는 참여관찰, 인터뷰, 현장실험 등의 방법으로 수집된다.

수집된 자료는 담론 분석을 하게 된다. 담론은 사회적으로 설정되고 선택된 체계이며, 이데올로기적이다. 담론 행위는 사회적 조건이 만들어지고 구축되는 데 결정적인 역할을 하며, 사회 현상을 유지, 복원, 정당화, 영속화시킬 수 있다. 담론 속에 숨겨진 의미를 명쾌하고 시스템적으로 찾아내는 것이 담론 분석이다(Barker & Galasinski, 2001/2009, 101~102쪽). 담론 분석에서는 제도적인 맥락보다는 넓은 사회문화적 맥락이 더 중요하게 작용한다. 사회적 모체는 아주 중요한 방식으로 담화관행을 형성하고, 그 자체가 누적적으로 담화관행에 의해 형성되기 때문에 중요한 관심의 대상이 된다(Fairclough, 1995/2004, 74쪽). 담론 분석을 통해서 미디어 텍스트를 넓은 사회경제적, 문화적인 틀 안에서 보다 명쾌하고 시스템적으로 이해할 수 있게 된다(van Dijk, 1988, 175~176쪽).

2) 1차 자료와 2차 자료

정보에는 1차 자료와 2차 자료가 있다. 1차 자료는 연구자가 직접 조사하고 분석한 자료이다. 기자가 직접 설문조사를 실시해서 얻은 결과물, 과학자가 실험을 해서 얻은 결과물 등은 1차 자료이다. 2차 자료는 기존 연구물, 출입처의 보도자료 등과 같이 타인이 만든 자료이다. 독거노인에 관한 탐사보도 기사를 쓸 경우, 독거노인의 거주지를 찾아가서 현장을 둘러보고 독거노인을 인터뷰하거나, 독거노인들을 설문조사해서 만든 자료는 1차 자료이다. 독거노인에 관한 기사나 다른 연구보고서를 인용하면 2차 자료이다. 통계 자료도 가공 여부에 따라 달라진다. 기자가 통계 원본을 분석한 자료는 1차 자료이지만, 다른 사람이 통계를 가공해서 분석한 자료는 2차 자료이다.

1차 자료는 수집과 분석에 많은 시간과 경비가 소요된다. 그러나 1차 자료를 활용하면 뉴스의 신뢰도를 높여 주고, 현안과 관련한 독창적인 콘텐츠을 제작하고 창의적인 해석을 가능하게 해준다. 2차 자료는 시간과 분석 경비를 절감해 주고 정보를 비교적 쉽게 알게 해준다. 그러나 2차 자료는 1차 생산자의 의도에 맞춰 해석되고 만들어졌기 때문에 1차 자료 생산자의 시각에 따라 주제와 이슈를 해석하기 쉽다는 단점이 있다. 기자에게는 출입처에서 제공하는 보도자료가 대표적인 2차 자료이다. 보도자료는 기자들이 기사를 쓰기 쉽게 정보를 제공하기 때문에 기자들이 즐겨 이용한다. 요즘에는 기자들의 입맛에 맞게 기사 형태로 쓰여진 보도자료도 제공된다. 그러나 보도자료는 출입처에게 유리한 시각으로 만들어진 정보를 제공하고 불리한 내용은 제공하지 않는 경우가 많다. 따라서 기자가 보도자료의 내용을 꼼꼼하게 확인하지 않고 그대로 보도할 경우 본의 아니게 출입처의 의도에 따라 뉴스를 만드는 일이 벌어진다.

특히 문제가 되는 것은 언론이 다른 언론에 보도된 기사의 사실 여부를 확인하지 않고 인용 보도하면서 발생하는 오보나 왜곡 보도이다. 이런 경우 오보나 왜곡 보도를 한 기자나 언론사도 책임을 지게 된다. 서울지방법원은 1996년 2개 신문사가 연합통신(현 연합뉴스)의 기사를 인용해서 '김일성 찬가 불러 구속/노래패 희망새 3명' 제목의 기사를 실었다가 당사자로부터 명예훼손 소송을 당한 사건과 관련해서 신문사에게 패소 판결을 내렸다. 법원은 "언론 매체가 다른 언론의 보도 내용을 인용해서 보도하는 경우라도 자신의 보도로 인한 책임을 면할 수 없다. 신문이 통신기사 내용의 진실 여부를 확인하지 않고 그대로 옮겨 보도한 경우 이들의 명예훼손으로부터 면책될 수 없다."고 판결했다. 이러한 논리는 유사한 각종 사건 판결에서도 대체로 일관성 있게 적용되고 있다(미디어오늘, 2003.5.28.).

일본에서는 2002년 '북한의 일본인 납치 사건' 당시 지지(時事)통신사의 오보를 다른 일본 신문과 방송들이 그대로 보도했다가 큰 낭패를 보았다. 북한은 1990년대 후반 간첩들을 일본인 신분으로 위장해서 남한으로 보내기 위해 간첩에게 일본어 교육을 시킬 교관을 확보할 목적으로 일본인들을 납치했다. 북한은 이를 부인하다가 2002년 이를 처음 시인했다. 그러자 2002년 9월 17일 일본 고이즈미 준이치로 총리가 평양을 방문해서 김정일 북한 국방위원장과 회담을 가졌다. 그날 아침 지지통신사는 일본 외무부 소식통을 인용해서 고이즈미 총리가 귀국할 때 납치된 일본인들을 데리고 올 것이라고 보도했다. 일본의 언론사들은 이 뉴스를 매우 크게 보도했다. 일본인들은 환호했다. 그런데 결과는 전혀 달랐다. 북한이 납치된 일본인들은 모두 죽었다고 밝혔던 것이다. 납치된 일본인들의 생환을 기대하던 일본인들은 매우 실망하고 언론들의 오보에 몹시 분노했다. 지지통신사의 편집간부들은 문책인사를 당했다. 납치피해자 가족들이 낸 피해 보상 소송에서 지지통신사는 물론 통신 기사를 그대로 쓴 다른 언론사들도 패소해서 손해배상을 해야 했다. 일본 법원은 판결문에서 "언론사가 다른 뉴스통신사의 뉴스를 받아서 보도할 때 사실을 확인하지 않은 것은 잘못된 일"이라고 밝혔다.

2
기본 취재 방법과 사례

1) 자료 내용 분석

내용 분석은 자료나 문헌의 정보를 알아보는 데 가장 많이 활용되는 연구 방법이다. 내용 분석은 20세기 초 미국을 중심으로 시작된 양적인 신문기사 분석에서 시작되었다. 연구자는 자료를 이용하면 장기적으로 연구할 수 있어서 지금도 널리 쓰이는 가장 오래된 언론 연구 방법이다. 내용 분석은 뉴스나 자료를 만드는 사람과 조직의 특성이나 조직적, 문화적 배경을 추론하게 해준다(Shoemaker & Reese, 1996/1997, 61~62쪽).

내용 분석은 양적 방법과 질적 방법으로 모두 할 수 있다. 양적 방법은 계량화를 통해 많은 양의 정보와 자료들을 숫자 형태로 줄여 분석할 수 있다는 장점이 있다. 질적 방법은 자료의 내용을 연구자가 해석해서 분석하는 방식이다. 내용 분석을 활용하면 기자도 역사학자처럼 오래된 자료를 체계적으로 분석해서 숨겨진 사실을 밝혀낼 수 있다. 예컨대 종군위안부에 관한 중요한 역사적 사실이 적힌 자료가 역사박물관에 있다는 이야기를 들은 기자가 이를 찾아내서 자료를 읽고 해석해서 보도하는 경우이다. 다만 국가안보와 관련된 극비 문건이나 특정인의 명예를 훼손할 수 있는 자료를 보도할 때는 법적인 문제가 발생하지 않도록 주의해야 한다.

KBS의 탐사보도부가 2019년 보도한 〈밀정 2부작〉은 내용 분석의 성공적인 사례이다. 밀정은 우리 독립운동 진영의 중요한 정보를 일제에 은밀히 빼돌려 독립운동에 많은 타격을 준 민족 반역자들이었다. 그동안 학계와 언론계에서는 반민족 인사에 대한 연구는 많았지만, 밀정에 대한 심도 있는 탐구는 사실상 없었다. 자료가 많이 부족했고, 우리 내부의 어두운 이야기를 파헤치는 것도 쉽지 않았다.

그런데 2016년 9월 개봉한 한국 영화 〈밀정〉으로 우리 사회에서 일제 시대에 암약했던 밀정에 대한 관심이 높아졌다. 이 영화에서의 주인공은 일제의 밀정이었다. 〈밀정〉은 일제강점기의 '황옥 경부 폭탄 사건'을 모티브로 만들어진 영화이다. 이 사건은 1923년 3월 경기도 경찰부 소속 황옥 경부와 의열단이 조선총독부, 동양척식회사, 경찰서 등 일제 주요 기관을 파괴하기 위해 헝가리 폭탄 제조 전문가의 도움을 받아 중국에서 국내로 폭탄 36개를 반입하다가 발각된 사건이다. 영화에서는 의열단이 숱한 어려움 끝에 고위 경찰들이 참석한 연회장에서 폭탄을 폭발시키는 데 성공한다. 그러나 사실은 다르다. 의열단은 경성까지 폭탄을 반입하기는 했다. 그러나 폭발 계획은 거사 전에 일제에 발각되어 폭탄은 압수되고, 황옥을 비롯한 가담 단원들은 모두 검거되었다(독립기념관, 2024.11.25.).

KBS의 탐사보도부는 2019년 3.1운동과 임시정부 수립 100주년을 맞아 본격적으로 밀정에 대한 탐사취재를 시작했다. 8개월 동안 한국인 밀정을 추적했다. KBS 탐사보도부는 일본 방위성, 외무성, 국회도서관, 헌정자료실 등 관련 기관을 수없이 방문해서 일본 자료, 중국 공문서 등 각종 기밀문서 5만 장을 입수해서 분석했다. 문서에는 대부분 밀정 이름이 나와 있지 않거나 가명을 사용하고 정보들이 조각조각 흩어져 있어서 분석하는 것이 쉽지 않았다. KBS 탐사보도부는 많은 시간과 비용을 들여서 밀정 혐의가 짙은 한국인 895명을 특정했다(한국기자협회, 2019.10.11.). 이를 분석한 결과, 1920년대 만주 지역에서 활동하던 독립운동가들의 동향을 파악해 보고한 밀정들이 밝혀졌다. 1945년 일제가 패망한 이후 중국 정부가 작성한 내부 문서에 등장하는 밀정의 얼굴도 처음 공개되었다. 취재 내용은 KBS 시사기획프로그램인 〈시사기획 창〉에서 〈밀정 2부작〉이란 프로그램으로 보도되었다. 이 보도는 2019년 한국기자협회의 〈한국기자상〉을 수상했다(KBS, 2020.2.20.).

KBS 탐사보도부가 주목한 밀정 혐의자들 중에는 독립유공자로 등록된 사람들도 포함되어 있었다(KBS, 2019.8.12.). 〈진중일지〉의 저자 이정은 김좌진 장군의 비서 역할을 맡아서 1920년 청산리전투를 수행한 독립군 대원이다. 그가 남긴 〈진중일지〉는 청산리전투를 앞두고 북로군

정서 내부 동향을 매일 기록한 전장 일기이다. 〈독립운동사 자료집〉에 수록되어 있는 귀중한 사료이다. 이정은 이 점을 인정받아서 1963년 건국훈장 독립장을 받았다.

그러나 KBS 탐사보도부는 일본 외무성 기밀문서에서 이정의 수상한 행적을 발견했다. 이정은 청산리전투가 끝난 지 4년 뒤인 1924년 일제에 독립군 간부들의 용모와 특징, 김좌진과 김원봉의 향후 합동 의거 계획, 군자금 모금 상황 등에 대해 매우 상세하게 밀고했다. KBS 탐사보도부가 포착한 상징적인 장면 중 하나는 국립서울현충원에 나란히 놓인 이정과 이홍래의 위패다. 이홍래 선생은 돈을 모으기 위해 목숨을 걸고 백방으로 뛰어다닌 독립군 군자금 모집책이었다. 건국훈장 독립장을 받았다. 그런데 이정의 밀고 내용을 보면 이홍래의 모금 활동에 대해서 일제에 상세하게 보고하고 있다. 밀정과 피해자가 현충원에 나란히 안치되어 있는 사실이 밝혀진 것이다.

안중근 의사가 1909년 중국 하얼빈 역에서 이토 히로부미를 처단할 때 거사동지였던 우덕순도 이후에 밀정이 되었다고 KBS는 보도했다. 우덕순은 이토가 채가구 역에서 내릴 것에 대비해서 채가구 역에서 이토를 기다렸다. 안중근 의사의 거사가 성공한 후에 안중근 의사와 함께 붙잡혀 징역 3년형을 선고받았다. 우덕순은 이 공적으로 1962년 건국훈장 독립장을 받았다. 그러나 KBS에 따르면 우덕순은 복역한 뒤인 1920년대에 들어서는 친일단체인 조선인민회의 하얼빈지부 지부장을 맡아 밀정의 길을 걸었다. 일제가 만주지역에 설립한 조선인민회는 조선인들의 동향과 정보를 수집하는 역할을 했다. KBS 탐사보도부는 일본 기밀문서와 예산내역서, 그리고 '밀정 영수증' 등을 통해 우덕순이 1930년대에도 계속해서 밀정들을 관리하고 통솔하는 지위에 있었다고 밝혔다. 안중근 의사의 거사 당시 우덕순의 이야기와 밀정에 관한 내용은 2024년에 개봉한 영화 〈하얼빈〉에도 담겨 있다.

미국 신문 필라델피아 인콰이어러의 돈 발렛과 제임스 스틸이 1974년 퓰리처상을 받은 미국 국세청(IRS)의 세무사찰 시리즈 기사를 만들기 위해 취재한 내용을 보면 탐사보도가 얼마나 어려운지를 잘 보여 준다. 두 사람은 6개월 동안 4개 도시의 조세담보권 2만 건을 조사하고, 그동안 보도된 미국 국세청 기사를 검토했다. 법원 기록과 속기록 3만 페이지를 찾아보기 위해 8주간을 여행했다. 그리고 5만 페이지의 부동산 기록과 유언 검인 보고서, 의회 위원회 서류, 의료보험 기록, 정부기관 청문회 속기록을 조사한 끝에 세무사찰 시리즈 기사를 쓸 수 있었다 (Aucoin, 2005/2007, 119쪽).

2) 설문조사와 여론조사

설문조사는 언론이 여론이나 사회 동향을 직접 조사해서 보도할 때 활용한다. 영국의 공영방송 BBC는 영국 국민 16만여 명을 설문조사하고, 프랑스의 사회학자 피에르 부르디외의 이론을 토대로 영국 국민의 사회적 계층을 분류하는 프로젝트를 수행했다. 7개 계층은 엘리트, 중산층, 기술직 중산층, 새로운 부자 노동자, 신흥 서비스 노동자, 전통적 노동계급, 취약층 등이었다. BBC는 이 분석을 토대로 영국 국민이 자신의 계층을 알 수 있는 앱을 개발해서 공개했다. 앱은 이용자가 자신의 경제자본(연간 수입, 주거 형태, 저축액), 사회자본(지인의 직업), 문화자본(문화활동)을 입력하면 앱이 소속 계층을 알려주는 방식이다. 이 앱은 데이터 분석으로 사회계층의 새 모델을 제시해서 큰 주목을 받았다(김진희, 임종섭, 2016).

여론조사 목적으로 설문조사를 할 때 국민의 생각을 정확하게 알기 위해서는 상당한 수준의 기술적인 방법과 조사연구 방법을 갖추고 있어야 한다. 조사 문항을 충실하게 만들고, 전체 집단을 대표할 수 있는 수준의 충분한 표본을 조사해야 한다. 조사 결과를 분석할 때는 자의적으로 해서는 안 된다. 정확성, 객관성, 신뢰성을 갖춘 과학적인 방법으로 해야 한다. 조사기관에서는 편견이나 의도를 갖지 않고 객관적으로 조사하려고 노력해야 한다. 설문조사 대상의 선정 방식이나 설문지 내용에서 언론사나 조사기관의 의도가 개입되면 현실 분석이 왜곡되어서 객관성을 가장한 통계 결과가 나오게 된다. 이는 사회 여론을 잘못된 방향을 이끌어서 중대한 피해를 줄 수 있다.

우리나라 언론의 선거 여론조사 보도에서는 이런 기본 원칙이 지켜지지 않는 경우가 많았다. 우선 언론사가 직접 여론조사를 하면 속보경쟁 때문에 1~2일 이내에 조사를 실시하는 경우가 많아서 표본의 대표성에 문제가 많았다. 더 심각한 문제는 여론조사 결과를 해석하거나 보도할 때 표집오차를 고려하지 않는 왜곡 보도였다. 통계적으로는 의미 있는 차이가 없는데도, 마치 차이가 있는 것처럼 '오차범위 내에서 1, 2위를 차지했다'는 식으로 보도하고, 기사의 제목에서도 그렇게 보도하는 것이었다(김춘식, 2010). 통계적으로 '오차범위 내의 차이'는 의미가 없고, 사실상 같은 것으로 해석되기 때문에 이런 보도는 심각한 왜곡이다.

그래서 2017년에 실시되는 대통령 선거를 앞두고 한국기자협회, 한국신문협회, 한국방송협회, 한국신문방송편집인협회, 한국인터넷신문협회 등 5개 언론단체는 2016년 12월 28개 조문으로 구성된 '선거여론조사 보도준칙'을 만들었다. 이 준칙은 "특정 정당 또는 후보자, 산하·연계 조직이 의뢰하여 실시한 조사, 질문 내용이 응답을 편향되게 몰아가는 경우, 조사 대상자의 선택이 조사기관에 의하여 무작위로 이루어지지 않는 경우, 개별 응답자의 기본적인 인구구성학적 특성을 확인할 수 없는 여론조사의 경우에는 조사 결과를 인용하지 않는다."고 명시했다. 오차범위 내 결과의 보도 방식에 대해서는 "후보자나 정당의 지지율 또는 선호도는 신뢰구간에 따른 표본오차를 감안해 보도해야 한다. 지지율 또는 선호도가 오차범위 안에 있을 경우에는 순위를 매기거나 서열화하지 않고 '경합' 또는 '오차범위 내에 있다'고 보도한다."고 규정했다.

3) 현장 관찰과 잠입 취재

기자가 좋은 기사를 쓰기 위해서는 양질의 정보를 풍부하게 확보해야 한다. 가장 좋은 정보를 확보할 수 있는 곳은 현장이기 때문에 기자에게 현장 취재는 매우 중요하다. 기자는 현장에서 여러 사람의 이야기를 듣거나 자료에는 없는 새로운 사실을 발견하고, 실상을 피부로 느낄 수 있다. 기자는 현장에서 비언어 커뮤니케이션에 의한 많은 정보를 발견할 수 있다. 비언어 커뮤니케이션은 언어 이외의 다른 방법, 즉 몸짓, 얼굴 표정 등으로 대화하는 방법이다. 복장, 물건 배치 등도 중요한 비언어 커뮤니케이션 수단이다. 인간의 커뮤니케이션에서는 비언어 수단이 언어보다 더 많이 쓰인다.

기관이 제공한 보도자료만을 토대로 기사를 쓰면 발표 저널리즘이다. 그러나 기자가 보도자료를 토대로 현장을 둘러보면 보다 생생하고 정확한 기사를 쓸 수 있다. 이 과정에서 기자는 정부가 발표한 정책의 문제점을 발견하고, 국민의 생각을 취재해서 보도자료보다 발전된 기사를 쓸 수 있다. 현장 취재는 메모하는 습관에서 시작된다. 어디에서든지 퍼뜩 떠오르는 생각과 눈에 띄는 장면을 기록하는 습관을 갖고 있으면 자연스럽게 좋은 아이디어를 얻고, 수준 높은 기사를 쓸 수 있다. 핸드폰의 사진기를 이용해서 주요 장면이나 자료를 촬영해 놓는 습관도 매우 유용하다.

유능한 기자들은 항상 현장을 부지런히 찾아다닌다. 현장에서는 예상치도 않았던 정보를 얻고 특종도 하게 된다. 1987년 한국 사회에서 전국적인 민주화 운동이 일어나는 계기가 된 '박종철 고문치사 사건'은 중앙일보 신성호 기자가 현장을 다니면서 만난 취재원의 입에서 나온 한마디를 단서로 취재해서 보도하면서 세상에 밝혀졌다. 1987년 1월 15일 오전, 당시 서소문에 있던 대검찰청과 서울지방검찰청을 돌아다니며 밤새 벌어진 일을 취재하고 있던 신성호 기자는 10시가 조금 못돼 10층에 있던 공안4 과장실에 들렀다가 박종철 군이 경찰의 남영동 대공분실에서 사망했다는 사실을 알게 되었다. 신성호 기자는 이를 토대로 다른 검사로부터 고문 가능성과 쇼크사 등 새로운 사실을 알아내고, 피해자가 서울대학교 언어학과 3학년 박종철이라는 인적 사항을 확인했다. 그렇게 해서 박종철 군 고문치사 사건은 중앙일보 사회면 2단짜리 기사로 처음 보도됐고, 한국의 민주화운동에 새로운 불길을 열었다(나무위키, 2024.11.3.).

참여관찰은 기자가 현장의 일원이 되는 것이다. 문화인류학자들은 인류의 조상들이 살았던 삶의 방식을 알기 위해서, 원시림 속에 사는 원주민들과 오랜 기간 같이 지내면서 그들의 문화를 연구하기도 했다. 참여관찰을 하면 다른 사람들의 행동 방식과 생활 태도, 문화를 깊이 있게 알게 된다. 탐사보도에서는 기자가 취재하려는 집단의 구성원으로 위장해서 잠입한 후에 관찰하고 취재해서, 생생한 르포 형태로 보도하는 방식이 역사적으로 많이 사용되었다.

비밀 잠입취재는 미국 뉴욕 월드의 여성 기자이었던 넬리 블라이

(Nellie Bly)가 1887년 처음으로 시도해서 성공한 이후부터 탐사기자들의 중요한 도구가 되었다. 넬리 블라이는 뉴욕 월드의 기자가 되기를 희망했다. 뉴욕 월드의 주필은 그런 넬리 블라이에게 악명 높은 블랙웰(Blackwell) 섬의 여성 정신병자 수용소에 몰래 잠입해서 성공적으로 취재하면 채용하겠다고 제안했다. 이를 받아들인 넬리 블라이는 신경쇠약에 걸린 노숙자로 가장하고 뉴욕의 길거리를 어슬렁거렸다. 뉴욕 당국은 그를 붙잡아서 블랙웰 섬의 수용소에 입소시켰다. 그는 그곳에서 썩은 음식을 먹고, 얼음처럼 차가운 물로 목욕을 하는 등 고난을 이겨내면서 10일 동안 수용소 직원들의 잔혹 행위를 관찰하고 기록했다. 뉴욕 월드는 변호사를 동원해서 그를 수용소에서 빼내 주었다.

넬리 블라이는 직접 경험한 내용을 기사화해서 뉴욕 월드의 독자들을 놀라게 했다. 그는 기사에서 "수용소에서는 모로핀과 클로랄 수면제를 다량 주입해서 환자들을 미치게 만들고 있다. 환자들이 그 약물의 효과 때문에 물을 달라고 밤새 아우성쳤지만, 간호사들은 그 요구를 거부했다."고 보도했다. 이 보도로 수용소의 비인간적인 처우가 낱낱이 드러나면서 수용소의 직원들은 처벌받았고, 수용소는 대대적으로 개혁되었다. 그는 이 기사로 명사가 된 이후에도 사기성 직업소개소와 매우 열악한 공장의 작업 환경, 위원들에 대한 로비 뇌물, 여성 감방의 가혹한 상태에 대한 비밀 취재기사를 계속해서 보도했다. 넬리 블라이는 블랙웰 섬의 취재에 관해 자세히 적은 책을 출간했다(Nellie Bly, 1887/2018). 넬러 블라이는 필명이며, 본명은 '엘리자베스 제인 코크런'이다.

넬리 블라이 이후 기자의 비밀 잠입취재는 악행과 부정을 뿌리 뽑기 위한 공인된 탐사보도 취재 방법이 되었다. 미국 신문 시카고 트리뷴의 탐사보도팀은 1972년 기자 17명과 외부 조사자 8명을 비밀리에 선거 심판관과 투표 참관인으로 배치시켜 투표 부정 사건을 파헤쳤다. 기자들은 일반적인 선거 부정행위 이외에도 다중 투표, 투표기 조작, 유권자 매수 등이 민주당 정치인들을 위해 자행되고 있음을 밝혀냈다. 기자들이 투표 부정이 의심되는 지역구에서 표본 추출한 5495명의 유권자들에게 등기 편지를 보내서 확인했더니, 등록된 유권자의 13%가 죽거나 아예 존재하지 않는 사람들이었다(Aucoin, 2005/2007, 129쪽).

비밀 잠입취재를 할 때는 안전상 위험에 처할 수도 있기 때문에 신분이 노출되지 않도록 조심해야 한다. 신분 위장 문제는 상황에 따라서는 윤리적, 법적 문제를 일으키므로 주의해야 한다. 기자가 현장의 소극적 참여 관찰자가 아니라, 적극적인 참여자나 주도자 역할을 하게 되는 경우에는 문제에 휘말릴 수도 있다. 장애인 복지기관의 장애인 인권침해 문제를 취재하기 위해서 신분을 위장해서 잠입했는데, 인권 침해에 항의하는 시위를 주도하고 지도자가 된 경우이다. 이런 경우에는 객관성에서 지나치게 벗어나, 주관적인 입장에서 일방적인 기사를 쓸 가능성도 있다. 자신이 참여한 특수한 상황을 사회의 전체적인 문제로 해석해서 일반화시키는 경우는 과장보도가 될 수 있으므로 기자는 상황을 냉정하게 판단하고 해석해야 한다(조용철, 김진홍, 송정민, 2003, 270쪽).

다음은 우리나라에서 비밀 잠입취재로 보도한 탐사기사 사례이다.

(1) 사례 1: 와셋 등 가짜 학회 참가, 무더기로 BK21 실적 등재

뉴스타파는 2018년 8월 한국의 대학원생들이 BK(두뇌한국) 플러스 21 연구비로 와셋(WASET, World Academy of Science, Engineering and Technology) 등 이른바 해적 학술단체가 운영하는 가짜 학술대회에 대거 참가하고, 이를 실적으로 제시해 온 사실이 확인됐다고 보도했다(뉴스타파, 2018.8.2.).

어느 학술단체든지 논문을 엄격하게 심사해서 통과된 논문에 대해서만 등재하는 것이 원칙이다. 그러나 해적 학술단체들은 논문 심사료 수입을 올리는 데 목적을 두고, 논문 심사를 부실하게 한 후에 논문을 대량으로 인정하는 '유령 학술단체'이다. 국제학술단체 논문 실적이 필요한 대학이나 연구기관의 교수, 연구자들을 대상으로 돈벌이 장사를 하는 것이다. 일반적으로 정부의 대학 연구지원 사업은 연구비 수혜 기관으로 선정된 대학이 일정기간 후에 심사를 받아서 연구 성과가 높으면 연구비를 계속 지원받고, 성과가 목표에 미달되면 탈락하거나 연구비가 줄어드는 구조로 운영된다. 외국 학술기관에 등재된 논문의 수도 성과에 포함된다. 당시 BK21 플러스 사업단 사업도 같은 방식이었다.

그런데 뉴스타파가 2013~2015년 사업기간의 연구 성과 평가에 활용됐던 일부 대학 사업단의 재선정 평가신청서와 성과평가보고서를 입수해서 분석한 결과, 와셋이 운영하는 국제 학술지와 학술대회에 참가한 것을 BK21 사업 실적으로 등재한 사례들이 무더기로 발견되었다. 지난 10여 년간 4000여 명의 한국 학자들이 사이비단체 와셋이 주최하는 학술대회에 논문을 투고하고 행사에 참여하면서 국가 연구개발비를 낭비하고 있었다고 뉴스타파는 밝혔다. 연구의 질보다는 양을 중시하는 실적 위주의 연구 풍토와 정부 심사 제도의 허점이 만들어 낸 결과였다.

이 사실은 뉴스타파의 기자들이 외국 언론과 공조해서 와셋이 주최하는 학술대회에 잠입취재해서 밝혀졌다. 독일북부방송(NDR)의 기자가 2018년 1월 와셋이 개최한 학술대회에 잠입해서 취재했다. 그러다 젊은 한국 학자들의 참석 빈도가 높다는 것을 깨닫고 뉴스타파에 공동취재를 요청했다. 뉴스타파 취재팀은 와셋 웹사이트에 게재된 학술대회 발표문 초록과 학술지 게재 논문을 스크래핑해서 한국 학자들의 와셋 참석 현황을 데이터화했다. 와셋 논문 투고자 수를 기준으로 한국은 세계 5위였다. 상위권 저자 목록에는 한국인들이 수두룩하게 많았다. 취재진은 자동 논문 생성 프로그램을 이용해서 가짜 논문을 만들어 와셋에 투고했다. 취재진은 4일 후에 학술대회 초대장을 받아 이탈리아 베니스의 학술대회장으로 향했다. 자연과학부터 인문학에 이르기까지 온갖 학자들이 모여서 발표를 했고, 생산적인 학술 토론은 불가능했다. 뉴스타파 연구원은 가짜 논문을 토대로 발표를 해 박수를 받았다(신우열, 2019).

(2) 사례 2: "미성년자 음란물 파나요?" … '텔레그램' 불법 활개

2020년 아동과 청소년의 불법 음란물을 공유하는 디지털 성범죄 집단인 텔레그램 N번방의 실체가 드러나서 우리 사회에 큰 충격을 준 사건이 있었다. 이 사건이 사회에 널리 알려진 계기는 신문의 보도였지만, 처음에 그 실체를 파헤쳐서 공개한 사람들은 2명의 대학생이었다. 이들은 이 내용을 2019년 뉴스통신진흥회가 처음 시행한 제1회 탐사·심층·르포 취재물 공모전에 출품해서 최고상인 우수상을 받았다(취재팀 불꽃, 2019.9.2.). 기사 제목은 '"미성년자 음란물 파나요?"…'텔레그램'불법 활개'이었다. 뉴스통신진흥회는 뉴스통신 진흥에 관한 법률에 의해 뉴스통신의 진흥과 공적 책임을 실현하고 연합뉴스사의 독립성 및 공정성을 보장하기 위해 설립된 법인이다. 이 기사 내용은 다음해 신문에 보도되면서 우리 사회의 중요한 이슈가 되었다.

이 기사는 다음과 같이 시작한다.[21)]

"미성년자 음란물 파나요?" … '텔레그램' 불법 활개

해외 서버 둔 모바일 메신저에 국내 미성년 불법 영상 보러 1만 3천 명 '우글우글'

화장실·자취방 도촬물 등 20GB나 … 해외 수사 공조 요청 등 경찰 대책 시급

아동·청소년 불법 음란물을 공유하는 단체 채팅방이 모바일 메신저 '텔레그램'을 통해 버젓이 운영 중인 것으로 확인됐다. 최근 정부에서 대대적인 웹하드 사이트 규제에 나서자 불법 음란물을 유통하던 업로더들이 독일에 서버를 둔 텔레그램에 둥지를 튼 것이다. 취재팀은 텔레그램 채팅방의 불법 음란물 유통 실태를 파악하기 위해 약

21) 취재팀 불꽃의 허락을 받고 원문 일부를 그대로 인용함.

한 달간 텔레그램 채팅방을 잠입, 아동·청소년 등장 음란물과 불법 성인 사이트 링크 등을 공유하는 가해자들의 모습을 채증했다. 가해자들은 텔레그램의 탄탄한 보안을 방패삼아 불법 촬영물 유포, 미성년자 강간 모의까지 자행했다. 취재를 통해 익명 뒤에 숨은 가해자들의 추악한 민낯을 파헤쳤다. 피해자에 대한 2차 가해 우려 속에도 더는 가해자 연대를 묵인하거나 방관하지 않기 위해 이번 기사를 기획했다. 음란물을 촬영하고 유포한 가해자에게 수치의 책임을 묻는 첫걸음이 되길 바란다. 〈편집자 주〉

사진 1) 아동음란물이 유포되는 텔레그램 채팅방에 올라온 공지. '아동·청소년을 협박해 얻어낸 자료'라고 버젓이 써 놨다. '일탈계'는 '일탈하는 계정'의 준말로 보통 트위터에서 일탈계를 해시 태그해 본인의 성적 욕망을 표출하는 데 쓰인다.

▌불법 음란물 놀이터 '텔레그램

"여기 공유되는 아이들의 영상과 사진들은 일탈계하는 여자아이들을 협박하여 얻어낸 자료들입니다. 시키는 대로 하지 않아 도망간 아이들이니 마음대로 하셔도

됩니다.”

불법 웹 사이트 ‘a******’에는 텔레그램 단체 채팅방 링크가 게재돼 있다. 이 링크를 타고 들어가면 1728명(7월 30일 오후 5시 기준)이 참여한 채팅방 A로 연결된다. 각종 음란물이 공유되는 방으로 들어가는 첫 번째 루트다. A방은 주로 각종 음란물 정보를 묻거나 일상 이야기 수준의 대화가 오간다. 겉으로는 단순히 수위가 높은 대화를 나누는 것 같지만 속내는 달랐다. 이 방은 불법 음란물 유통을 담당하는 파생방에 들어갈 수 있는 중간다리다. 파생방 링크는 불시에 올라왔다. 7월 30일 오후 5시 기준 파생방은 4개 이상이며 참가자를 합치면 총 7000명을 훌쩍 넘는다. 중복 참가자를 고려해도 적은 인원은 아니다. 파생방 B에서만 음란물 영상 938개, 사진 1898개, 파일 233개가 공유됐다. 주로 아동 강간 촬영물과 화장실, 여성 자취방 불법 촬영물, GHB(일명 물뽕)을 먹여 기절시킨 피해자를 성폭행하는 영상과 사진이었다. 하룻밤 사이 1만 3천 건의 대화가 쌓여 있기도 했다. 음란물을 올리지 않거나 대화에 참여하지 않으면 강제 퇴장당할 수 있어 참가자들은 본인이 소유한 음란물을 올리기 바빴다. 참가자들은 음란물을 많이 올리는 헤비 업로더를 찬양하고 ‘직촬’(직접 찍은 불법 촬영물)을 원하기도 했다. 단순히 상업용 포르노만 공유하는 곳이 아니었다. 불법 촬영과 공유, 여성을 조롱하는 행태가 이곳에선 하나의 놀이였다.

두 사람은 KBS방송과의 인터뷰에서 이 사건의 취재 경위와 생생한 현장 실태를 다음과 같이 밝혔다(KBS, 2020.3.5.).

“지난해 뉴스통신진흥회에서 진행한 탐사보도 공모전이 있었거든요. 저희가 기사를 출품하려고 했는데, 요즘 디지털 성범죄가 크게 문제가 되니까 심층 취재를 하면 좋겠다 싶어서 찾아봤어요. 그때가 지난해 7월쯤이었는데, 그렇게 알아낸 텔레그램 방이 일명 '와치맨'이 관리하는 방이었습니다. 거기 링크가 하나 달려 있었거든요. 우리가 알고 있는 N번방으로 들어가는 통로였던 거죠. 그 방을 통해서 N번방과 다른 여러 방을 보게 되고, 이건 경찰에 신고를 먼저 해야겠다 생각해서 신고하고, 그 이후에 취재에 착수하게 됐습니다."

그들은 N번방이라고 불리는 이유에 대해 "미성년자 30여 명의 성착취물을 8개 방에 나눠서 넣어뒀어요. '갓갓'이라는 사람이 미성년자 아이들을 협박해서 만든 성착취물이 주로 올라왔어요. 방이 1번부터 8번까지 있었고, 각 방에 3명부터 11명씩 미성년자 총 30명을 8개 방에 나눠서 디지털 성착취물을 넣어둔 거예요. 방 수가 많다 보니 그 방들을 통칭해서 N번방이라고 불렀습니다."라고 설명했다.

"영상 속 피해자는 누가 봐도 초등학생이었습니다. 영상들을 처음 접할 때, 누가 봐도 피해자들이 어린아이였거든요. 초등학생도 있었고, 중학생도 있었고, 정말 어렸기 때문에 눈으로 보고도 진짜 믿기지 않았어요. … 볼펜이나 흉기로 몸에 낙서나 상처를 내게 하는 등 가학적인 성착취 영상들이 들어 있었어요. 울면서 찍은 영상도 있었고, 이미 그루밍을 당해서 체념한 채 찍은 영상들도 있고요.

4) 탐문조사

기자가 새로운 사실을 찾아서 뉴스를 만드는 것은 종종 '진실 찾기 게임'과 같다. 어떤 사건에서든지, 진실이 쉽게 밝혀지는 경우는 매우 드물다. 처음 사건이 수면 위로 드러나면 수면 밑에 있는 사실과 진실을 찾아가면서 뉴스를 만드는 것이 기자의 역할이다.

탐사보도에 관한 영화에 반드시 등장하는 장면이 있다. 탐사기자들이 진실을 찾기 위해서 관련된 사람들을 찾아다니면서 사실을 확인하거나 진실을 알기 위해서 애쓰는 모습이다. 어렵게 주소를 알아내서 찾아간 사람들이 사건과 무관한 것으로 밝혀져서 허탕을 치기도 한다. 관련이 있는 사람들도 처음에는 기자들을 환영하기보다는 문전박대한다. 기자 등은 이에 굴하지 않고 이들을 끈질기게 찾아가서 설득하면서 조금씩 진실을 찾아간다.

일반 대중에게 숨겨져 있는 정보, 정부나 사회 지도층의 비리나 잘못을 캐야 하는 탐사보도 취재에서는 탐문조사를 통해서 장기간 진실을 파헤쳐야 하는 경우가 허다하다. 사법기관의 수사 결과를 단순히 보도하는 것이 아니라 기자 스스로 조사해야 하는 것이다. 그래서 탐사보도 취재는 끝없이 단서를 쫓아다니고, 자신들에게 말을 해 주지 않는 사람들과 수없이 인터뷰를 추진하고, 담당 공무원들의 철벽같은 방어와 방해를 헤쳐 나가는 힘든 작업이다.

5) 체험취재

기자가 직접 보도하려는 이슈나 사건에 들어가서 관찰하는 수준을 넘어, 실제 체험을 한 후에 기사를 쓰는 방법도 있다. 이런 기사는 매우 실감나는 현장의 모습을 전달해서 기사의 사실성과 신뢰성을 높이고, 수용자에게 미치는 효과도 매우 크다.

(1) 사례 1: <대한민국 요양 보고서>

우리 사회에서 고령화가 빠르게 진행되면서 정부는 2008년 장기요양보험제도를 도입하고 노인 돌봄을 지원하기 시작했다. 많은 노인이 국가의 지원을 받아 요양원에 들어가거나, 집에서 재가요양보호사에게 방문요양 서비스를 받고 있다. 그동안 일부 요양원에서 벌어진 노인 학대나 비리에 대한 고발성 뉴스는 있었지만, 요양시설의 실태와 그곳에서 사는 노인들의 모습을 생생하게 전달한 뉴스는 없었다. 한겨레신문 24시팀은 2018년 9월부터 2019년 5월까지 요양원의 실태를 심층취재해서 〈대한민국 요양 보고서〉 기사를 보도했다(신문과 방송, 2019.7.15.; 한겨레신문, 2024.11.25.; Story of Seoul, 2020.2.24.). 이 기사는 요양원에 있는 노인들의 삶, 그들을 돌보는 요양보호사들의 근무 환경, 일부 요양원의 비리 등을 생생하게 보도해서 〈한국기자상〉, 〈관훈언론상〉, 〈언론인권상〉, 〈한국기독언론대상〉 등을 받았다. 국회 보건복지위원회는 2019년 12월 2일 비리기관 명단 공표 의무화 방안을 담은 노인장기요양보호법 개정안을 통과시켰다.

이 기사를 취재하기 위해 취재팀의 20대 여성 기자는 요양보호사 교육원에서 50대의 다른 교육생들과 3개월 넘게 240시간의 교육시간을 이수하고 실습을 받은 후에 시험을 쳐서 요양보호사 자격증을 땄다. 그는 여러 요양원을 찾아다닌 끝에 인천과 부천의 요양원에 취업했다.

"내부자가 아니면 요양원의 민낯을 볼 수 없었다. 가족들마저도 낮 시간만 면회가 가능했다. CCTV도 사회복지사의 협조 없이는 볼 수 없는 탓에 내부자가 돼야 했다."

"아침 9시부터 오후 6시까지 잠시도 맘 놓고 쉬지 못한 채 일한 후에, 집에 돌아오면 온몸에서 땀 냄새와 기저귀를 갈 때 뿌리는 목초액 냄새가 진동했다. 요양보호사의 하루가 너무 빡빡하게 돌아갔기 때문에 틈틈이 화장실에 가거나 창고에 몰래 들어가 휴대폰에 메모를 해놓곤 했다. 퇴근 후에도 일은 끝나지 않았다. 중요한 사건은 영상일기를 찍은 뒤에 별도로 자세하게 메모를 해두기도 했다. 요양원에서 노인의 목소리와 요양보호사들의 이야기는 짧게라도 녹취를 해놓고 나중에 풀었다. 한 달간 요양보호사로 일한 뒤 푼 녹취만 115개, 요양보호사교육원에 다닐 때부터 매일 기록한 취재일기는 A4 용지로 100장이 넘었다."

한겨레신문 기자들은 요양원뿐만 아니라 방문 요양보호사와 요양원에서 벌어지는 학대, 비리 등 장기요양제도의 문제점들을 알아보기 위해 서울, 경기, 충청, 강원, 경남지역의 방문요양보호사 14명을 만나 최소 3시간 이상 심층 인터뷰를 했다. 또 방문요양보호사 216명을 설문조사했다.

(2) 사례 2: <암, 생과 사의 수수께끼에 도전하다>

일본의 대표적인 탐사 언론인 다치바나 다카시(立花隆)는 2007년 67세의 나이에 방광암 수술을 받았다. 그는 자신이 겪은 정신적, 육체적인 어려움을 저널리즘으로 승화시켰다. 그는 일본은 물론 미국과 유럽의 암 전문가를 직접 찾아다니며 최신 의학 정보를 수집하고 분석했다. 그리고 2008년 4~7월 잡지인 문예춘추에 글을 썼다. 2009년 11월에는 일본 공영방송인 NHK가 〈NHK스페셜〉에서 그의 이야기를 다큐멘터리로 방영했다.

그는 병상 수기와 잡지, 방송을 위해 취재한 내용을 합쳐서 〈암, 생과 사의 수수께끼에 도전하다〉라는 책을 펴냈다. 그의 관심은 인간은 과연 암을 얼마나 이해하고 있는지에서 출발한다. 그는 이 책에서 세계적인 암 전문가들과 만나 취재한 암 치료의 현실과 한계를 통찰했다. 그리고 자신이 암 선고를 받은 후에 겪은 수기를 적었다. 무관심했던 몸에 대한 기초 의학 정보부터 암 수술 정보, 암 선고로 맞아야 했던 낯설고 두려운 상황을 솔직하게 적어 암환자들의 막연한 불안감을 해소하고 안정을 돕고자 했다(의협신문, 2012.2.3.).

(3) 사례 3: <현금 없는 사회, 다수의 편리함 속 소수의 불편한 진실>

뉴스통신진흥회의 탐사·취재공모전에서 2023년(6회) 장려상을 받은 '현금 없는 사회, 다수의 편리함 속 소수의 불편한 진실' 기사는 5명의 대학생이 점차 현금을 사용하지 않는 사회에서 어려움을 겪는 디지털 약자들의 고통을 인터뷰와 직접 체험 형식으로 기사화했다(이아린, 구준모, 신승엽, 신지민, 이지성, 2023.11.2.).[22]

1편에서는 정부 정책을 조사하고, 여러 사람을 인터뷰해서 현금 없는 사회로 나아가는 우리 사회의 모습과 이런 상황에서 어려움을 겪는 디지털 취약 계층의 모습을 전달했다. 다음은 주요 기사 내용이다.

현금이 사라지는 사회의 등장은 일상에서 현금을 이용하던 시민들에게 불편함을 발생시켰다. 한국은행이 2020년 발간한 보고서 '최근 「현금 없는 사회」 진전 국가들의 주요 이슈와 시사점'에 따르면 "현금 의존도가 높은 고령층과 장애인 등이 현금 없는 사회 진전에 따라 현금결제가 어려워져 상당한 불편을 겪고 있다는 우려가 심각한 사회문제로 제기된다."고 한다.

… 중략 …

현금 없는 사회에서 디지털 취약 계층은 상대적으로 더 힘들어한다. 키오스크, 폰뱅킹 등 디지털 기반의 서비스들이 많아졌기 때문이다. 이들에게 도움을 주기 위해 사회에는 여러 디지털 수업이 여러 구청이나 센터에 마련돼 있다. 그러나 디지털 소외 계층에게는 이러한 교육 프로그램을 신청하는 것도 어려움으로 다가온다.

---

22) 취재팀의 허락을 받고 원문의 일부분을 그대로 인용함.

2편에서 취재진은 대한민국이 현금 없는 사회로 나아가는 과정에서 현금 접근성도 보호되고 있는지를 알아보기 위해 48시간 동안 모바일 뱅킹, 계좌이체, 체크카드 사용 등을 하지 않고, 오직 현금만을 사용한 체험을 기사화했다.

7월 28일: 현금만으로 살아가기 2시간 경과

현금만으로 살아가기 1일차. 당장은 현금이 없는 상황이라 가까운 은행에서 출금해야 하는 상황이었다. 근처에 주거래 은행이 없어 타 은행에서 출금했다. 수수료 700원은 피할 수 없었다. … 식사를 마친 후 음료를 마시러 밀크티 프랜차이즈 공차에 갔다. 메뉴를 선택하고 현금 결제를 선택했지만 가게 내 동전이 부족하여 거스름돈을 받을 수 없는 상황이었다.

7월 28일: 현금만으로 살아가기 6시간 경과

취재팀원 지민. 지하철에 탑승하기 위해 일회용 교통카드를 발급하는 과정에서 평소보다 많은 탑승 준비 시간을 써야 했다. 지하철에서 버스로 원활하게 환승을 할 수 있었던 평소와 달리, 현금을 사용해야 하는 상황에서 환승 처리는 기대조차 할 수 없었다.

… 중략 …

7월 29일: 현금만으로 살아남기 43시간 경과

아침 취재를 위해 학교 카페로 나왔다. 매일 카드로만 결제하던 카페에서 키오스크를 사용하지 못하니 현금 결제가 가능한지 아르바이트생에게 물어봤다. 가게 내에서 현금 결제는 가능했다. 그러나 포스기에는 키오스크에서 주문해 달라는 문구를 볼 수 있었다.

… 중략 …

3
데이터 저널리즘

1) 데이터 분석의 개념

컴퓨터와 디지털 데이터 분석 방법이 발전하면서 탐사보도 취재에서는 데이터를 분석해서 정보를 확인하고, 새로운 정보를 만드는 데이터 저널리즘이 갈수록 많이 활용되고 있다. 데이터 저널리즘은 저널리즘과 데이터과학을 접맥해서 데이터를 수집하고 분석해서 뉴스를 만드는 작업이다. 데이터로 만든 정보를 시각화하는 행위도 포함된다. 데이터 저널리즘에서는 기본 정보원이 데이터이다(Howard, 2014/2015, 18~19쪽).

데이터는 아무런 의미가 없는 객관적인 사실에 불과하다. 데이터의 형태는 언어, 문자, 수치, 기호, 도형 등 다양하다. 데이터가 중요한 것은 데이터가 축적되면 무궁무진한 정보를 만들 수 있는 원천석이 되기 때문이다. 데이터에서 정보를 캐는 과정은 'DIKW 피라미드'로 설명된다. DIKW는 Data-Information-Knowledge-Wisdom의 머리글자를 따서 만든 것이다. 데이터가 귀중한 정보가 되는 과정을 지칭한다. Data는 의미가 없는 객관적인 사실이다. Information은 데이터들의 관계에서 도출된 정보이다. Knowledge는 정보를 분석하고 경험을 결합해서 찾아낸 지식이다. Wisdom은 지식과 아이디어가 융합하고, 사실을 근거로 추론과 추정이 가능한 지혜이다(오대영, 2021, 13쪽). 예를 들어서 학생 100명이 국어 시험을 봤다. 개별 학생의 성적은 단순한 데이터에 불과하다. 아무런 의미도 없다. 그런데 100명의 성적을 놓고 보면 전체 학생의 순위, 성적 평균 등 기본 정보(information)를 얻을 수 있다. 이 정

DIKW 피라미드

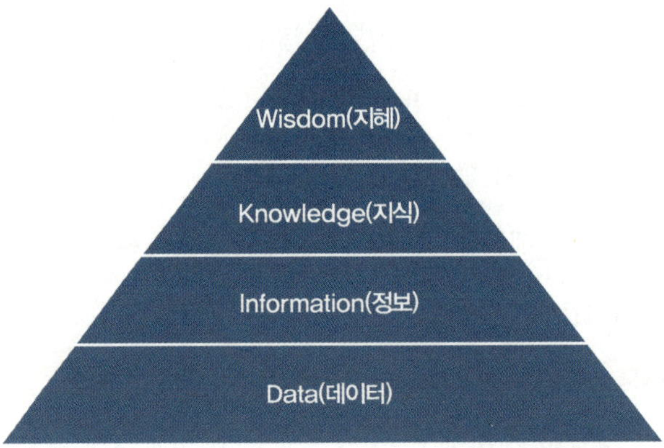

- Data(데이터): 의미가 없는 객관적인 사실
- Information(정보): 데이터들의 관계에서 도출된 정보
- Knowledge(지식): 정보를 분석하고 경험을 결합해서 찾아낸 지식
- Wisdom(지혜): 지식과 아이디어가 융합, 사실을 근거로 추론과 추정이 가능한 지혜

보들을 가공하면 남녀 학생의 성적 차이, 학생들의 학업 성취도, 합격한 학생 비율 등 여러 지식(knowledge)을 구할 수 있다. 정보와 지식을 근거로 학생들의 국어 실력을 향상시킬 수 있는 방법 등 다양한 지혜(wisdom)를 강구하게 된다.

2) 데이터 분석의 역사

역사적으로 데이터 분석은 인류에게 많은 도움이 되었다. 유럽에서는 19세기부터 데이터 분석이 전염병 퇴치에 활용되기 시작했다. 당시 영국에서는 콜레라가 주기적으로 발생하면서 하루에도 수천 명씩 사망하였다. 의사와 과학자들은 콜레라의 발병 원인을 알기 위해서 많은 애를 썼지만, 당시의 의학 수준으로는 세균의 존재조차 정확히 알 수 없었다. 처음에 유럽에서 가장 인정받던 가설은 콜레라가 길거리에 버려진 쓰레기에서 발생하는 악취로 전염되므로 악취를 제거해야 한다는 것이었다. 사람들은 거리의 쓰레기들을 모두 강물에 흘려보내는 캠페인을 벌였다. 그러나 콜레라 환자는 더욱 늘었다. 이때 존 스노라는 젊은 의사는 콜레라의 전염 원인이 악취로 가득찬 공기라는 가설에 의문을 가졌다. 그는 콜레라가 공기로 감염되는 것이라면 같은 공기를 마시는 사람들은 모두 콜레라에 걸려야 하는데, 그렇지 않다는 점을 이상하게 생각했다.

스노는 콜레라의 발생 원인을 조사하기 시작했다. 이를 위해 통계를 활용한 데이터 분석을 도입했다. 그는 콜레라로 숨진 사람들의 주변을 철저히 조사했다. 그리고 동일한 환경에서도 콜레라에 걸리는 사람과 그렇지 않는 사람들 간에 어떤 차이가 있는지를 수치로 비교했다. 그는 이렇게 분석한 결과를 지도 위에 일일이 기록했다. 콜레라를 앓고 있는 환자와 앓다가 죽은 사망자의 숫자를 집계하여 기록했다. 그러자 지역별로 일목요연한 통계 숫자가 만들어졌다. 스노는 지역과 질병 관련 통계수치의 관계를 분석하다가 놀라운 사실을 발견했다. 런던에 있는 여러 급수 시설 가운데 특정한 급수 시설을 이용하고 있던 사람들의 사망률이 다른 급수 시설을 사용하는 사람들의 사망률보다 8배나 많았다.

그는 콜레라 전염의 원인은 공기가 아니라 급수 시설이라는 점을 확신했다. 그는 자신이 만든 통계 자료를 근거로 런던 시청에 특정한 급수 시설의 폐쇄를 요청했다. 공무원들이 그의 제안에 따라 특정 급수 시설을 폐쇄했다. 그러자 며칠 후부터 환자수가 급격하게 줄었고 콜레라를 퇴치할 수 있는 길을 찾게 되었다. 이후부터는 전염병이 유행하면 스노의 통계 방법에 따라 대처하는 사례가 늘어났다. 30년 후에는 독일의 세균학자인 코흐가 콜레라 세균을 발견하고, 콜레라 세균이 물과 밀접한 관계를 갖고 있다는 사실을 학계에 보고했다. 이로써 그동안 가설 수준에 머물렀던 스노의 통계를 기반으로 한 주장은 과학적 증명을 통해 옳다는 점을 인정받았다(통계청 통계교육원, 2020).

현대 간호학의 창시자인 나이팅게일은 '백의의 천사'로 유명하다. 그러나 그녀는 데이터 분석에서도 선구자였으며, 데이터 분석으로 매우 중요한 의료개혁을 일궈냈다. 나이팅게일은 1854년 흑해 북부의 크림 반도에서 벌어진 크림전쟁에 참전한 영국군을 돕기 위해 영국군 야전병원에 자원했다. 거기서 그녀는 전쟁에서 입은 부상보다는 야전병원의 불결한 위생 시설에서 감염된 질병으로 죽는 군인이 더 많다는 사실을 발견했다.

그녀는 1년을 12개월로 나누어 원 모양의 그래프를 만들고, 매달 사망한 군인 수와 사망 원인을 표시해서 기록했다. 이 그래프는 장미 모양이어서 '로즈 다이어그램'(rose diagram)으로 불렸다. 그녀는 위생 시설을 개선하면서 매달 사망자 수와 사망 원인을 그래프에 그렸다. 그러자 시간이 흐르면서 질병에 감염되어 숨지는 군인의 숫자가 현저하게 줄었다. 나이팅게일은 이 사실을 보고서로 만들어 영국 정부에 보도했다. 큰 충격을 받은 영국 정부는 병원의 위생 상태를 개선하기 위해 왕립위원회를 설립하고 병원위생 개혁에 나섰다. 나이팅게일은 여성으로는 처음으로 영국 왕립통계학회의 정식 회원이 되었고, 후에는 미국통계학회의 명예회원이 되었다.

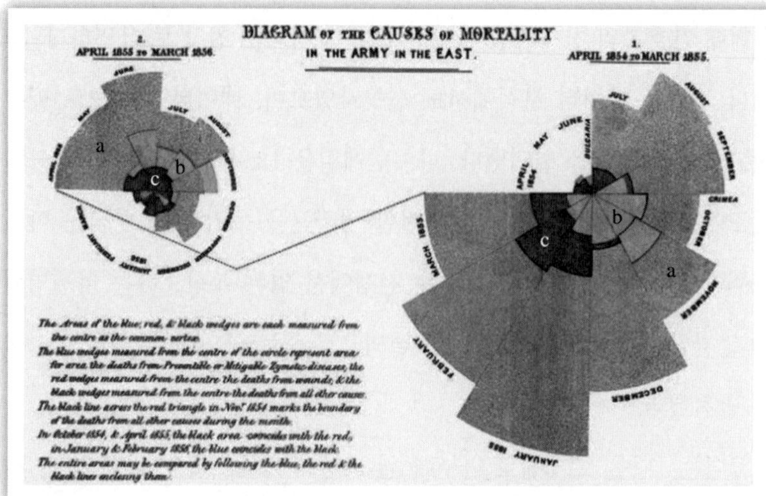

나이팅게일이 만든 로즈 다이어그램(rose diagram) a는 질병, b는 부상, c는 다른 이유로 죽은 사람을 뜻한다. 오른쪽 도표(1854년 4월~1855년 3월)와 왼쪽 도표(1855년 4월~1856년 3월)를 비교하면 질병 사망자가 크게 줄었다.

3) 데이터 저널리즘의 역사

데이터를 사용한 뉴스를 만드는 작업은 200년 전부터 시작되었다. 영국의 유력 신문인 가디언은 1821년 맨체스터의 각 학교에 등록된 학생 숫자와 출석자 수, 그리고 학교당 비용에 대해서 도표를 만들고 보도해서 데이터 저널리즘의 문을 열었다. 1870년대에는 미국에서 시카고 트리뷴의 기자였던 헨리 데머리스트 로이드가 독점기업들의 비리를 폭로하는 탐사기사를 보도하면서 그래프와 표를 활용한 데이터 저널리즘을 선보였다. 변호사 출신인 로이드는 미국 산업시대에 광범위하게 있었던 사회적 범죄에 많은 혐오감과 분노를 갖고 있었다. 그의 주된 표적은 석유왕으로 불리던 존 록펠러와 철도산업의 거물 윌리엄 밴더빌트와 같은 독점 기업인이었다. 그는 자신의 전문적인 법률 지식을 활용해서 철도산업계의 트러스트(독점적 기업 결합)는 의문스러운 사업 관행이라며 시카고 트리뷴에 2페이지 분량의 기사로 문제점을 폭로했다. 그는 '우리의 땅'(Our Land)이라는 제목의 장문의 기사에서 철도 회사들이 연방정부로터 받은 땅을 팔아서 어떻게 치부하는지를 상세하게 파헤쳤다. 그는 한 페이지에는 전면 그래픽을 포함해서 철저하고 정확하면서도 광범위한 증거자료를 가지고 자신의 주장을 뒷받침했다. 그는 이후에도 독점기업들에 대한 탐사보도로 전국적인 명사가 되었다. 포괄적인 취재와 철저한 증거자료를 통해 만들어진 그의 기사는 현대적인 미국 탐사보도의 이정표가 되었다(Aucoin, 2005/2007, 44~45쪽).

20세기에는 컴퓨터가 발명되면서 컴퓨터 활용보도(CAR, Computer Assisted Reporting)가 본격적인 데이터 저널리즘의 시대를 열었다. 컴퓨터 활용보도는 뉴스를 향상시키기 위해 데이터를 수집하고 분석할 때 컴퓨터를 시스템적으로 활용하는 방법이다. 컴퓨터 활용보도(CAR)라는 말은 1952년 미국 CBS방송이 대통령 선거 개표 방송을 할 때 컴퓨터 분석으로 선거 결과 예측 보도를 하면서 처음 사용하였다(Gray, Bounegru, & Chanmbers, 2012/2015, 28~32쪽). CBS방송은 대통령 선거 개표 방송에서 애니박(Enivac)이라는 초창기 대형 컴퓨터로 분석해서 드와이트 아이젠하워 공화당 후보의 승리를 예측했다. 선거는 컴퓨터의 예측대로 아이젠하워의 압승으로 끝났다. 이후 대통령 선거의 개표 방송부터는 다른 방송사들도 컴퓨터 분석을 활용한 예측 보도를 도입했다(함형건, 2015, 33쪽).

1960년대 들어 미국의 탐사기자들은 데이터베이스에 들어 있는 공공자료들을 과학적으로 분석해서 정부를 감시하는 방안을 찾기 시작했다. 컴퓨터 활용보도(CAR)의 지지자들은 정부와 사기업의 불의를 폭로하고, 사회에서 널리 인정된 지식의 허점을 폭로하기 위해 이 방법을 이용하였다. 그러자 언론에서도 컴퓨터 활용보도(CAR)를 취재 방법에 접목하기 시작하였다.

선구적인 사례는 1967년 미국 디트로이트에서 언론학자 필립 메이어가 수행한 설문조사와 컴퓨터 분석 조사이었다. 1967년 7월 23일 디트로이트에서 '12번가의 폭동(The 12th Street Riot)'이라고 불리는 흑인 폭동이 일어났다. 이날 백인 경찰 4명이 디트로이트 시내에 있는 무허가 술집을 단속하다가 술집에 있던 흑인 손님 전원을 특별한 이유 없이 체포했다. 이 행동은 그동안 쌓여 있던 흑인들의 분노를 폭발시켰다. 그동안 디트로이트에서는 흑인에 대한 인종차별이 매우 심했다. 오랜 갈등 속에 터진 흑인 폭동은 5일간 계속되었다. 이 폭동으로 43명이 목숨을 잃고, 1189명이 다쳤으며, 7000명 이상이 체포되었다. 1992년 로스앤젤레스 폭동이 일어나기 전까지 미국에서 가장 규모가 큰 흑인 폭동이었다(동아일보, 2009.10.8.). 이 사건은 2018년 미국에서 〈디트로이트〉(Detroit)라는 영화로 개봉되었다.

당시 이 사건을 포함해서 흑인 폭동에 대해서는 흑인들과 고교 중퇴자 등 사회 불만세력이 일으킨다는 것이 미국 사회와 학계의 통념이었다. 그런데 메이어의 데이터 분석 조사는 이런 통념을 바꾸는 계기를 제공하였다. 메이어는 디트로이트 흑인 폭동에 참가한 사람들의 출신 지역과 학력 등을 설문조사했다. 그리고 냉장고 크기의 IBM360 대형 컴퓨터를 이용해서 통계기법인 교차분석으로 알아보았다. 통계분석 결과, 폭동 참가자 중에는 대졸자와 고교 중퇴자가 거의 같은 비율이었다. 그는 사회 불만세력이 폭동을 일으킨 것이 아니라, 일자리 부족과 열악한 주거 여건, 경찰권 남용 등과 같은 전반적인 사회 문제가 소요의 근원이라고 분석했다. 메이어는 이 연구로 퓰리처상을 받았으며, 사회적으로 큰 파장을 불러왔다.

메이어는 1973년에는 〈정밀 저널리즘〉(The Precision Journalism)이라는 책을 썼다. 그는 정밀 저널리즘은 사회과학의 정량분석 기법을 뉴스 취재와 제작에 적용해서 객관성과 정확성을 높이는 보도 방식이라고 정의하였다(함형건, 2015, 33~34쪽). 메이어는 객관적인 진실을 추구하는 저널리즘의 목표를 달성하기 위해서는 문학적인 기법 대신에 데이터 수집, 분석과 같은 과학적인 기법이 중요하다고 강조하였다. 〈정밀 저널리즘〉은 공공조사와 공적 기록, 여론조사를 통해 심층보도를 수행하는 방법을 단계별로 제시했으며, 탐사취재에서 사회과학적인 방법을 활용하는 방법에 관한 교재가 되었다.

또 다른 선구적인 데이터 분석 탐사보도는 1972년 필라델피아 인콰이어러의 돈 발렛과 제임스 스틸 기자가 필라델피아 형사법원 기록을 모두 뒤져서 데이터로 만든 후에 컴퓨터로 분석해서 보도한 탐사기사였다. 그들은 먼지가 쌓인 법원 창고에서 4개월 동안 지내면서 필라델피아 형사법원의 25년간 형사사건 기록이 들어 있는 19만 개의 서류철을 세밀하게 조사했다. 그들은 이 가운데 1000건 이상의 폭력 사건을 더 철저히 조사하고 각 사건을 42개 항목이 있는 표로 정리했다. 그들은 펀치 카드를 이용해서 자료를 IBM 컴퓨터에 입력하고, 항목들을 교차분석했다. 그들은 이 분석을 통해서 미국 동북부의 최대 도시 가운데 하나인 필라델피아에서 정치와 인종적 편견, 다른 요인들이 일상적으로 재판에 영향을 미쳤다는 것을 입증했다. 이 보도는 일반인과 법조인들을 경악시켰다. 필라델피아 탐사보도 팀은 이를 '소프트웨어 혁명'이라고 하였다. 컴퓨터를 통한 데이터 분석은 사회의 부패와 스캔들, 정부기관의 문제와 불공정성을 폭로하는 데 매우 중요한 장비가 되었다(Aucoin, 2005/2007, 108쪽).

1980년대 빌 데드만은 금융기관의 대출 자료를 데이터로 분석한 '돈의 색깔'이라는 기사에서 주요 금융기관의 대출정책에는 시스템적으로 인종차별이 있다는 것을 폭로했다. 데이터 활용 뉴스는 사회에 공익적인 기여를 많이 했으며 기자들은 유명한 상을 많이 받았다(Gray, Bounegru, & Chanmbers, 2012/2015, 29~30쪽). 1990년대부터는 미국 신문들이 탐사보도에서 데이터를 활용하는 것이 일반화되었다.

미국의 비영리 탐사보도 매체인 프로퍼블리카는 2013년 미국 의료보험이 적용된 처방전 약 11억 건을 1년 동안 분석해서 16만여 명의 의사들이 내린 처방에서 드러난 문제점을 보도하였다. 913명의 의사가 의약품을 과다 처방해서 연간 3억 달러의 세금이 낭비되고, 의사들은 제약회사로부터 리베이트를 받은 사실이 드러났다. 프로퍼블리카는 '처방확인'(Prescription Checkup)이라는 뉴스 앱을 만들어 일반에게 공개했다. 누구든지 의사 이름을 앱에 입력하면 그 의사가 효과가 비슷한 값싼 약품보다 비싼 유명 브랜드의 약품을 얼마나 더 많이 처방했는가를 확인할 수 있었다(김진희, 임종섭, 2016). 이 데이터를 기반으로 수백 건의 독립적인 기사들이 만들어졌다. 정부는 제약회사와 의과대학들에 대한 심사와 관련 정책을 재점검했다(Howard, 2014/2015, 81쪽).

소셜 미디어가 발전하면서 언론이 분석하는 데이터는 더욱 풍부해지고, 종류도 다양해졌다. 영국 신문인 가디언은 2011년 런던에서 벌어진 폭동 기간 동안에 트위터에 실린 글 260여만 건을 분석해서 당시 시중에 퍼져 있던 소문을 7가지 유형으로 분류해서 보도했다, 이 뉴스는 상호작용형 그래픽으로 시간대별 소문의 확산을 보여 주고, 소문의 확산 정도를 도형으로 표현했다. 이용자가 각 도형에 마우스를 대면 해당 트위터의 글을 확인할 수 있도록 했다. 영국 정부는 "폭동 원인은 도덕의 붕괴와 범죄 집단"이라고 주장했지만, 가디언은 트위터 분석으로 "경찰에 대한 불신과 반감이 폭동의 주된 원인"이라고 밝혔다(김진희, 임종섭, 2016).

우리나라 언론들도 데이터 저널리즘을 활용해서 새로운 뉴스 분야를 개척했다. 중앙일보 탐사기획팀이 2005년 9월 22일부터 30일까지 7회로 보도했던 '한국 사회 파워엘리트 대해부 시리즈'는 사회연결망 분석과 다양한 시각화 자료를 통해서 우리 사회의 주요 엘리트들이 어떻게 연결되어 있는가를 잘 보여 주었다. 중앙일보는 서울대 사회발전연구소, 네트워크 분석 전문업체 사이람과 협력해서 우리 사회의 엘리트 3만1800명을 대상으로 학연, 지연, 혈연, 직연을 심층분석했다. 3만1800명은 경제인 23.9%, 교육인 16.9%, 판사와 검사 11.5%, 의료인 9.2%, 변호사 7.5%, 행정 공무원(3급 이상) 2.9%, 언론인 2.6%, 전·현직 국회의원 2.4%, 정무직 공무원 1.9%이었다. 이 시리즈는 2006년 3월 〈삼성언론상〉을 받았으며, 그해 〈대한민국 파워엘리트〉라는 책으로 출간되었다(이규연 외, 2006).

탐사보도 전문매체인 뉴스타파는 2012년 대통령 선거 때 외부 프로그래머의 도움을 받아 만든 웹크롤러 프로그램으로 트위터 글을 재수집하고 분석했다. 그리고 국가정보원의 것으로 추정되는 트위터 계정 640여 개가 10개의 그룹으로 나눠져 조직적인 여론 조작을 했다는 의혹을 제기했다. 뉴스타파는 데이터 분석을 토대로 만든 탐사기사를 〈데이터 저널리즘〉이란 이름으로 보도하고 있다. 자체 수집한 데이터를 일반인도 이용할 수 있는 〈뉴스타파 데이터 포털〉도 운영한다.[23]

4) 데이터 저널리즘의 특징

데이터 저널리즘은 컴퓨터 활용보도(CAR)에 뿌리를 두고 있지만, 둘은

23) https://data.newstapa.org/

차이가 있다. 컴퓨터 활용보도(CAR)는 보도를 보완하고 강화하려는 목적에서 데이터를 분석한다. 그러나 데이터 저널리즘은 모든 저널리즘 분야에서 데이터를 활용하려고 하기 때문에 활용 범위가 컴퓨터 활용보도(CAR)보다 넓다(Gray, Bounegru, & Chanmbers, 2012/2015, 32쪽). 데이터 저널리즘은 뉴스를 제작할 때 컴퓨터 활용보도(CAR)를 비롯한 다양한 과학적인 분석 기법을 활용하고, 여러 종류의 데이터 양식을 분석한다는 점에서 컴퓨터 활용보도(CAR)와 차이가 있다. 뉴스에서 차지하는 시각화 자료의 비중도 다르다. 컴퓨터 활용보도(CAR)에서는 그래프, 표 등 시각화 자료가 뉴스의 보조 수단으로 활용된다. 그러나 데이터 저널리즘에서는 시각화 자료 자체가 뉴스가 될 정도로 시각화를 중시하며, 컴퓨터 활용보도(CAR)에는 없는 상호작용형 지도 등의 시각화 유형도 많이 활용한다(김진희, 임종섭, 2016).

디지털 데이터 분석 기술의 발전과 데이터 정보의 확산으로 데이터 저널리즘 기법은 더욱 다양해졌다. 데이터 저널리즘이 탐사보도 취재 기법에서 차지하는 비중도 매우 높아졌다. 미국 탐사보도기자협회(IRE)나 글로벌 탐사 저널리즘 네트워크(GIJN)와 같은 세계적인 탐사보도 단체의 연례 행사에서는 데이터를 활용한 탐사보도 취재 방법 교육이나 세미나가 주요 행사가 되었다. G8 정상들이 2013년 〈오픈 데이터 헌장〉(G8 Open Data Charter and Technical Annex)을 발표한 이후 각국 정부가 공공정보 데이터를 공개하면서 언론이 분석할 수 있는 데이터도 부쩍 늘어나 데이터 저널리즘은 빠르게 발전하였다.

데이터 저널리즘은 민주주의 발전에 많은 기여를 하고 있다. 우선 저널리즘의 객관성이 강화되었다. 데이터로 만들어진 뉴스나 시각화 자료는 뉴스의 객관성에 대한 수용자의 인식을 높여 주었다. 다음으로 언론은 데이터 분석으로 과거보다 적은 비용으로 심층적인 탐사보도를 할 수 있게 되었다. 심층 취재해야 하는 탐사보도에서는 정보 수집에 많은 비용이 든다. 데이터 분석은 정보수집 비용을 낮춰서 탐사보도가 발전할 수 있는 길을 확대하였다. 세 번째로 일반 시민이 데이터를 분석해서 정보를 생산하는 방식으로 언론 활동과 정치에 참여할 수 있는 기회가 많아졌다(Hamilton, 2016, 32~33쪽; Parasie & Dagiral, 2012).

그러나 데이터 저널리즘이 지나치게 숫자에 의존해서 숫자만 나열하는 방식으로 뉴스를 만들면 수용자가 이해하기 어렵거나 재미가 없어서 외면당한다. 데이터 분석 기사는 엄밀하고 정확하지만, 너무 어려우면 대중이 읽지 않는다. 미국에서도 1990년대 후반부터 방대한 데이터, 복잡한 분석 기법, 이를 요약한 기사 등이 오히려 '진실에 대한 대중의 관심'을 차단하고 있다는 반성이 나왔다. 숫자가 주입보다 강력할 수는 있지만 이야기보다는 매력적이지 않다는 사실을 알게 된 미국의 주류 언론은 새로운 언어 전략을 찾기 시작했다. 미국 언론은 1960년대에 잠시 유행했던 뉴저널리즘을 회고하면서 숫자에서 이야기 거리를 만들어 기사를 쓰는 시작했다. 내러티브 저널리즘이었다(안수찬, 2013, 140쪽).

4

정보공개제도

1) 정보공개제도의 개요

기자가 뉴스를 제작할 때는 1차 자료를 입수하는 것이 매우 중요하다. 그런데 탐사보도는 정부와 사회 권력층의 문제점을 파헤쳐서 폭로하는 것이기 때문에 1차 자료를 입수하기가 상당히 어렵다. 이럴 때 정보공개제도를 활용하면 유용한 정보를 구하는 데 많은 도움이 된다.

우리나라의 정보공개제도는 1996년 12월 31일 '공공기관의 정보공개에 관한 법률'이 제정·공포된 후 1998년 1월 1일부터 시행하였다. 세계적으로 13번째이고, 아시아에서는 최초로 도입되었다. 정부와 공공기관이 보유·관리하고 있는 정보를 국민에게 적극 공개해서 국민의 알 권리를 보장하고 국민의 국정 참여와 국정 운영의 투명성을 확보하자는 목적에서 시행되었다. 정부는 국민의 정보 접근권을 확대하기 위해 정보공개시스템[24]을 구축하고, 국민이 온라인으로 정보공개 청구를 할 수 있도록 지원하고 있다(행정자치부, 2024, 3~4쪽). 현대의 지식정보사회에서 정보는 복지, 교육 등 사회 전 분야에서 자본과 기술 이상의 중요한 가치를 갖는 무형의 재화이어서 정보공개제도는 더욱 중요해지고 있다.

행정안전부는 매년 국민에게 정보공개제도와 이용 실태를 소개하는 〈정보공개 연차보고서〉를 제작해서 홈페이지에 공개하고 있다(행정자치부 정보공개). 정보공개법에 의해 공개되는 정보는 공공기관이 직무상 작성하거나 취득해서 관리하고 있는 문서(전자문서 포함), 전자매체를 비롯한 모든 형태의 매체 등에 기록된 사항이다. 공공기록물 관리 법령에 따라 보존기간이 경과되어 폐기된 문서나 보유·관리하고 있지 않은 정보 등은 공개 대상에서 제외된다. 정보공개 대상기관은 국가기관, 지방자치단체, 공공기관, 지방공사 등이다. 학교, 지방자치단체 출연기관 등도 포함된다. 모든 국민은 정보공개를 청구할 수 있다. 국민에는 미성년자, 재외국민뿐만 아니라 법인도 포함된다. 외국인은 국내에 일정한 주소를 두고 거주하거나 학술·연구를 위하여 일시적으로 체류하는 경우, 국내에 사무소를 두고 있는 법인이나 단체에 한해서 정보공개 청구권이 인정된다.

정보공개 절차는 접수, 공개 여부 결정, 공개 실시 등의 단계를 거친다. 정보공개 청구서는 공공기관을 직접 방문하여 제출하거나 우편, 팩스, 정보통신망을 이용해서 제출하면 된다. 공공기관이 보유·관리하는

24) www.open.go.kr

정보는 공개 대상이다. 다만 국가안전보장을 해칠 우려가 있는 정보, 개인의 사생활 정보, 법인의 경영상 영업상 비밀에 관한 사항 등은 공개하지 않을 수 있다. 비공개 대상 정보라도 기간 경과 등으로 인해 비공개의 필요성이 없어진 경우에는 공개 대상이 된다. 공공기관이 정보공개를 결정하면 공개 일시·장소·방법·수수료 등을 명시해서 문서로 통지한다. 부분공개, 비공개를 결정하면 불복의 방법·절차 등을 안내해야 한다. 정보공개에 관한 불복구제 절차는 이의신청, 행정심판, 행정소송이 있다.

공공기관은 법에 따라 정보공개 청구를 받은 날로부터 10일 이내에 공개 여부를 결정하고, 부득이한 경우에 한해서 10일 이내에서 기간을 연장할 수 있다. 2023년에는 전체 청구건의 99.6%가 법령상 처리기한인 20일 이내에 처리되었다.

2) 정보공개제도 이용 실태

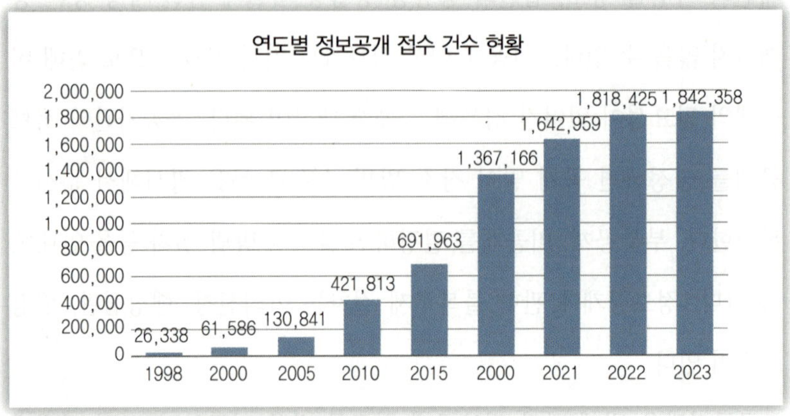

▌행정자치부(2024). 2024 정보공개연차보고서, 24쪽. 자료를 토대로 제작

정보공개 신청 건수는 2023년에는 184만2358건으로 2022년의 181만8425건 대비 1.3% 늘었고, 처음 시행된 1998년의 2만6338건 대비 약 70배 증가하였다. 2023년의 정보공개 청구건수를 기관별로 보면 중앙행정기관 77만8234건(42%), 지방자치단체 76만9143건(42%), 공공기관 21만1266건(11%), 교육청 8만3715건(5%)의 순으로 많았다. 2022년에 비해 지방자치단체에 대한 정보공개 수요가 늘었다. 지방자체단체가 주민들의 이해 관계를 조정하거나 생활밀착형 행정서비스를 제공하는 등 국민 생활과 직접 관련된 집행적인 업무를 수행하기 때문이다. 청구방법에서는 온라인 청구(약 83%)가 가장 많았다.

2023년의 정보공개율은 94.3%이었다. 공개된 정보의 80%는 정보통신망으로 교부되었다. 2023년 정보공개 청구 건수 가운데 청구인의 자진 취하, 민원 처리 등을 제외하고 실제 정보공개 청구에 해당하는 107만8599건 가운데 74%는 '전부공개', 20%는 '부분공개'되었으며, 6%는 '비공개'로 결정되었다. 기관별로 정보 비공개 사유를 살펴보면 중앙행정기관(36%), 지방자치단체(37%), 교육청(37%)은 개인정보보호가 가장 많았다. 공공기관(36%)은 법인 등의 정당한 이익 침해를 이유로 가장 많이 비공개하였다. 정보공개에 대한 불복 구제 신청은 총 1만6976건으로 2022년에 비해 35.7%가 증가했다.

3) 탐사보도와 정보공개제도

미국에서는 1966년 존슨 대통령 시절 '열린사회'를 지향하며 만들어진 정보공개법(FOIA, Freedom of Information Act)이 탐사보도 발전의 제도적 밑받침이 됐다. 이 법에 따라 기자와 일반인은 정부기관이나 사법기관, 단체들을 상대로 자료를 요청할 수 있게 되었다. 담당 공무원은 특별한 이유가 없는 한 정해진 기간 내에 자료를 제공해야 하며, 이를 거부하면 처벌을 받게 되었다(김형진, 2000, 119~120쪽). 미국 언론계는 정보공개제도를 적극 활용해서 탐사보도에서 많은 성과를 거두고 있다. 미국신문편집인협회(ASNE), 미국신문출판인협회(ANPA), 전문언론인협회(SPJ)는 산하에 정보공개위원회를 두고, 매년 기자가 정보공개법을 통해 취득한 정보를 바탕으로 제작한 기사를 대상으로 심층·탐사보도 부문의 상을 수여하고 있다.

미국의 퓰리처상도 기자가 정보공개법을 활용해서 취득한 자료를 토대로 쓴 기사를 시상하고 있다. 2003년 국가문제 보도 부문에서 수상한 LA타임스 신문의 시리즈 기사 '수직적 비전'(Vertical Vision)은 활주로에서 수직 상승을 할 수 있는 헤리어(Harrier) 전투기의 기계적인 결함을 파헤치기 위해서 정보공개법을 활용했다. '미망인 제조기'(Widow Maker)라는 별칭이 붙은 이 기사는 1980년부터 2002년까지 45명의 사상자를 낸 헤리어 전투기의 문제점을 알아내기 위해 정보공개법을 이용해서 미 해군과 해병대, 공군안전센터, 국가자료보관소 등에 보관되어 있는 국가 안보 관련 정보들을 적극적으로 수집했다. 또 2002년 워싱턴포스트의 기자 3명은 워싱턴 지역에 있는 어린이 복지시설기관에서 의료상 과실과 태만으로 1993년부터 2002년까지 229명의 사상자가 발생했다는 시리즈 기사를 보도해서 퓰리처상을 받았다. 이 기자들도 정보공개법을 활용해서 워싱턴 지역 가족서비스센터, 어린이사망검사위원회, 의료검진소, 지역 고등법원과 경찰청의 자료를 받아서 기사를 준비했다(엄기열, 2003).

미국 AP통신은 한국전쟁 때인 1950년에 벌어진 미군의 '노근리 양민 학살사건'을 취재할 때 정보공개법을 이용해서 미국 국방성에서 참전용사의 명부를 확보한 후에 수백 명의 전역 군인들을 직접 취재했다. 그리고 참전군인 12명을 인터뷰해서 미군 상부의 발포 명령이 있었다는 증언을 보도하는 쾌거를 올렸다. AP통신의 보도는 퓰리처상을 받았다(미디어오늘, 1999.10.14.).

우리나라에서도 정보공개제도는 기자들이 정보를 구할 때 많은 도움이 되고 있다. KBS 데이터 저널리즘팀은 2014년에 정보공개제도를 활용해서 각 지방자치단체에서 식품위생법 위반으로 행정처분을 받은 식품접객업소들의 이름, 업소명, 처분일자, 소재지, 위반사항, 처벌기준 등에 관한 정보를 입수하고, 이를 토대로 취재해서 보도했다(김태형, 2016). 국방 분야는 군의 특수성, 보안성, 군사기밀이란 장벽이 높아서 취재하기가 어려운 영역이다. 그래서 군 내부에서 발생하는 사건이나 사고를 기자가 취재하는 것은 쉽지 않지만, 국방부를 포함한 군 조직에서도 정보를 공개하는 추세이므로 정보공개제도를 활용하면 정보를 얻는 데 도움을 받을 수 있다(김귀근, 2014).

기자가 정보공개제도를 잘 활용하려면 우선 취재 주제에 대해 관련되거나 그럴 가능성이 있는 내용을 가정한다. 그리고 그 가정과 연관된 정보를 해당 기관에 요청한 후에 받아서 취합하고 내용을 검증한다. 정보공개청구를 할 때는 원하는 자료를 구체적이고 명확하게 지정해야 한다. 추상적이고 애매모호하게 자료를 청구하면, 기자가 필요로 하는 자료보다는 담당 공무원이 제공하기 쉬운 자료를 제공할 가능성이 크다. 기자가 원하는 자료가 비공개로 처리될 수도 있으므로 비교할 수 있는 다른 기관의 자료도 함께 청구하는 것이 좋다. 서울시장에 관한 특정 정보를 요청할 경우 전국 지방자치단체장에 관한 정보도 요청하는 방식이다(방송기자 편집부, 2014).

5
인터뷰

1) 인터뷰의 역할

인터뷰는 기자가 취재원에게 질문을 하거나 대화를 해서 정보를 알아내는 방법이다. 인터뷰는 기자가 기사에 단순한 정보를 인용하기 위해서 묻는 수준의 취재가 아니라, 새로운 사실을 심층적으로 알기 위해서 폭넓은 범위에서 이뤄지는 취재이다. 인터뷰는 일반적인 보도에서도 널리 이용되는 취재 방법이지만, 탐사보도에서는 특히 중요하게 활용된다. 인터뷰는 19세기 미국 언론에서 시작되었으며, 20세기 들어 보편화되었다. 대통령과 유력 정치인들이 중요한 정치적 이슈에서 자신의 의견에 대한 국민의 지지를 확보하기 위한 수단으로 인터뷰를 이용하고, 기자회견이 일반화되면서 언론 취재보도에서 인터뷰는 더욱 중요해졌다. 1950년대에는 텔레비전이 많은 가정으로 보급되면서 주요 인사의 인터뷰는 더욱 늘어났다. 인터뷰는 기자의 영향력도 키웠다. 기자는 인터뷰를 통해서 취재원에게 가까이 접근하고, 질문을 활용해서 사회 문제를 해석하고 주관적으로 의제를 제시할 수 있는 힘을 갖게 되었다.

탐사보도에서 인터뷰는 매우 핵심적인 취재 방법이다. 중요한 역사적 사실을 밝혀낸 책 가운데는 먼저 인터뷰 기사로 보도된 후에 책으로 발간된 경우가 많았다. 1930년대 중국에서 활동하던 공산당 이야기를 서방에 처음으로 상세하게 알렸던 책 〈중국의 붉은 별〉(Red Star Over China)도 인터뷰를 통해서 이뤄졌다. 당시 서방에서는 중국 공산당에 대해 아는 것이 거의 없었다. 그때 미국 언론인 에드거 스노는 서방 기자로는 최초로 1936년 중국 공산당의 본부가 있던 산시성 바오안(保安)을 찾아가서 마오쩌둥(毛澤東)을 비롯한 중국 공산당 지도자들과 몇 달간을 지내면서 인터뷰했다. 그리고 기사로 먼저 보도한 후에 이를 토대로 1937년 〈중국의 붉은 별〉을 출판해서 서방 세계에 중국 공산당에 대해 상세히 소개했다. 〈중국의 붉은 별〉은 중국 혁명에 대한 역사적인 고전이 되었으며, 세계적인 르포 문학으로도 손꼽히고 있다.

2) 인터뷰 취재 방법

인터뷰 방법에는 대면 인터뷰와 비대면 인터뷰가 있다. 대면 인터뷰는 기자가 취재원을 직접 만나서 하는 방식이다. 비대면 인터뷰는 취재원을 만나지 않고 서면, 전화 등으로 하는 방식이다. 질문 방식에는 구조화, 반구조화, 비구조화 방식이 있다. 구조화된 방식은 기자가 취재원에게 질문할 내용을 먼저 전달한 후에 그 질문대로만 인터뷰를 하는 방식이다. 반구조화된 방식은 질문 내용을 토대로 인터뷰를 진행하면서 필요한 경우에는 기자가 보충 질문을 하면서 하는 방식이다. 비구조화된 방식은 사전에 질문 내용을 전달하지 않고 완전히 자유롭게 질의 응답하는 방식으로 진행한다.

구조화된 질문 방식은 인터뷰 대상자가 사전에 응답을 준비할 수 있기 때문에 답변이 체계적이며, 응답자가 주도적으로 답변할 수 있다는 장점이 있다. 그러나 기자 입장에서는 깊이 있거나 자신이 기대하는 답변을 얻지 못할 수 있다는 단점도 있다. 그럼에도 응답자가 인터뷰를 회피하는 이슈를 취재할 때는 유용한 방식이다. 비구조화된 질문 방식은 기자가 인터뷰 대상자와 자유스럽게 대화를 하면서 취재하기 때문에 기자가 인터뷰를 주도하면서 원하는 질문들을 할 수 있다는 장점이 있다. 그러나 응답자가 질문 내용을 사전에 알지 못하기 때문에 답변 내용이 부실할 수도 있다. 이런 점에서 반구조화된 방식이 가장 유용할 수 있다.

(1) 대면 인터뷰

기자가 취재원을 직접 만나서 하는 방식이다. 대화를 하다 보면 다양한 주제를 다룰 수 있어서 취재 내용이 풍부하고, 취재원 발언의 진실성도 파악하기 쉬워서 가장 기본적인 인터뷰 방식이다. 취재원의 대화 분위기, 표정, 몸짓, 음성 등과 같은 비언어 커뮤니케이션을 통해서 정보를 알 수 있는 점도 큰 장점이다. 기자가 취재원과 친분 관계를 형성하면 향후에도 도움을 받을 수 있다.

그러나 물리적, 시간적인 제약으로 인해 기자가 모든 취재원을 직접 만나서 인터뷰하기는 어렵다. 취재원이 멀리 외국에 있으면 만나기가 쉽지 않다. 취재원을 꼭 만나서 얘기를 들어야 하는 경우에는 기자가 직접 외국으로 찾아가기도 한다. 정작 더 어려운 경우는 취재원이 인터뷰를 회피할 때이다. 그래도 탐사보도에서는 핵심 취재원을 반드시 인터뷰해야 할 때가 많다. 기자는 이런 경우 끈기와 정성을 갖고 취재원을 설득하거나, 가능한 한 모든 방법을 강구해서라도 취재원을 찾아 만나야 한다(김창룡, 1999, 75~76쪽; 김형진, 2000, 141쪽).

조갑제(현 조갑제닷컴 대표)는 1981~1982년 월간 마당에 보도한 '김근하 군 살해 사건의 입체 연구'라는 연재기사를 쓰기 위해 월간 마당에 그 인물을 찾는다는 광고까지 싣는 등 끈질지게 수소문을 한 끝에 결국에는 만나서 인터뷰했다. 이 기사는 1967년 부산에서 발생한 초등학생 김근하 군 살인 사건의 수사 과정에서 다른 사람의 무고로 범인으로 몰려 붙잡혔던 시민 김기철 씨에 관한 기사이다. 김기철 씨는 사형선고까지 받았다가 447일 만에 범인이 아닌 것으로 밝혀져 풀려났다. 그러나 수사기관의 조사과정에서 받은 고문의 정신적, 육체적 후유증으로 폐인이 되어 40대에 죽었다. 월간 마당의 기자였던 조갑제가 이 사건의 이야기를 들었을 때는 이미 공소시효가 지났고, 피해자인 김기철 씨도 죽은 상태였다. 그러나 조갑제는 수사기관의 고문 수사를 고발하기 위해 이 사건을 파고 들었다. 조갑제는 진실을 추적하는 과정에서 이 사건을 조작한 주범 인물이 있는 것을 알게 되었다. 그는 숱한 노력 끝에 주범 인물을 만나 인터뷰해서 그의 목소리를 생생하게 독자들에게 전달했다 (조문희, 이지훈, 이창수, 전현진, 2023, 223~224쪽).[25] 조갑제는 이 기사에서 김기철 씨를 범인으로 몰아간 사법기관의 오판과 언론의 잘못된 보도를 비판했다. 이 기사는 〈신화 1900〉이란 연극의 모티브가 되었고, 1982년 제6회 대한민국 연극제에서 공연되어 호평을 받았다.

(2) 비대면 인터뷰

비대면 인터뷰는 시간적, 공간적인 제약으로 기자가 취재원을 직접 만날 수 없을 때 하는 방법이다. 비대면 인터뷰를 할 때는 먼저 기자의 소속과 이름 등 신분을 밝히는 것이 기본적인 취재 윤리다. 가장 대표적인 방법은 전화 인터뷰이다. 이 방법은 대면 인터뷰와 같이 기자가 직접 취재원과 대화하면서 정보를 얻을 수 있고, 신속하게 취재할 수 있다는 장점이 있다. 공간적인 거리감도 해소할 수 있어서 경비도 적게 든다. SNS가 발달하면서 전화 대신에 문자로 대화하는 방식으로 하기도 한다.

그러나 기자가 취재원을 직접 만나서 하는 것이 아니기 때문에 취재

---

25) 이 사건의 자세한 내용은 '조갑제닷컴(2020.7.10.). 연옥 같았던 악몽에서 깨어나려는 몸부림.'에서 알 수 있다.

원의 분위기나 표정 등 비언어 커뮤니케이션 정보를 알지 못한다는 단점이 있다. 디지털 기술의 발전으로 화상전화를 이용한 인터뷰도 가능하지만, 화상전화가 전달하는 영상 정보는 직접 대면 인터뷰에 비해 적다. 전화로는 오랜 시간 대화하면서 취재하는 것도 쉽지 않다. 취재원이 일방적으로 전화를 끊어서 인터뷰를 중단할 경우 기자가 대응할 수단이 없다는 한계도 있다. 기자와 취재원이 잘 모르거나 처음 대화하는 경우에는 심층적인 취재를 하기도 쉽지 않다.

대면 인터뷰나 전화 인터뷰가 어려울 경우에는 이메일이나 문자 등을 활용해서 서면 인터뷰를 할 수 있다. 인터뷰는 기자와 취재원이 합의해서 진행하는 것이 일반적이다. 그러나 취재원이 여러 이유를 들어 인터뷰를 회피하는 경우 서면 인터뷰는 기자가 마지막 수단으로 쓸 수 있는 방법이 될 수 있다. 기자가 취재원에게 무작정 질문지를 전달한 후에 취재원의 답변을 기다리는 방식이다. 서면 인터뷰는 기자가 체계적으로 다양한 질문을 할 수 있다는 장점이 있다. 취재원의 입장에서도 내용을 충분히 검토해서 필요한 답변을 체계적으로 하거나, 상황에 따라서는 응답하지 않을 수도 있다. 취재원의 입장에서는 서면 인터뷰는 대면 인터뷰에 비해 부담이 적고, 인터뷰를 주도할 수도 있다(김창룡, 1999, 76~78쪽; 김형진, 2000, 141~142쪽).

3) 인터뷰를 잘 하는 방법

(1) 육하원칙

육하(六何)원칙은 기사나 글을 쓸 때 지켜야 하는 6가지 원칙이다. 누가(who), 언제(when), 어디서(where), 무엇을(what), 어떻게(how), 왜(why)를 말한다. 5W1H라고도 한다. 6가지 원칙은 어떤 이슈나 사건을 설명할 때 반드시 들어가야 하는 핵심 내용이다. 기자가 취재를 하거나 기사를 쓸 때 6가지 원칙을 지키면 부실하거나 궁금증을 남기는 기사를 피할 수 있다.

인터뷰를 할 때도 육하원칙을 기준으로 인터뷰 전략을 수립하면 성공적인 인터뷰를 할 수 있다.

① 누구(who)

인터뷰 대상에 관한 것이다. 인터뷰 대상은 주제에 가장 적합한 인물이어야 한다. 핵심 인물 이외에도 관련된 인물들을 폭넓게 취재하는 것이 좋다. 사건을 취재할 경우에는 사건 당사자는 물론 피해자, 가해자, 목격자, 변호사, 주변 인물 등을 두루 취재해야 사건의 전말을 정확하게 알고 입체적인 보도를 할 수 있다. 그러나 성범죄 사건에서는 인터뷰 대상자를 선정할 때 피해자가 2차 피해를 당하지 않도록 잘 선정해야 한다. 피해자의 가족이나 지인들을 막무가내로 인터뷰해서 그들의 인격권을 침해해서는 안 된다. 한국신문협회, 한국신문방송편집인협회, 한국기자협회가 공동 제정한 신문윤리실천요강은 부모나 보호자의 승인 없이 청소년이나 어린이와 접촉하거나 촬영, 보도해서는 안 된다고 명시하고 있다.

② 언제(when)

기자가 취재원과 인터뷰를 하는 시점은 인터뷰 내용에 많은 영향을 준다. 취재원이 편하게 대화하기 좋은 시간을 선택해서 인터뷰하는 것이 인터뷰의 효과를 높일 수 있다. 취재원이 매우 바쁜 시간보다는 정신적, 육체적으로 여유 있는 시간에 하는 것이 많은 대화를 하는 데 편하다. 예를 들어서 배가 고픈 오전 11시 30분이나 저녁 5시 30분에는 대부분 사람들이 일을 빨리 끝내고 싶어 한다. 이런 시간에 인터뷰를 하면 깊이 있는 답변을 듣기 어렵다. 우리 속담에 '금강산도 식후경'이란 말이다. 아주 아름다운 금강산의 경치 구경도 배가 고프면 즐길 맛이 나지 않는 것과 마찬가지로 무슨 일을 하든지 우선 배가 불러야 흥이 나서 잘 된다는 뜻이다. 그래서 인터뷰는 식사를 마친 오후에 하는 것이 효과적이다. 때로는 식사를 같이 하면서 하기도 한다. 취재하려는 이슈가 특별한 의미를 갖는 시점이 있으면, 그 시점에 인터뷰를 하는 것도 큰 도움이 된다. 중요한 사건의 숨겨진 비밀을 취재할 경우 그 사건이 발생했던 과거 시점과 같은 날에 그 사건의 핵심 인물을 인터뷰하는 경우이다. 인터뷰 대상자에게는 그 시점이 많은 의미를 갖고 있기 때문에 보다 많은 내용을 밝힐 수도 있다.

③ **어디서**(where)

인터뷰를 하는 장소에 관한 것이다. 장소는 취재원이 대화하는 데 중요한 영향을 줄 수 있다. 보통은 기자가 취재원의 사무실이나 집을 찾아가서 하는 경우가 많다. 현장 분위기나 배치된 가구 등도 많은 정보를 제공하는 비언어 커뮤니케이션 수단이다. 이런 장소에서 인터뷰가 이뤄지면, 기자는 취재원이 말하지 않는 정보를 감으로 느낄 수도 있다. 때로는 기자가 주도적으로 장소를 정해서 인터뷰하기도 한다. 대표적인 것이 기자의 사무실에서 인터뷰하는 경우이다. 이때는 취재원이 편하게 대화할 수 있도록 사무실 분위기를 조성하는 것이 좋은 답변을 유도해 내는 방법이다. 제3의 장소에서 인터뷰할 때는 취재원이 편하게 대화할 수 있는 장소로 정하는 것이 좋다. 정부기관의 부당한 행위로 피해를 입은 사람을 취재할 경우, 그가 피해를 입은 장소에서 인터뷰를 한다면 피해자는 더욱 생생한 증언을 할 수도 있다. 다만 취재원이 싫어할 수도 있으므로 신중하게 해야 한다. 따라서 상황에 따라 최적의 장소를 정해야 한다.

④ **무엇을**(what)

기자가 취재하려는 내용에 관한 것이다. 이것은 인터뷰에서 가장 중요한 핵심이다. 기자가 취재원을 인터뷰할 때는 취재 목적을 갖고 있다. 그 목적에 맞춰서 질문 내용을 정리하고, 기자가 기대한 답변을 얻을 때까지 집요하게 파고들어 질문해야 한다. 인터뷰를 하다 보면 기자가 예상하지 못했던 사실들이 드러나는 경우가 의외로 많다. 이런 점들이 사회를 바꾸는 뉴스가 되기도 한다. 그때는 즉시 새로운 이슈에 대해서도 집중해서 질문하는 순발력이 필요하다.

⑤ 어떻게(how)

인터뷰를 잘 하는 방법에 관한 것이다(김창룡, 1999, 80쪽). 질문을 할 때는 한번에 한 질문만 하는 것이 좋다. 한꺼번에 여러 질문을 하면 취재원이 깊이 있는 답변을 하지 못하거나, 어떤 질문에 대해서는 답변을 하지 않아서 인터뷰의 목적을 충분히 달성하기 어려워진다. 질문을 할 때는 가능하면 알기 쉽게 표현하고, 용어는 정확하게 사용해야 한다. 기자가 사용하는 용어가 너무 어렵거나 애매모호하면 취재원은 기자의 질문 의도를 잘 몰라서 자기의 생각대로만 답변할 수가 있다. 전문 분야에 관해서 질문할 때는 정확한 전문용어를 쓰되, 이해하기 쉽게 설명해야 한다.

질문은 구체적이고 세부적으로 하는 것이 기사에 필요한 정보를 얻는 데 도움이 된다. 기자가 파고들어서 구체적인 질문을 하다 보면 새로운 사실을 알게 된다. 기자가 취재하는 분야를 모두 아는 것은 아니다. 특히 탐사보도에서 취재하는 내용에는 매우 복잡하고 이해 관계가 얽혀 있는 사건들이 많다. 이에 관한 명확한 사실 관계를 확인하지 않고 보도하면 자칫 중대한 오보를 할 수도 있다. 피해자가 아닌데 피해자로 오도하는 경우이다. 막연히 두루뭉술하게 인터뷰하면 실제로 기사를 쓸 때는 전혀 도움이 되지 않아서 낭패감을 느낄 때가 많다. 취재원이 중대한 내용에서 머뭇거릴 때는 취재원이 말하기 꺼려하는 사실이 있다는 것을 암시한다. 이런 때는 취재원을 설득해서 그 사실을 밝히는 데 주력해야 한다. 상황에 따라서는 취재원이 감정적으로 나올 수도 있다. 그런 때 덩달아 감정적으로 대응하면 인터뷰가 중단될 수도 있다. 기자는 최대한 평상심을 유지하면서 취재원과 대화를 유지해야 한다.

취재원이 아무리 신망이 높은 사람이라도 인터뷰를 할 때는 자기 중심적으로 답변하는 것이 사람의 일반적인 심리이다. 그래서 취재원의 발언을 액면 그대로 믿어서는 안 된다. 의심이 가는 내용이면 가능한 한 그 자리에서 확인해야 한다. 과거에 고위직 공무원이었던 사람을 인터뷰해서 과거 정부 정책에 얽힌 비사를 취재할 경우에는 그 정책에 연루된 다양한 인간 관계나 경제 수치 등을 들을 수 있다. 취재원은 오래된 자기 기억에 근거해서 이야기하기 때문에 사실과 맞지 않을 수 있다. 이런 의심이 들면 반드시 묻고 또 물어서 사실 관계를 명확히 해야 한다. 인터뷰를 한 후에 다른 방법으로 사실 관계를 확인하는 것도 중요하다. 특히 인터뷰에서 취재원이 타인에 대해서 좋은 이야기나 비판적인 이야기만 할 때는 주관적인 감정이 많이 개입되어 있을 가능성이 크기 때문에 더욱 사실 여부를 확인해야 한다. 그리고 최대한 객관적으로 평가해서 기사화하려고 노력해야 한다.

⑥ 왜(why)

인터뷰를 할 때는 항상 인터뷰의 목적을 염두에 두면서 해야 한다. 탐사보도에서 인터뷰는 핵심 정보를 알아내기 위해서 하는 것이다. 기자는 질문과 대화를 하면서 그 목적에 맞게 분위기를 이끌어가는 전략을 세워 놓고 시작해야 한다.

(2) 설득

설득은 수용자에게 설득 메시지가 전달되어서 그의 태도를 변화시키고, 최종적으로 생각이나 행동의 변화가 일어나도록 하는 것이다(김영석, 2013, 203~210쪽). 설득 커뮤니케이션은 설득 과정에 대해 수용자의 믿음이 변화하면 태도가 변화하고, 궁극적으로는 행동이 변화한다고 본다(Infante, Rancer & Womack, 2003, 103~105쪽). 태도는 어떠한 대상에 대해 호의적 또는 비호의적으로 반응하도록 이끄는 학습된 선유 경향이다(김영석, 2013, 51쪽). 인터뷰에서는 기자가 취재원을 설득해서 중요한 정보를 얻어내는 것이 가장 중요하다. 중요한 사건에 관련된 인물일수록 그의 말은 탐사보도의 성패를 가를 수 있다. 그래서 기자는 취재원이 마음속의 말을 꺼내 놓도록 설득하는 노하우를 갖고 있어야 한다.

우선은 취재원과 대화가 가능해야 한다. 취재원이 기자를 불신하면 입을 닫게 된다. 따라서 기자는 취재원에게 성의를 다해서 취재 목적을 설명하고, 기사가 사회적으로 중요하다는 것을 납득시키는 노력을 해야 한다. 이를 위해서는 기자는 인터뷰를 하기 전에 취재원과 이슈에 대해 알 수 있는 모든 정보를 알고 가야 한다. 유능한 인터뷰 기자들은 인터뷰하기 전에 취재원의 신상 정보는 물론, 취재원이 쓴 책이나 과거 발언을 모두 조사해서 취재원을 심층 분석한다. 대화하려는 이슈에 관련된 핵심 내용에 대해서도 사전 조사를 해서 기초 지식을 충분하게 쌓은 후에 만난다. 중요한 역사적 사건에 관련된 생존자를 인터뷰할 경우, 그 사건에 대해 알려진 사실들을 모두 조사하고 연구한 후에 찾아가는 것이다. 그래야 취재원은 기자를 신뢰하고, 기자와 깊이 있는 대화를 하려는 마음을 갖게 된다.

일본에서 현역 총리인 다나카 가쿠에이(田中角栄)를 실각시키는 시발점이 된 탐사기사를 쓴 다치바나 다카시(立花隆)는 '지(知)의 거인'이라 불릴 정도로 엄청난 독서량을 토대로 광범위한 분야에 관한 책을 쓴 것으로 유명하다. 그는 사람들을 인터뷰한 책도 많이 출간했다. 그가 전문가와 인터뷰를 할 때는 책장 하나를 채울 정도의 책을 읽고서 대화했기 때문에 깊이 있는 책을 쓸 수 있었다.

두 번째는 부지런히 취재원을 찾아가서 감동을 주는 것이다. 누구든지 중요한 사실을 쉽게 밝히는 사람은 없다. 그러나 '열 번 찍어서 안 넘어가는 나무 없다.'는 말이 있듯이, 기자가 여러 번 찾아가서 설득하다 보면 결국에는 대부분의 사람들이 입을 열게 된다. 기자가 적극적으로 찾아가는 등 정성을 다하는 모습을 보이면 취재원은 마음을 열고 대화에 나서게 된다. 물론 기자가 찾아간다고 해서 취재원이 처음부터 환영하는 것은 아니다. 취재원이 기자를 피하거나 홀대하는 경우도 많다.

이런 때 기자들이 시도하는 방법 중에 '뻗치기'라는 것이 있다. '순순히 따르지 않고 고집스럽게 버티다'라는 뜻의 단어인 '뻗대다'에서 유래한 언론 용어이다. 언론이 특종이나 단독기사를 취재하기 위해서 특정 장소에서 특정 인물이 나타나기를 무작정 기다리는 것을 말한다. 엄청난 정치 스캔들 사건이 터진 경우, 그 스캔들의 내막을 알고 있는 사람을 인터뷰하기 위해서 그의 집이나 사무실 앞에서 아침 새벽부터 밤늦게까지 무작정 기다리는 경우다. 그러면 취재원이 기자의 성의에 못 이겨 대화에 응하는 경우가 많다. 탐사보도 전문매체 셜록의 박상규 대표는 유명 언론사의 기자가 아니었지만, 많은 사람을 설득해서 속내를 취재한 탐사기사를 여럿 보도했다. 그는 취재원들을 설득할 수 있었던 비결을 다음과 같이 말한다(조문희, 이지훈, 이창수, 전현진, 2023, 17쪽).

"설득은 '마음을 보여 주는 것'이라고 생각해요. '나 나쁜 사람 아니예요' 하고 말이죠. 처음엔 절대 취재가 안 될 것처럼 보이는 취재원도 시간을 두고 길게 이야기하다 보면 점점 마음을 열더라고요. 사람이란 게 그런 거 같아요. 얘기해서 안 되면 편지도 보내 보고, 전화도 해보고 그러는 거죠. 어떨 때는 '인터넷에 내 이름 검색해 보시라'고 해요. 그 정도 자신감은 있거든요 ... 나 나쁜 기사 안 썼다, 나 이런 기사 썼던 사람이다, 보여 주는 거죠. 크게 흥행했던 기사 링크를 보내 주기도 해요. 이런 성과를 냈다는 믿음을 주는 거예요. 사실 셜록이라고 하면 잘 모르거든요 ... 후배들한테는 취재원 만날 때 빈손으로 가지 말라고 해요. 맨입으로 가지 말고 음료수라도 꼭 하나 사서 가라고요. 길게 보는 거예요. 우리는 탐사보도만 하니까 남들처럼 빨리빨리 안 해도 되잖아요. 조금씩 하지 않고 계속 관계를 쌓아가는 거죠."

(3) 공격적 자세

인터뷰를 할 때는 기자가 취재원과 좋은 분위기에서만 하는 것은 아니다. 탐사보도를 하는 기자의 입장에서는 취재원이 갖고 있는 비밀스런 정보를 모두 캐내는 것이 인터뷰를 하는 최종 목적이다. 그러나 취재원은 그 정보가 가져올 파장이 두렵거나, 그 정보를 밝히는 것이 부끄럽거나 하는 등의 여러 이유로 진실을 공개하는 데 주저할 수 있다. 그래서 인터뷰는 창과 방패의 싸움이다. 그러다 보면 종종 서로의 감정이 격해져서 불편한 분위기가 될 수도 있다. 기자가 취재원과 싸워서는 안 되지만, 반대로 취재원이 불편해할까 걱정되어서 질문의 강도를 낮춰서도 안 된다. 그러면 알맹이가 없는 인터뷰로 끝날 수 있다.

인터뷰를 하는 기자는 우선은 공격적으로 질문을 해야 한다. 태도를 공격적으로 하는 것이 아니라, 내용이 공격적이어야 한다는 뜻이다. 그래야 기자가 원하는 정보를 들을 수 있다. 또 공적 인물이 인터뷰를 자신의 홍보로 이용하는 것도 막을 수 있다. 기자는 자신의 질문에 대한 취재원의 대답에 대해서 다시 대안적 관점을 제시하고, 도전해야 한다. 취재원이 제시할 수 있는 대답의 범위를 좁혀가는 방식으로 질문을 계속해서 취재원이 특정한 대답을 하도록 해야 한다(김사승, 2022).

워싱턴포스트에서 워터게이트 사건을 보도했고, 탐사보도와 같은 논픽션 베스트셀러를 많이 쓴 밥 우드워드의 인터뷰 방법은 인터뷰를 어떻게 해야 하는지를 잘 말해준다(저널리즘 아카데미, 2022.6.14.). 밥 우드워드는 미국 최고의 언론상이라는 퓰리처상을 두 차례 수상했다. 1973년에는 워터게이트 보도로 받았으며, 2003년에는 9.11테러 연속 보도로 수상했다.

밥 우드워드

우드워드는 칼 번스타인과 같이 워터게이트 스캔들과 취재 과정의 전모를 다룬 책 〈모두가 대통령의 사람들〉(All the President's Men)을 1974년에 출간한 이후 지금까지 20권 이상의 책을 냈다. 미국 중앙정보국(CIA)의 비밀공작을 파헤친 〈VEIL〉, 미 국방부 내부를 다룬 〈Commanders〉, 연방대법원을 분석한 〈Brethren〉, 앨런 그린스펀 미국 연준(FRB) 이사장을 다룬 〈Maestro〉 등 미국의 핵심 정부 기구나 인물을 심층 취재한 책들이다. 대부분 전국적인 베스트셀러가 됐다. 2018년 도널드 트럼프를 해부한 책 〈Fear〉는 출간 첫 주에만 110만 부가 팔렸다. 그는 리처드 닉슨 이후 9명의 대통령을 직접 만나거나 취재했다. 2022년에는 2016년부터 2020년까지 도널드 트럼프와 했던 20회의 인터뷰를 묶은 책 〈The Trump Tapes: Bob Woodward's Twenty Interviews with President Donald Trump〉를 출판했다. 그는 인터뷰 이외에도 내부 메모, 비밀해제 문서, 회의자료 등의 자료들을 최대한 확보하고 검토한 후에 책을 쓴다. 그래서 그의 책은 매우 정확하고 구체적인 사실이 풍부하다는 평을 받는다. 우드워드는 좋은 기자의 핵심 품성으로 인내심과 공격적인 취재를 강조한다. 그가 부시 대통령과 단독인터뷰를 할때는 4~5시간 동안 500개의 질문을 했다고 한다.

그가 중시하는 취재 방법은 세 가지다.

첫 번째, 전화나 인터넷으로 취재하지 말고 취재원을 직접 찾아가 만나야 제대로 된 이야기를 들을 수 있다.

두 번째, 기자는 말하지 말고 듣기에 집중해야 한다. 나는 취재원을 만나면 의도적으로 침묵한다. 그러면 취재원이 어색함을 깨기 위해 먼저 말한다.

세 번째, 언론은 권력자들이 비밀주의를 통해 권력을 사유화하고, 민주주의를 위협하고, 자신들의 이익을 챙기는 걸 막아야 한다.

(4) 인터뷰 마무리

인터뷰 후에는 마무리를 잘 해야 한다. 인터뷰한 내용을 기사로 작성하다 보면 반드시 더 궁금한 내용이 생각난다. 그러면 기자는 취재원에게 보충 취재를 해야 한다. 이런 때를 대비해서 인터뷰에서는 설혹 험한 분위기가 있었더라도, 헤어질 때는 취재원의 마음을 달래주고 취재상 어쩔 수 없다는 식으로 이해를 구해야 한다. 필요하면 사과도 해야 한다. 그리고 보충취재가 필요하면 다시 연락해도 된다는 허락과 연락처를 받아 놓아야 한다. 더 나아가 지속적으로 연락하면서 좋은 관계를 만들어 놓으면 향후 취재에서도 많은 도움을 받을 수 있다.

인터뷰 내용을 토대로 기사를 쓸 때는 반드시 취재원의 발언 가운데 사실 확인이 필요한 부분에 대해서는 철저하게 검증 작업을 해야 한다. 사실이 잘못된 경우에는 취재원에게 다시 확인을 해서 기사에 쓸지 여부를 결정해야 한다. 취재원이 말한 내용이라도 타인이 제기할 수 있는 허위나 과장보도, 명예훼손 문제가 발생하면 이를 취재하고 보도한 기자와 언론사가 책임을 진다는 사실을 항상 명심하면서 사실 확인을 꼼꼼히 하고, 명예훼손 등 법적 분쟁에 대해서도 대비해야 한다(김창룡, 1999, 81~82쪽).

CHAPTER 6

INVESTIGATIVE JOURNALISM

탐사 저널리즘의 윤리 문제

INVESTIGATIVE JOURNALISM

1
취재 윤리 논란

쉽게 드러나지 않는 정부, 고위층의 비리나 부정부패 등을 파헤쳐서 폭로하는 탐사보도에서는 증거물이 매우 중요하다. 언론사가 탐사보도를 하면서 보도 내용을 뒷받침할 문서, 증언 등의 증거 자료가 없으면 보도 내용은 추정이라는 반박을 받거나 오보로 몰려서 큰 어려움에 처할 수 있다. 그러나 증거를 확보하는 것이 쉽지 않기 때문에 탐사기자들은 역사적으로 윤리적 또는 법적으로 논란이 될 취재 방법을 많이 활용해왔다. 그런 취재 방법에는 신분 위장과 비밀 취재, 몰래 카메라나 녹음기 사용, 공문서나 사문서 무단 사용, 금품 제공을 통한 정보 취득, 정보원 협박 등이 있다(Joyce, Saldana, Weiss, & Alves, 2017).

취재에서 절도와 같은 불법 행위는 엄격하게 처리된다. 우리나라의 한 신문사 기자는 1998년 출입하던 검찰기관에서 아무도 없던 검사의 사무실에 들어가서 수사 자료를 빼내려다 들통이 나서 절도 미수와 건조물 침입혐의로 구속되기도 했다. 하지만 탐사보도 기자들이 오래전부터 활용하던 고전적인 방법인 신분 위장과 비밀 취재에 대해서는 언론 보도의 공익성 차원에서 비교적 용인되곤 했다. 몰래 카메라와 같은 비밀 취재는 탐사보도 기자들이 불법과 비리 내용에 관한 기사를 보도할 때 발생할 법적 분쟁에서 자신을 방어할 증거물을 확보하기 위해서 자주 활용되었다(Goddard, 2006).

그렇지만 언론에서 탐사 기법을 남용하는 일이 많아지면서 사생활 침해, 명예훼손 등의 부작용이 증가했고, 몰래 카메라나 도청, 강제 인터뷰 등에 대한 사회의 인식도 나빠졌다(이규연, 2002). 우리나라에서 탐사보도의 선구적 역할을 했던 PD저널리즘에서도 인권 침해, 초상권 침해 등에 대한 비판적인 논란이 많이 대두되었다. KBS의 〈추적60분〉은 1983년 통행금지 해제 1년을 맞아 밤샘 영업을 하는 심야업소의 무질서한 모습을 고발하는 프로그램을 방송했다. 그때 방영된 프로그램에 얼굴이 나온 여성은 파혼을 당하는 일까지 벌어졌다. 당시 신문에서는 "서민들이 합법적으로 찾는 장소에 대한 무분별한 고발과 불특정 다수에 대한 초상권 침해"라고 비판했다(김정수, 2020).

특히 취재원을 기만하기 위한 신분 위장과 신분 사칭, 분별 없이 사용하는 몰래 카메라, 사적 영역 침입, 동의와 승낙의 범위를 벗어난 무단 초상 이용, 반론 기회 제공에 인색한 점 등은 언론윤리강령과 취재보도 준칙을 벗어난 행위들이다. 그래서 점차 비윤리적이고 위법적인 취재보도 행위에 대한 법적 제재와 책임이 강조되기 시작했다(이승선, 2000).

미국에서는 언론이 사회의 비리와 부조리를 폭로하기 위해 활용한 신분 위장, 비밀 취재, 사건 연출 등을 100년 넘게 관용했다. 그런 미국에서도 1979년 선 타임즈의 미라지(Mirage) 시리즈 보도를 계기로 취재 방법의 윤리 문제가 대두되었다. 선 타임즈의 두 기자는 1979년 미라지라는 술집을 인수하여 시카고시의 공무원들과 회계사들이 뇌물을 주고받는 장면을 취재하고, 몰래 카메라로 촬영했다. 선 타임즈는 이를 토대로 이들이 탈세까지 한다는 내용과 뇌물 수수 장면 사진 등을 담은 기사를 4주 동안 보도했다. 이 기사들은 엄청난 사회적 파장을 가져왔다. 그러나 사진 취재 방법이 비윤리적이라는 이유로 이 기사는 퓰리처상을 수상하지 못했다.

1982년에는 다른 신문사의 잠입취재 기사도 퓰리처상을 받지 못했다. 신분을 위장하고 취재한 기사를 계속 시상하면 비윤리적이고 위법적인 취재 관행을 지속적으로 부추긴다는 이유였다. 사회의 비리와 불법을 취재하면서 위법적이고 비윤리적인 취재 방법을 묵인하는 것은 이치에 맞지 않는다는 비판이 많아졌다. 그러자 1990년 초부터 권위 있는 신문에서 신분 사칭 취재 관행이 사라졌다(엄기열, 2010).

미국 방송에서는 1990년대 초까지 비밀취재 기법(undercover technique)이 널리 이용되었다. 그러다 ABC방송의 푸드 라이온(Food Lion) 슈퍼마켓 보도에 관한 재판을 기점으로 몰래 카메라를 이용한 비밀취재가 제약을 받기 시작했다. ABC방송 기자들은 푸드 라이온의 일부 체인점에서 상한 고기를 싸게 판매한다는 의혹을 취재하기 위해 종업원으로 위장해서 취업했다. 그들은 상한 고기를 파는 장면을 몰래 카메라로 촬영해서 보도했다. 푸드 라이온 슈퍼마켓은 ABC방송을 중상모략으로 고소하지는 않았다. 그러나 ABC방송 기자들이 슈퍼마켓의 정육 담당 부문에 취업하기 위해서 거짓 이력서를 쓰고, 그곳에서 몰래 카메라로 촬영한 것은 사기라고 비난하였다. ABC방송은 위장취재는 공공정책이나 건강 등의 중요한 이슈에서 드러난 문제점을 밝히는 데 필수적인 보도 기법이라고 반박했다. 몰래 카메라 촬영은 그동안 미국의 방송사들이 활용해 온 전형적인 취재 방식이었다. 1997년 1월 북캐롤라이나 법원에서 열린 푸드 라이온 재판에서 12명의 배심원들은 "ABC방송 기자들의 취재 방법은 법을 위반한 것이며, 사기에 해당한다."며 ABC방송은 푸드 라이온에 550만 달러의 손해배상을 하라고 판결하였다(Willnat & Weaver, 1998). 1999년 열린 2심 재판에서는 ABC방송의 보도가 '공익을 위한 취재'로 인정되면서 배상금은 크게 줄었지만, 법원은 위장취업과 신의파기는 법리적으로 위법이라고 판결하였다(엄기열, 2010).

2
한국 언론의 취재 윤리 위반과 법적 제재

한국에서는 2000년대 들어 취재 윤리를 중시하는 사회적 분위기가 강화되었고, 위장취재와 위장침입 등 위법 요소가 있는 취재 방법에 대한 법적 소송이 늘었다.

MBC방송의 〈PD수첩〉 프로그램은 2005년 황우석 교수팀의 배아줄기세포 연구와 관련된 의혹을 보도하는 과정에서 취재원을 협박하고, 속인 사실이 드러나 공개 사과를 해야 했다. 당시 〈PD수첩〉은 황우석 교수팀이 배아줄기세포 연구를 하는 과정에서 불법적인 행위가 있었고, 연구 논문도 조작되었다는 시사프로그램을 방송했다. 황우석 교수의 연구는 노벨상을 수상할 것이라는 얘기가 나올 정도로 영웅시되던 시기였기에 이 방송은 우리 사회에 큰 파문을 가져왔다. 결과적으로 사실로 확인되었다. 그러나 다른 방송에 의해 〈PD수첩〉 제작진이 취재 과정에서 취재 윤리를 심각하게 위반한 것으로 드러나 물의를 빚었다.

〈PD수첩〉 취재팀이 미국 대학에 파견되어 있던 황우석 박사의 연구원들에게 "황 교수의 논문이 가짜로 판명되어, 황 박사는 구속될 것"이라고 협박했으며, 취재 협조를 요청하면서 생명 다큐멘터리를 제작한다고 속이고 몰래 카메라도 사용했다는 것이었다. MBC의 자체 조사 결과 이 내용은 사실로 밝혀져서, MBC는 국민에게 사과문을 발표했다(Medical Times, 2005.12.4.).

2009년 MBC방송의 제작진 한 명이 서울의 한 유치원에 보조교사로 위장취업을 해서 유치원 측이 어린이들에게 유통기한이 지난 급식을 먹이는 것을 몰래 카메라로 촬영해서 보도했다. 유치원이 제작진을 고소했고, 방송사는 기소유예 처분을 받았다(미디어오늘, 2017.3.21.). 미국 ABC방송의 푸드 라이온 보도 재판과 MBC방송의 유치원 보도 재판에 대한 판례를 보면 언론의 몰래 카메라 사용은 취재 정보가 중대한 공공이익에 관한 것이고, 몰래 카메라 이외의 다른 방법으로는 동일한 정보를 습득하기 지극히 어렵거나 거의 불가능하며, 정상적인 언론인이 유사한 상황에서 취할 정상적인 취재 행위인 경우에만 정당화될 수 있는 것으로 요약된다(엄기열, 2010).

3개 방송사의 시사기획 PD프로그램인 〈추적60분〉, 〈PD수첩〉, 〈그것이 알고 싶다〉를 상대로 벌어진 35건의 법적 분쟁에서도 법원은 탐사보도의 사회 환경 감시 역할, 취재 내용의 공공성, 진실성은 인정하면서도 취재 과정의 위법성에 대해서는 엄격한 법적 책임을 요구하였다. 방송 내용의 공공성과 진실과 관계없이 취재 과정에서 취재 대상의 기본권을 침해하면 손해배상청구가 받아들여졌다. 취재 대상이 처음에 동의하거나 승낙했더라도 그 범위를 벗어나 방송했을 경우, 또는 명시적으로 거부의사를 밝혔음에도 이를 무시하고 방송하면 손해배상청구가 인용되었다(이승선, 2005).

그러나 기자가 몰래 카메라를 사용해서 취재했다고 하더라도, 위반 사안에 따라서는 무죄로 판정되기도 하였다. 방송국 PD들이 교도소 수용자들을 접견하는 과정에서 몰래 카메라를 사용했다는 이유로 '위계에 의한 공무집행방해'와 '건조물 침입' 혐의로 고발당한 사건에서는 모두 무죄로 판결되었다(법률신문, 2022.5.11.). 4편의 시사고발 프로그램을 각각 제작하던 SBS와 MBC의 PD들은 2016년 하반기에 교도소에 수용되어 있던 사람들을 접견하기 위해 찾아갔다. 그들은 수용인의 지인인 것처럼 접견서에 기재한 후에 눈에 띄지 않는 몰래 카메라를 구치소 당국의 허가를 받지 않고 갖고 들어갔다. 그리고 수용인과의 접견 내용을 녹음 촬영했다가 교도소 당국에 의해 '위계에 의한 공무집행방해'와 '건조물 침입'(공동주거침입) 혐의로 고발당했다. 3건은 항소심에서, 1건은 대법원에서 무죄 판결을 받았다. 대법원은 2022년 판결에서 "A씨 등은 접견신청인으로서 교도소 정문에서 아무런 검사나 제지를 받지 않고 교도소 내 민원실과 접견실까지 통상적인 출입 방법으로 들어갔다. A씨 등이 사실상의 평온 상태를 해치는 행위로 교도소에 들어갔다고 볼 수 없어 건조물 침입죄에서 규정하는 침입 행위로 볼 수 없다."고 밝혔다.

이광택(2020)은 이 사건에 대해서 다음과 같이 설명한다. “PD가 허가 없이 몰래 카메라로 취재한 사건에서 보호법익은 ‘수용자의 프라이버시’가 될 수는 있어도 ‘교도소장의 접견 허가권’이 될 수는 없다. 그리고 접견불허 관행이 공무집행이 될 수도 없다. 교도소장은 국민의 알권리 차원에서 취재에 협조해야 하며, 허가를 전제로 한 취재는 사전 검열에 가깝다. 공무집행방해가 아니라고 한다면 건조물 침입죄에도 해당하지 않는다. 유럽인권재판소도 2015년 2월의 판결에서 당사자의 동의 없이 몰래 카메라를 사용하여 보험중개인과 인터뷰하여 그 얼굴과 목소리를 변조하여 방영한 것은 그를 개인적으로 비판하기 위해서가 아니라 특별한 상업적 관행을 비난하기 위해 계획된 것이므로 이들을 유죄로 판단한 추리히 칸톤 대법원 판결은 표현의 자유를 침해한 것이라고 하였다.

이승선(2000)은 위법적인 취재 방법과 보도를 이유로 법적 규제를 받은 한국 언론의 기사 23건을 분석한 결과 공통적인 이유가 있었다고 밝혔다. 7건은 형사처벌을 받았고, 16건은 민사적 손해배상과 기타 처분을 받았다.

첫 번째, 모든 기사가 윤리강령의 기본 준칙을 지키지 않았다. 언론인들의 윤리의식이 부족하거나 없어서 벌어진 일이다. 특히 공익이나 공적 기관에 대한 취재 과정에서 불거진 문제보다는 일반인들의 기본적인 권익을 경시한 점이 법적 규제를 더 빈번하게 초래하였다.

두 번째, 취재 과정에서 얻어야 하는 동의나 허락, 승인을 소홀히 한 것이 법적 규제를 받은 주요 원인이었다. 허가나 승인 없이 개인의 사적 공간에 침입하거나 정보를 다루는 행위, 사생활 등의 촬영, 보도금지 조항 위반이 전체 분석 대상의 절반을 차지했다. 이것들은 언론인들이 직업적 윤리의식을 발휘해서 조금만 주의를 기울이거나 일반인의 기본 권익을 염두에 두었으면 충분히 피할 수 있었던 법적 규제들이었다.

세 번째, 보도 내용 못지않게 취재 과정이 프라이버시 침해와 명예훼손 손해배상 소송의 중요한 사항으로 등장했다. 외국에서는 몰래 카메라 사용 등의 위법적 취재 방식이 명예훼손 손해배상의 중요 쟁점으로 떠올랐다. 한국에서는 취재보도 과정에서 승낙이나 동의를 구하지 않거나, 동의를 받은 범위 이상으로 취재 내용을 보도해서 계약의무를 적극적으로 위반한 경우에는 손해배상을 인정하는 중요 요인이 되고 있다. 취재 과정에서 취재원의 승낙 없이 사진을 게재해 초상권을 침해하면 사생활 침해와 명예훼손 등의 이유로 손해배상을 해야 한다. 한 대학교의 음대생들과 방송사 간에 벌어진 법적 분쟁에서 법원은 학생들의 동의 없이 몰래 카메라로 촬영해서 보도한 것은 학생들의 사생활 및 초상권을 침해한 위법이라고 판단하였다.

네 번째, 공인이나 민간인에 관계없이 여성을 상대로 한 위법적인 취재보도의 비중이 높았다. 선정적이고 경쟁적인 상업적 보도 과정에서 여성의 인권이 홀대받고 있다는 사실을 보여 준다.

다섯 번째, 법적 규제를 회피하는 최상의 방법은 윤리실천요강의 지침들을 철저하게 준수하는 것이다. 위법적 취재를 토대로 한 보도는 언론사의 신뢰도나 이미지를 훼손시키고, 직접적인 경제적 손실을 발생시킨다. 언론인 개인에게 손해배상의 책임을 묻는 소송이 늘고 있다. 위법적 취재보도의 관행을 버리지 못하는 것은 개인적으로도 매우 큰 손해가 된다.

그러나 이승선(2001)이 언론학 전공 학생들에게 널리 읽히는 언론인 저작물 11권을 대상으로 형사법상 위법 가능성이 있는 취재 행위들의 유형과 특성을 분석한 결과를 보면 한국의 언론인들은 윤리의식이 약한데다 심지어 당연하게 생각하는 경우도 많았다. 언론인 저작물은 76.7페이지당 평균 1건씩 위법 가능성이 있는 취재보도 행위를 소개하고 있었다. 국민의 알권리를 충족시킨다는 이유로 사적인 공간에서 이뤄진 민간인들에 대한 위법성 취재 행위가 두드러지게 제시되었다. 거짓말과 잠입, 몰래 카메라 등에 의한 위계와 기만 취재가 분석 사례의 대부분을 차지하였다. 위법 가능성이 있는 취재보도 경험들을 취재보도의 정석인 것처럼 강변한 경우도 적지 않았다. 취재보도 준칙을 벗어나 인권을 유린하고 민간인의 재산에 피해를 준 행위 등이 국민의 알권리 충족이라는 이름 아래 소개되기도 했다.

3
취재 방법 법적 논란

위법적인 취재 방법에 대해서는 옹호론과 비판론이 대립한다. 옹호론자들은 헌법상 표현의 자유에 근거해서 위법적인 취재가 불가피하다고 주장한다. 언론은 공공이익에 봉사하도록 법의 특권을 부여받았으며, 몰래 카메라는 이 임무를 실현하기 위해 필요한 수단이라고 본다(김경호, 2003). 옹호론자들은 언론이 몰래 카메라를 사용해서라도 범죄 행위 등을 사회에 알려서 공익에 도움이 된다면 허용해야 한다고 강조한다(미디어오늘, 2017.3.21.).

현실적으로 언론의 역할을 수행하기 위해서는 위장 촬영, 신분 위장, 거짓말 등의 취재 방법이 불가피하다는 주장도 있다. 뉴스는 언론의 사회감시책임과 국민의 알권리 충족을 위해서 진실을 추구하는 것인데, 취재 대상이 취재를 거부한다고 해서 기자가 취재를 포기한다면 진실 추구를 포기하는 것과 같다는 것이다(이승선, 2005). 1970~1980년대 페미니스트 관점에서 성(남녀)에 따른 지식과 권력 생산의 불균형을 비판하면서 생긴 입장이론(standpoint theory)에서는 위장취재는 기자에게 진실의 세계를 알게 해주고, 사회적 약자의 관점에서 뉴스를 전달하게 하는 수단이므로 오히려 윤리적이라고 주장한다(Avieson & McDonald, 2017).

언론의 자유는 보도의 자유와 취재의 자유로 구성된다. 언론 활동은 보도를 통해 드러나므로 언론 자유의 핵심은 보도의 자유이다. 많은 헌법학 이론들은 보도의 자유에 대해서는 헌법적 기본권으로 인정하고 있다. 그러나 취재의 자유에 대해서는 헌법적 기본권으로 인정하는 견해, 보도의 자유와 명백하게 구분하는 견해, 기본권이 아닌 법률상 권리의 실리로 보는 견해가 대립해 왔다. 위법적인 취재 방법에 대한 논란은 취재의 자유에 관한 논의로 확장된다.

장철준(2015)은 보도의 자유를 위해서는 언론사가 뉴스 정보를 수집할 수 있는 취재의 자유가 기본권으로 전제되어야 한다고 주장한다. 특히 정부 통제로 정보의 자유로운 흐름이 제한되어 있는 상황에서는, 언론이 실정법을 위반해서라도 공익성이 높은 뉴스를 만들 수 있도록 취재의 자유를 헌법적 기본권으로 보장하는 것이 중요하다고 하였다. 다만 기본권의 본질 차원에서 보면 취재의 자유와 보도의 자유에는 차이가 있다고 보았다. 취재의 자유는 취재 활동이 추구하는 공익의 목표가 이와 충돌하는 제도나 기본권에 비해 월등한 가치를 지닌 경우에만 기본권으로서 정당화되며, 보도의 자유만큼 폭넓게 보호되지는 않는다고 하였다. 전찬희, 지용수(2012)는 자유로운 의사 형성은 정보에 접근하는 것이 충분히 보장될 때 가능하기 때문에 표현의 자유는 정보에의 접근·수집·처리의 자유를 의미한다고 하였다.

그러나 위법한 취재를 규제해야 한다는 입장에서는 위법적인 취재는 알권리를 빙자한 언론사들의 상업적 경쟁과 언론인의 특종 욕심이 만들어 낸 산물에 불과하다고 생각한다. 언론은 알권리를 내세워서 취재 경쟁을 하지만, 실제로는 언론사의 상업주의, 특종 욕심, 취재 강요 행위 등이 위법취재의 근본 원인이라는 것이다. 따라서 취재 보도한 내용의 공익성, 공공성, 진실성 여부와 관계없이 위법적 취재 행위에 대해서는 민·형사상의 책임을 물어야 한다는 입장이다. 또 개인의 인격권 보호가 우선이기 때문에 이와 대립하는 위법적 취재 행위를 규제해야 한다고 강조한다(이승선, 2001).

문재완(2008, 368~369쪽)은 다섯 가지 이유를 들어 취재의 자유는 헌법적 기본권이 아니라 법률상 권리로 보아야 한다고 주장한다. 첫째, 취재의 자유가 전통적 의미의 표현의 자유에 해당한다는 사회적 합의가 존재하지 않는다. 둘째, 취재의 자유를 언론의 자유에 포함시키는 것은 헌법적인 근거가 없는 해석이며, 기본권을 창설한 것과 같다. 셋째, 취재의 자유에 대한 내용이 무엇인지 명확하지 않다. 넷째, 취재의 자유를 기본권으로 인정하면 이를 제한하는 법을 만들기가 쉽지 않다. 다섯째, 취재 활동 중 타인의 기본권이 침해될 가능성이 있다. 박윤경(2015)은 헌법 제21조 제4항은 언론·출판은 타인의 명예나 권리 또는 공중도

덕이나 사회윤리를 침해하여서는 안 된다고 명시하고 있기 때문에 표현의 자유는 절대적 자유가 아니라고 하였다. 윤용석(2003)은 기자의 특권은 보도특권과 취재특권으로 구분되는데, 보도특권에 대해서는 명확한 기준이 있지만, 언론의 위법적 취재 방법을 취재특권으로 인정할지에 대해서는 명확한 원칙이 없다고 하였다.

한국의 법들은 언론과 표현의 자유를 규정하면서도 직·간접적으로 언론의 비윤리적이거나 위법적인 취재 방법을 금지하고 있다.

언론중재 및 피해구제 등에 관한 법률은 제4조 제1항에서 "언론의 보도는 국민의 알권리와 표현의 자유를 보호·신장하여야 한다."고 하면서 제4조 제2항에서는 "언론은 인간의 존엄과 가치를 존중하여야 하고, 타인의 명예를 훼손하거나 타인의 권리나 공중도덕 또는 사회윤리를 침해하여서는 아니된다."고 하였다. 제5조 제1항에서는 "언론, 인터넷 뉴스는 타인의 생명, 자유, 신체, 건강, 명예, 사생활의 비밀과 자유, 초상, 성명, 음성, 대화, 저작물 및 사적 문서, 그 밖의 인격적 가치 등에 관한 권리(인격권)를 침해해서는 안 되며, 타인의 인격권을 침해한 경우에는 이 법에서 정한 절차에 따라 그 피해를 신속하게 구제하여야 한다."고 명시했다. 다만 제5조 제2항에서는 "언론 보도의 인격권 침해가 사회상규에 벗어나지 않는 한도에서 '피해자의 동의를 받아 이루어진 경우'와 '공공의 이익에 관한 것으로서, 진실한 것이거나 진실하다고 믿는 데에 정당한 사유가 있는 경우'에는 보도 내용과 관련해서 책임을 지지 않는다."는 면책규정을 두었다.

한국신문협회, 한국신문방송편집인협회, 한국기자협회가 공동 제정한 신문윤리실천요강은 제2조에서 ① (신분 사칭 · 위장 금지) 신분을 위장하거나 사칭하여 취재해서는 안 된다. ② (자료 무단 이용 금지) 문서, 자료, 사진, 영상, 그림, 음악, 인터넷 게시물과 댓글 등의 콘텐츠는 공익을 위해 불가피하지 않은 한 소유주나 관리자의 승인 없이 검색하거나 사용해서는 안 된다. ⑤ (도청 및 비밀 촬영 금지) 전화 도청이나 비밀 촬영 등의 방법으로 취재해서는 안 된다고 규정해서 신분 사칭과 위장, 무단 문서 반출, 도청 및 비밀 촬영 행위를 금지하였다.

방송심의에 관한 규정(2024.11.14.)은 제19조(사생활 보호)에서 ① 방송은 개인의 사생활의 비밀과 자유를 침해하여서는 안 되며, 사적인 전화나 통신 등의 내용을 당사자의 동의 없이 방송하여서는 안 된다. ② 방송은 부당하게 개인의 초상권을 침해하여서는 안 된다. ③ 방송은 특정인의 사생활을 본인이 인지하지 못한 상태에서 녹음 또는 촬영하여 당사자의 동의 없이 방송하는 등의 방법으로 개인의 인격권을 부당하게 침해하여서는 안 된다고 규정하고 있다.

4
기자와 수용자의 취재 윤리 의식

기자들과 일반 시민들 사이에서도 탐사보도 취재 방법이 법과 윤리를 준수해야 한다는 인식은 강화되고 있다. 남미와 카리브해에 있는 20개국의 탐사보도 기자들을 대상으로 윤리적, 법적으로 논란이 되는 탐사보도 취재 방법에 대한 수용 여부를 조사한 결과, 대부분의 기자는 취재와 보도윤리를 준수해야 한다는 의무감을 갖고 있었다. 논란이 되는 취재 방법은 침묵하는 정보원을 협박하거나 압력을 넣는 행위, 정보원의 신원 노출, 정보 취득을 위해서 금품을 제공하는 행위, 허가 없이 타인의 편지·사진 등 자료를 이용하는 행위, 타인으로 위장해서 취재하는 행위, 허가 없이 비밀문서를 사용하는 행위, 몰래 카메라나 녹음기를 사용하는 행위 등이었다(Joyce, Saldana, Weiss, & Alves, 2017).

일부 탐사보도 기자들은 중요한 정보를 알아내기 위해서 해커 전문 웹사이트나 해커 조직을 이용하기도 한다. 그러나 미국과 유럽의 18개국에서 조사한 전·현직 탐사보도 기자 48명은 정보를 취득하려고 해커들과 공공연하게 협력하는 것에 부정적이었다(Mills & Sarikakis, 2016). 영국에서는 기자들이 해커를 이용하는 것은 공중의 이익과 사회적 책임을 수행하면서 부득이한 경우에만 허용되었다(Goddard, 2006).

한국에서는 탐사보도의 취재 방법에 대한 소송이 증가하면서 탐사보도 기자들은 실정법을 위반하는 취재 방법을 활용하지 않으려 하였다(남재일, 오대영, 2018). 한국언론진흥재단이 2003년부터 2017년까지 6회에 걸쳐 실시한 언론인 의식조사를 분석한 결과에서는 한국 기자들은 개인의 프라이버시 침해를 심각한 윤리적 일탈로 생각하였다. 그러나 보도의 공익적 목적이 보장되면 위장 취업, 프라이버시 침해와 같은 취재 과정상의 불법 행위는 감수하려고 하였다. 이런 현상은 객관적인 사실보도보다 탐사보도와 심층보도를 할 때 더 나타났다.

기자가 중시하는 저널리즘 원칙은 취재 방법의 윤리 의식에 차별적인 영향을 주었다. 기자가 탐사성을 중시하면 취재 방법의 정당성에 긍정적인 영향을 주었고, 객관성을 중시하면 부정적인 영향을 주었다. 객관성을 중요하게 인식하는 기자는 취재보도 과정에서 보도 목적의 공익성보다 절차적 합법성을 강조했다. 탐사성을 중시하는 기자는 절차적 합법성보다 보도 목적의 공익성을 더 중시하는 윤리의식을 갖고 있었다(이강형, 남재일, 2019).

한국언론진흥재단이 2023년 국내 언론사의 기자 2011명을 대상으로 취재 방법의 정당성을 5점 척도 방식으로 조사한 결과에서도 기자들은 공익적인 목적을 위한 취재 방법에 대해서는 비교적 수용하려 하였다. 그러나 기자의 신뢰도와 관련된 방법에 대해서는 엄격하게 생각하였다(〈표 1〉). 취재 방법의 정당성을 평가한 결과, '기사 작성을 위해 취재원이 귀찮아하더라도 계속 취재하는 행위'(3.24점)를 가장 정당하다고 인식했다. '기업·정부 등 비밀문서를 허가 없이 사용하는 행위'(3.06점), '내부 정보를 얻기 위해 위장 취재하는 행위'(2.95점) 등에 대해서

〈표 1〉 한국 기자들의 취재 방식 정당성 평가

취재 행위	점수(5점 만점)
기사 작성을 위해 취재원이 귀찮아하더라도 계속 취재하는 행위	3.24점
기업·정부 등 비밀문서를 허가 없이 사용하는 행위	3.06점
내부 정보를 얻기 위해 위장 취재하는 행위	2.95점
편지·사진 등 사적 문서를 허가 없이 사용하는 행위	2.56점
취재원에게 자신의 신분을 감추는 행위	2.52점
비밀 정보를 얻기 위해 돈을 주는 행위	2.08점
심리적으로 힘든 상황에 있는 피해자 또는 유가족에게 계속 취재하는 행위	2.04점
취재원과 합의된 보도시점(엠바고)을 지키지 않는 행위	1.92점
비보도를 약속하고 이행하지 않는 행위	1.91점

출처: 한국언론진흥재단(2023). 2023 한국의 언론인, 106쪽.

도 비교적 용인하였다. '편지·사진 등 사적 문서를 허가 없이 사용하는 행위'(2.56점)와 '취재원에게 자신의 신분을 감추는 행위'(2.52점)는 어느 정도 수용했다. 그러나 '비밀정보를 얻기 위해 돈을 주는 행위'(2.08점), '심리적으로 힘든 상황에 있는 피해자 또는 유가족에게 계속 취재하는 행위'(2.04점), '취재원과 합의된 보도시점(엠바고)을 지키지 않는 행위'(1.92점), '비보도를 약속하고 이행하지 않는 행위'(1.91점)에 대해서는 부정적이었다(한국언론진흥재단, 2023, 106쪽).

수용자 인식 조사에서는 수용자들이 탐사보도 취재 방법에서 윤리를 중시하는 방향으로 변화하고 있는 것으로 나타났다. 미국에서는 ABC 방송의 푸드 라이온 재판 이후인 1997년 언론의 취재 방법에 대한 수용자의 인식을 조사한 결과, 84%가 정부와 기업의 비리에 대한 탐사보도를 수용했지만 위장 취재나 정보 매수에 대해서는 33%만이 용인했다. 기자가 비밀취재를 하거나 돈을 주고 정보를 사는 것에 대해서도 절반 이상이 부정적이었다. 미국인들은 언론의 감시견 역할을 중시하면서도 윤리적인 방법으로 취재하기를 기대하였다(Willnat & Weaver, 1998).

한국 수용자들은 전반적으로는 위법적 취재 방법의 취재특권을 거의 인정하지 않았다. 한국 수용자들은 헌법 제21조 제4항이 명시한 대로 언론은 공중도덕이나 사회윤리를 침해해서는 안 되며, 언론의 자유는 절대적 자유가 아니라고 인식하였다. 한국 수용자들은 탐사보도 역할은 인정하면서도 취재는 윤리적이고 준법적인 방법으로 수행되기를 원하고 있었다. 그러나 구체적인 방법에 대해서는 허용 수준의 차이가 있었다. 개인의 프라이버시 침해나 금품을 제공한 정보 취득에는 매우 부정적이었지만, 탐사보도의 전통적인 취재 방법인 몰래 카메라와 녹음기 취재, 위장 취재, 정부·기업의 비밀문서 무단 이용에 대해서는 다른 방법보다는 더 허용했다. 한국 수용자들은 공익 목적의 보도를 위한 위법적 취재 방법에는 관대한 편이었다(오대영, 2020).

CHAPTER

7

INVESTIGATIVE JOURNALISM

탐사

저널리즘의

기사 쓰기

INVESTIGATIVE JOURNALISM

1
역피라미형과 내러티브형 기사

1) 역피라미드형 기사

일반적으로 기사는 역피라미드형으로 쓰여진다. 기자가 이슈에서 중요하다고 생각하는 것부터 쓰기 때문에 역피라미드형 기사 스타일이라고 한다. 역피라미드형 기사는 복잡한 사회 현실을 수용자가 이해하기 쉽도록 기자가 논리정연하게 정보를 압축해서 간결하게 전달하는 요점설명형이다. 역피라미드형은 시간과 공간의 제약 속에서 뉴스를 만들어야 하는 저널리즘 현장에서 유용성이 매우 높아서 보편화된 뉴스 제작 관행이다. 뉴스 작성의 표준화가 용이하고 기사 분량 조정과 같은 편집 작업을 매우 편하게 할 수 있어서 제작 시간을 최대한 단축시킬 수 있다. 뉴스 생산 과정에서 게이트키핑(gatekeeping)을 하기에도 편리해서 경제적 효율성도 크다(오대영, 2019, 78~80쪽).

게이트키핑은 가장 대표적인 뉴스 생산 관행이다. 미디어가 매일 수많은 사건 가운데 일부를 뉴스로 선택하고 재구성해서 제한된 시간과 공간 안에서 수용자에게 전달하는 방식이다. 뉴스의 선택, 취급, 통제의 모든 측면을 다룬다(Shoemaker, 1991/2001, 15~16쪽). 게이트키핑은 넓은 의미에서는 기사가 만들어지는 전체 과정에서 발생하지만, 좁은 의미에서는 미디어 조직 내에서 기사를 선택하고 제작하는 과정이다. 뉴스 소재가 취재원으로부터 기자, 에디터를 거치면서 뉴스로 선택되는 결정 포인트를 의미한다. 게이트키핑은 기자가 뉴스 소재를 인지하는 과정부터 시작해서 최종적으로 뉴스를 선택하고 수용자에게 전달하는 과정까지 일어난다(Shoemaker, Vos, & Reese, 2008).

그러나 기자와 에디터들은 역피라미드형 기사 스타일에 대해 다음과 같은 단점이 있다고 지적한다(박재영, 2020, 33쪽). 단조롭고 지루하여 글 읽는 재미가 없으며 감동을 주지 못한다. 기사의 첫 부분만으로도 내용을 알 수 있으므로 기사 본문은 눈에 잘 안 들어온다. 긴 기사를 역피라미드 구조로 쓰면 독자는 끝까지 읽지 않는다. 사안을 분석적이고 다면적으로 보여 주지 못하며 내용을 피상적으로 전달한다. 기사 형식이 획일적이어서 기자의 개성적인 문체를 살리기 어렵다.

박재영, 이완수(2008)는 역피라미드 구조는 '뉴스의 파편화'라는 중대한 문제점을 갖고 있다고 지적한다. 역피라미드 구조는 관찰된 정보의 사실성만을 중시하고 사실들 간의 관계에는 별로 주목하지 않아서, 기사는 정보의 기계적 조립에 지나지 않는다는 것이다. 그래서 중요한 사회적 현상으로 보아야 할 사안도 사건의 역사적 맥락이나 배경을 배제한 채 범죄사건처럼 일종의 사건으로 간주하여 보도하는 경향이 강하다고 비판한다.

2) 내러티브형 기사

내러티브 스타일은 소설과 같은 형식으로 쓰는 기사이다. 양식에 맞추기보다 스토리텔링(storytelling)을 시도한다. 스토리텔링은 상대방에게 알리려는 내용을 재미있고 생생한 이야기로 설득력 있게 전달하는 스타일이다(김윤종, 문안나, 2019). 내러티브(narrative)의 동사형은 narrate(이야기하다)이다. 그 어원은 그리스어로 '알다'라는 뜻인 Gnarus이다. 내러티브는 그저 이야기를 말하는 것이 아니라 무엇인가를 제대로 알 수 있도록 이야기해 준다는 뜻이다. 소설은 재미있는 이야기이면 충분하지만, 내러티브 저널리즘은 진실의 전모를 이야기하는 것을 추구한다(안수찬, 2013, 140쪽).

내러티브 기사의 특징은 다음과 같다(안수찬, 2007. 29~31쪽).

첫 번째, 스트레이트 기사는 세상을 사건으로 보지만, 내러티브 기사는 모든 것을 인물에 주목한다. 세계는 사건이 아니라 인물의 총체이며 인물을 통해 사건을 더욱 잘 설명할 수 있다는 믿음이 밑바탕에 깔려 있다. 인물은 독특하고도 특징적인 성격으로 구성된 인격을 말한다. 내러티브 기사를 쓸 때는 주제, 의제, 사건 등을 표상하는 대표적 인물을 잘 선택해야 한다. 여러 명을 등장시키면 기사가 풍부해진다. 유명인사보다는 새로운 인물을 찾는 것이 좋다. 유명인사에 관한 정보는 이미 널리 알려져 있어 새로운 사실을 발굴해서 전모를 드러내려는 내러티브 기사의 취지에 어울리지 않기 때문이다.

두 번째, 서술하지 않고 인물, 공간, 사건, 상황 등을 최대한 현실에 가깝게 묘사한다.

세 번째, 사건의 발생이 아니라 사건을 전개해서 보여 준다. 스트레이트 기사는 사건의 발생 시점에 주목하지만, 사건은 어느날 갑자기 일어나는 것이 아니다. 내러티브 기사는 이야기의 탄생, 전개, 절정, 해소 또는 파국 과정을 모두 살펴보려 한다.

네 번째, 내러티브 기사는 읽는 기사가 아니라 보는 기사를 구현하려 한다. 문자로 정보를 취득하게 하는 저널리즘의 전통적 전략을 거부하고, 문자를 통해 인물, 사건, 공간 등을 영상화하려는 의도가 강하다. 이를 위해 소설, 연극, 영화, 드라마 등 소설의 편집 기법을 차용한다.

다섯 번째, 스트레이트 기사는 빠른 시간에 이슈의 핵심을 이해하도록 돕는 것이 목적이어서 취재원 가운데는 권력자, 유력인사가 많다. 내러티브 기사에서는 사실을 더 생생하고 풍부하게 이해하도록 돕기 위해 평범한 사람들이 등장하는 경우가 많다.

인간이 생활하면서 습득해 온 정보는 대부분 이야기 형태이다. 그래서 사람들은 스토리텔링 기반의 단서들을 통해서 다른 사람의 삶을 이해하고 세상의 이치를 깨우치는 데 익숙해져 있기 때문에 이야기 형식의 정보를 거부감 없이 받아들인다. 내러티브 메시지는 몰입과 동일시화를 통해서 읽는 사람을 설득하는 효과를 발생시킨다. 서사적 동일시화는 수용자가 등장인물의 관점을 수용하여 이야기 세계의 사건을 이해하는 심리적 현상이다(성창민, 2022, 4~6쪽). 내러티브 유형의 기사는 수치적 보도 유형보다 수용자의 인지적 평가에 더 큰 영향을 준다(임인재, 나은영, 2020). 내러티브 유형에 사진이 포함되면 수용자의 동일시, 몰입을 증가시켜서 심리적 거리감을 감소시켰다(임인재, 나은영, 2021)

기자와 에디터들은 내러티브 기사의 장점으로 다음을 들었다. 글 읽는 재미가 있고 가독성이 높다. 자기만의 개성적인 문체를 구사할 수 있으며 장문의 기사에 유용하다. 리드를 자유자재로 구성할 수 있어서 독자를 끌어들이는 데 유리하다. 풍부한 묘사가 가능하다. 단편소설처럼 독자를 몰입시켜 감동을 자아낼 수 있다. 인터넷의 짧은 글에 식상한 고급 독자들을 확보하는 데 유용하다. 현장감이 있고 인간적이며 그림을 보듯이 글을 읽을 수 있어서 기자와 독자의 공감대 형성에 좋다. 사안을 다각적이고 심층적으로 전달할 수 있다. 내러티브 기사는 독자가 한번 흐름을 타면 끝까지 읽게 되고, 역피라미드 구조보다 더 강렬한 느낌을 받게 되므로 정보전달력도 더 강하다(박재영, 이완수, 2008).

박재영(2020, 72~80쪽)은 내러티브 기사와 역피라미드 기사와의 차이점을 다음과 같이 설명하였다.

내러티브는 인간의 희로애락을 이야기한다. 사랑과 미움, 갈등과 고통, 역경과 좌절, 승리와 환호, 불굴의 의지, 고난 극복, 인간애 등이 내러티브의 주 메뉴다. 소설이나 영화, 인간 다큐멘터리에서 흔히 볼 수 있는 것들이다. 내러티브 기사는 캐릭터 중심이다. 캐릭터를 통해 주제가 불거지도록 만든다. 그래서 캐릭터를 찾는 것이 취재의 일차적인 관건이며 가장 중요하다.

정보를 근간으로 하는 역피라미드 구조는 정형화되어 있지만 내러티브 스타일은 무정형이다. 다만 신문기사는 내러티브 스타일이라도 다소의 형식화는 불가피하다. 미국 신문인 월 스트리트 저널 모델(Wall Street Journal Formula)은 스토리를 개인화시켜서 기사의 주제가 불거지게 하는 방식으로 쓴다. 기사를 사례로 시작해서 사회적 맥락으로 문맥이 확대됐다가 사례로 회귀하는 구조다.

내러티브 기사에서는 자신만의 앵글을 갖는 것이 중요하다. 앵글은 특정 사건에 대해 기자가 기사를 쓰려는 방향이다. 앵글은 캐릭터와 의미(주제)로 구성된다. 캐릭터는 앵글의 필수요소다. 캐릭터에 따라 앵글의 차이를 낳고, 앵글의 차이에 따라 기사의 차별화가 이루어진다. 내러티브 기사는 정부나 권력자가 아니라, 시민의 관점에서 사안을 바라본다.

역피라미드 기사는 실태, 원인, 대안을 모두 중시하지만, 내러티브 기사는 오직 실태만을 중시한다. 그래서 내러티브 기사는 현장감과 생동감을 극대화할 수 있다. 실태는 사례를 통해 드러나기 때문에 결국 사례가 내러티브 기사의 핵심이 된다. 역피라미드 기사가 정보 전달이 목적이라면, 내러티브 기사의 목적은 감동 유발과 몰입, 공감이다. 내러티브 기사는 정보를 설명하지 않고 이야기한다. 자신의 생각을 주장하지 않고 생각하게 만든다.

역피라미드 기사는 결과를 중시하지만, 내러티브 기사는 과정을 중시하면서 의미와 가치를 찾는 데 집중한다. 그러나 내러티브 기사에서도 주관성은 금물이다. 내러티브 기사에서 종종 발견되는 형용사와 부사 때문에 내러티브 기사는 주관적이어도 괜찮다고 생각한다면, 그건 오해다. 기자는 자기 자신이나 자기가 속한 언론사의 가치를 전달하는 수단으로서 내러티브를 활용하면 안 된다.

그럼에도 내러티브 스타일은 가시적인 주관성 때문에 기자의 주관이 개입될 여지가 크다는 비판도 받는다. 독자의 주목을 끌기 위해 이야기를 극화할 가능성도 배제할 수 없다. 살인·강간·폭행과 같은 강력범죄에 대한 기사에서는 상세히 묘사한 탓에 이것을 참고한 모방 범죄가 발생할 수 있다는 문제점도 지적된다. 내러티브 스타일이 독자를 기사에 더욱 몰입하게 하기 때문에 강력 범죄에 대한 사회 전반의 불안감이 커진다는 우려도 있다. 주인공을 중심으로 시간의 흐름에 따라 소설처럼 재구성하는 내러티브 기사의 몰입감이 미디어 속 세상을 실제 현실로 인식하게 되고, 이로 인해 수용자는 '세상은 무섭고 위험한 곳'이라는 인식을 가지는 '비열한 세계 증후군'이 강화됐다(김윤종, 문안나, 2019).

2
내러티브형 글쓰기의 역사

내러티브 저널리즘은 20세기 초반 미국 탐사보도에서 시작되었다(Aucoin, 2005/2007, 46~51쪽). 맥클루어스 매거진(McClure's Magazine)은 1903년 1월에 강력한 폭로기사 3개를 싣고, 그 기사들의 중요성을 강조한 편집 후기를 담은 잡지를 발간했다. 미국에서 추문을 폭로하는 탐사보도의 황금시대가 열렸다. 그 잡지에는 미국 석탄광산의 열악한 작업 환경과 노동자들이 가입한 노조의 단점을 파헤친 기사가 실렸다. 이 잡지의 사주이면서 편집인인 맥클루어는 짤막한 논설로 선량한 사람들이 방관한 탓에 폭로되지 않은 '민주주의에 대한 위협'을 지적했다. 맥클루어는 기자들에게 냉철한 사실로 뒷받침된 완벽한 증거 자료를 기사에 제시하라면서 탐사보도의 기준을 강화하고 확대했다.

맥클루어는 자신의 잡지에 실리는 글들은 미국 정부나 기업에서 책임 있는 인물들의 신원을 밝히고, 희생자들의 이름과 얼굴을 공개하는 등 사회적 분쟁을 의인화해야 한다고 강조했다. 또 단편소설 작가들의 문체로 흥미진진한 스토리를 써서 독자들에게 충격을 주고 사회개혁을 요구하도록 해야 한다고 요구했다. 그의 주장은 극적이고 효과가 있었다. 맥클루어 매거진이 1903년 1월에 발간한 40만 부는 빠르게 매진되었다. 그러자 다른 잡지들도 맥클루어의 방식을 모방하게 되었다. 이후 의약품 제조업자들의 사기, 주 정부들의 뇌물수수와 부패, 흑인들의 어려운 생활 실태, 공장과 노동 착취 작업장에서 일하는 여성들의 참혹한 현실 등 다양한 문제를 폭로하는 기사가 쏟아졌다.

20세기 초 신문에서 탐사보도의 고전적 사례였던 전설적 기자 허버트 베이어드 스우프(Herbert Bayard Swope)와 해롤드 리틀데일(Harold A. Littledale)은 훌륭한 글쓰기의 중요성을 실제로 보여 주었다. 스우프는 뉴욕 월드에서 완벽한 증거 자료를 갖춘 명문장의 탐사기자로 유명했다. 1912년 10월에 보도된 '베커 경사는 도박꾼 로진탈의 폭로를 막기 위해 어떻게 그의 죽음을 음모했는가'라는 기사는 세밀한 내용을 담은 폭로 기사를 아름다운 문장으로 쓸 수 있다는 것을 잘 보여 주었다. 도박꾼인 허먼 로젠탈은 법원에서 경찰 매수에 관해 증언하기로 예정된 며칠 전에 총에 맞아 죽었다. 스우푸는 이 사건을 취재해서 폭로 기사를 썼다. 그 기사는 "허먼 로젠탈이 다시 길고 날카로운 비명을 질렀다."는 문장으로 시작했다. 그리고 "강력한 암흑가를 통해 그의 숨죽인 속삭임은 울려 퍼졌다. 그것은 이스트 사이드(맨해튼 동부지역)의 밀실에서 들렸다. 그것은 차이나타운 아편굴에서 들렸다. 그것은 14번가 일대의 스터스와 크랩 게임장까지 기어들었다. 그리고 그것은 항상 사업이 번창하고, 항상 뇌물이 풍성한 북부 맨해튼의 고급 도박업계에까지 닿았다." 그의 화법은 독자들을 암흑가로 인도하고, 그들에게 살인사건이 일어나는 현장을 보여 주었다. 그의 기사는 베커 경사와 그의 공범들이 기소를 피하려 할 수 없도록 만들었다.

뉴욕 이브닝 포스트의 기자였던 해롤드 리틀데일은 뉴저지주 트렌턴의 주 교도소 상황을 수개월 동안 취재했다. 그리고 1917년 1월 '주 교도소가 범죄를 배양하고 있다'라는 기사를 썼다. 그는 이 기사에서 반복화법을 사용해서 자신이 파헤친 불법 행위를 격렬하게 비난했다. "두 사람, 세 사람, 심지어 네 사람이 불법적으로 같은 감방에 함께 갇혀 있는 것은 사실이다. 지하 감방이 존재하며, 사람들이 거기에 갇혀 하루에 단지 두 번의 빵과 물만 받아 먹을 뿐이라는 것도 사실이다. 사람들이 지하 감방의 벽에 쇠사슬로 묶여 있다는 것도 사실이다." 이 기사는 마치 검사가 주 교도소 당국을 기소하는 것처럼 혐의 사실을 열거하며 "…사실이다."라는 말로 시작되는 43개 구절을 거듭 사용했다. 그는 기사의 마지막에서 "이것이 주 감방들의 운영 방식이다. 이것이 그들이 처벌받는 방식이다. 이것이 그들이 '교정'받는 방식이다. 이것이 사회가 '보호'받고 있는 방식이다."라고 끝맺었다. 리틀데일은 1918년에 퓰리처상을 받았다. 소설 방식의 탐사보도가 퓰리처상을 받은 것은 이런 방식의 글쓰기가 언론에서 정식으로 인정받은 것을 의미한다.

1903년부터 1912년 사이에 2000여 이상의 탐사보도 기사가 미국 잡지들에 실려 탐사보도는 짧은 기간에 미국 주류 언론에 진입하였다. 그러나 1917년 미국이 1차 세계대전에 참전하면서 전쟁 소식이 뉴스의 중심이 되고, 많은 산업 문제들이 정부와 사회의 개혁조치로 해결되기 시작하면서 탐사보도에 대한 사회의 관심이 줄었다. 언론의 탐사보도가 위축되자, 일부 탐사보도 기자들은 폭로 기법에 문학적 요소를 추가해서 폭로 보도의 전통을 확대했다. 문장력은 탐사보도 기자들의 관심사가 되었다.

이 시기에 사실주의 문학의 소설가들은 탐사보도에서 소설 스타일의 기사를 발전시켰다(안수찬, 2013, 136~141쪽). 당시는 기자와 소설가의 경계가 거의 없었다. 지금도 널리 알려져 있는 〈올리버 트위스트〉, 〈크리스마스 캐롤〉 등을 쓴 소설가 찰스 디킨스는 의회 담당 기자였다. 〈톰 소여의 모험〉, 〈허클베리핀의 모험〉을 쓴 마크 트웨인은 지역신문에서 일했다. 두 사람은 빈곤층의 실상을 알리고, 사회의 모순을 고발했다. 1930년대 미국의 대공황기에 빈농의 참혹한 실상을 다룬 소설 〈분노의 포도〉 등으로 유명해지고 노벨 문학상까지 받았던 존 스타인벡도 기자로 일했다. 스타인벡은 샌프란시스코 뉴스라는 신문에 캘리포니아 이주 농민들에 대한 르포 기사를 썼고 이를 바탕으로 소설 〈분노의 포도〉를 썼다.

프리랜서 기자였던 어니스트 헤밍웨이도 북미신문협회(NANA)와 계약을 맺고 스페인 내전을 취재해서 기사를 썼다. 그는 기사를 바탕으로 소설 〈누구를 위하여 종은 울리나〉를 썼다. 찰스 디킨스, 마크 트웨인,

조지 오웰, 존 스타인벡, 어니스트 헤밍웨이 등 위대한 소설가들은 대부분 기자 또는 칼럼니스트 출신이었다. 그들은 현실을 취재했다. 특히 그들은 빈곤 소외 계층에 주목해서 기사와 소설을 썼다. 탐사취재와 문학이 합쳐져서 내러티브 저널리즘이 되었다.

미국에서 1950년대 냉전 분위기에 편승해서 수많은 공직자를 공산주의자로 몰아갔다가 무고 사실이 밝혀진 매카시 사건 이후 언론에서는 객관주의적인 보도 태도를 반성하고 사회책임주의 이념이 강화되었다. 1960년대에는 언론이 베트남 전쟁과 같은 사회 문제의 진실을 제대로 보도하지 못한다는 비판이 많아졌다. 이로 인해 심층적이고 해설적인 보도, 기자와 언론사의 의견 제시를 중시하는 뉴저널리즘과 주창 저널리즘이 태동하면서 내러티브 저널리즘은 주간지를 중심으로 늘어났다. 뉴저널리즘은 무책임한 보도가 많다는 비판을 받고 쇠퇴했지만, 1974년 워싱턴포스트의 워터게이트 사건 보도 이후 탐사보도가 세계적으로 각광을 받으면서 내러티브 저널리즘은 확산되었다.

한국에서는 2000년대 들어서 신문에서 내러티브식 기사가 늘기 시작했다(박재영, 이완수, 2008). 중앙일보, 조선일보 등에서 만든 주말 섹션 신문에서 스토리텔링(storytelling) 기사가 등장했다.

3
내러티브 기사 사례

중앙일보 탐사기획팀이 2005년 11월 9일 1면에 쓴 〈루게릭 눈으로 쓰다〉 시리즈 기사는 우리나라에서 새로운 저널리즘 형식을 추구하면서, 인물 서사에 초점을 맞춘 내러티브 저널리즘의 지평을 열었다는 평가를 받았다.

이 기사는 운동신경이 파괴돼 눈과 오른손 약지만 움직일 수 있는 루게릭병 환자 박승일 씨와 중앙일보 탐사기획팀이 4개월 동안 이메일을 주고받으면서 '세상에서 가장 잔인한 병'이라 불리는 루게릭 환자의 내면을 탐사했던 기사였다. 루게릭병은 대뇌와 척수의 운동신경세포가 선택적으로 파괴되어서 서서히 온몸을 움직일 수 없게 되는 근위축성 측색경화증이다. 연간 10만 명당 1~2명이 발병하는 희귀병이다. 이 병에 걸리면 평생을 휠체어나 침대에 의지해야 하며, 인공호흡기가 없이는 숨쉬기도 힘들어진다. 그러나 후각, 청각 등의 감각 신경과 의식은 살아 있어서 평생을 굳어버린 몸에 갇혀 살아야 하는 잔인한 병이다. 1939년 미국 메이저리그의 유명한 야구선수였던 루게릭이 이 병으로 38세에 요절하면서 이 이름이 붙어졌다. 영국의 천체물리학자 스티븐 호킹 박사도 1963년 21세에 루게릭병에 걸려 76세에 죽을 때까지 평생 힘들게 살았다(나무위키, 2024.11.10.).

박승일 씨는 연세대, 기아자동차 농구단 등에서 활동했다. 2002년에는 역대 최연소인 31세에 프로농구팀의 코치로 선임되었으나, 그해 루게릭병이 발병하여 2024년 53세로 사망할 때까지 투병했다. 그는 발병 1년 만에 휠체어를 타야 했다. 발병 20개월 후에는 침대에서 일어나지 못하게 되었다. 발병 2년이 넘어서는 호흡 근육까지 마비되어 기도를 절개하고 호흡기를 달게 되어서 말도 못하게 되었다. 그는 루게릭에 굴하지 않고, 유일하게 움직이는 두 눈동자로 안구 마우스 컴퓨터를 이용해서 글을 썼다. 그러나 눈동자 근육까지 마비되면서 이후에는 글자판으로 소통하였다.

그는 기부천사 가수 션과 함께 2011년 루게릭병 환자를 위한 비영리 재단 승일희망재단[26]을 설립해 공동대표로 활동하면서, 루게릭 요양병원 설립에 앞장섰다. 33만여 명이 203억 원을 기부해서 2023년 12월 경기도 용인시에 국내 최초의 루게릭요양병원(지하 2층, 지상 4층)이 착공되었다. 박승일 씨는 2024년 이 병원의 준공을 보지 못하고 세상을 떠났지만, 많은 난치병 환자와 루게릭 환자에게 꿈과 희망을 심어주었다

26) https://www.sihope.or.kr/

(나무위키, 2024.11.13.; 중앙일보, 2024.9.25.).

중앙일보의 〈루게릭 눈으로 쓰다〉 기사는 박승일 씨가 루게릭병을 알리기 위해 이메일로 보낸 편지들이 쌓여서 이뤄졌다. 이 편지들이 일반적인 역피라미드형 기사였다면 "루게릭병을 앓고 있는 박승일 씨가 중앙일보에 편지를 보내왔다"고 시작하면서 다음에는 그 편지 내용들을 사실 중심으로 실었을 것이다. 그러나 〈루게릭 눈으로 쓰다〉 시리즈 기사의 1회는 다음과 같이 시작한다.

"우리는 가끔 정신이 육체에 갇히는 꿈을 꾼다. 몸부림쳐도 사지를 움직일 수 없는 가위 눌림. 아주 드물지만 이것을 현실로 받아들여야 하는 사람들이 있다. 운동신경만 서서히 파괴돼 결국 의식이 또렷한 상태에서 죽음을 맞이해야 하는 '세상에서 가장 잔인한 병'에 걸린 이들. 키 2m2㎝의 농구인 박승일(34. 전 연세대. 기아차 선수 및 현대모비스 코치) 씨도 그런 사람이다. 그가 올 7~10월 기자에게 보내온 40여 편의 e-메일은 띄어쓰기 없이 군데군데 철자가 빠지고 틀려 있었다. 다음은 메일 중 발췌한 내용(굵은 글씨).

… 중략 …

정말하루24시간1년열두달을

항상바뀝없제자리에서눈에벗어남없굳건히자릴고수하고있는

지긋지긋한방배경

승일은 침대에 누워 항상 같은 사물을 바라본다. 정면에 TV와 컴퓨터, 왼쪽에 화장대, 오른쪽에 어항과 화초. 세 평 남짓한 공간이 그가 볼 수 있는 전부다. 정신이 지배할 수 있는 육신은 오른손 약지 끝마디와 얼굴의 일부 근육뿐. 그는 가끔 조물주에게 기도한다. "눈꺼풀을 움직이고 눈동자를 굴릴 수 있는 힘만은 남겨 주세요."

그의 소통 수단은 '안구 마우스'라는 특수 장비. 이 장비를 이용해 눈동자를 움직이고 눈을 깜박거려 메일을 쓴다.

비장애자였을적엔1분에늦어도2백타가넘었는데..

이제는1분에다섯글자도버겁다.

… 중략 …

그는 거의 매일 자신의 인터넷 팬카페에 글을 올려 "루게릭병 환자를 도와 달라"고 호소한다. 기자에게 메일을 보내온 것도 "언론을 통해 루게릭병 환자의 실상을 알리기 위해서"라고 한다. 하지만 그를 초인(超人)으로 만든 동력은 다른 데 있다. 세상에서 고립되면 더 이상 인간일 수

없다는 깨달음

… 중략 … ”

이 기사는 2006년 한국기자협회의 〈한국기자상〉을 받았다. 이 기사는 난치병으로 힘든 삶을 살아가는 사람들에게 많은 희망을 주었다. 사회의 호응도 뜨거웠다. 고통을 넘어 세상과 소통하려고 한 박승일 씨에게서 “일상의 소중함을 배웠다.”며 성금을 전달한 독자를 비롯해서 전국 각지에서 성원과 격려가 쇄도했다. 다른 난치병 환자와 가족들도 용기를 갖게 됐다고 고마워했다. 당시 김근태 보건복지부장관은 박승일 씨 자택을 직접 방문해 루게릭병 환자에게 지원하고 있는 정부의 간병 보조금을 월 15만 원에서 20만 원으로 인상하겠다고 밝혔다.

CHAPTER

8

INVESTIGATIVE JOURNALISM

탐사 저널리즘의 제약과 문제점

INVESTIGATIVE JOURNALISM

1
일반적인 제약 요인

탐사보도는 정부와 권력층의 비리를 감시하고, 제작에 많은 비용이 들어가기 때문에 일반 저널리즘보다 제작 과정에서 어려움이 더 많다. 정서린(2010, 160~165쪽)은 탐사보도 경험이 있는 전·현직 기자 10명을 인터뷰해서 탐사보도 활동을 위축시키는 제약 요인을 편집국 조직 내부, 편집국 조직 외부, 미디어 관행 등 세 가지 차원에서 9가지로 요약하였다.

첫 번째로 편집국 조직 내부 차원에서는 언론사의 전통부서인 정치부, 경제부, 사회부를 거친 기자들이 편집국에서 인정받고 출세 코스를 밟는 관행이 탐사보도 활동을 저해하였다. 편집국 간부진의 탐사보도에 대한 낮은 인식도 주된 제약 요인이었다. 취재시간, 인력, 제작비용, 배정된 지면 분량, 지면 게재 방식 등 물리적인 지원이 충분하지 못한 경우가 많았다. 탐사보도 기자들에 대한 간부진의 신뢰와 이해가 부족해서 자율성과 독립성이 위축되는 경우도 발생했다.

두 번째로 편집국 조직 외부 차원에서는 미디어 외부 조직의 압력이 기자들을 심리적으로 위축시키고 자기 검열을 하게 만들었다. 언론사에 재정적 부담을 주고, 기자들의 뉴스 제작 의지와 행동을 위축시키고, 신문의 신뢰도까지 위협하는 소송과 같은 법적인 압력은 탐사보도 기자들이 가장 우려하는 제약 요인 중 하나였다.

세 번째로 탐사보도 취재 방법, 경험에 대한 공유와 정보 축적이 없는 언론 환경이 제약 요인이었다.

남재일, 오대영(2018)이 탐사기자 12명을 인터뷰한 연구에서는 기자들은 탐사보도의 장애 요인으로 정치적 통제, 자본권력의 압력, 언론조직 내의 상업성 압력, 소송의 부담, 소명의식의 부족 등 5개를 들었다. 방송기자를 제외한 모든 기자들은 조직 내의 상업성 압력을 가장 큰 장애 요인으로 인식했다. 조용철, 김진홍, 송정민(2003, 269쪽)은 탐사보도를 어렵게 하는 요인으로 인력 부족, 예산 부족, 용기 부족, 권력 유착 등 4가지를 들었다. 탐사보도에는 많은 인력과 시간이 필요한데 모두 돈과 직결된다. 기자의 인력도 부족해서 많은 언론사들이 탐사보도를 하고 싶어도 못한다는 것이다. 탐사보도를 하는 기자들에 대한 권력자나 경제적 압력도 문제였다.

2
정치체제의 제약

탐사 저널리즘은 자유주의 국가, 특히 미국에서 발전된 이론이다. 공산주의 국가의 언론관은 자유민주주의 국가의 언론관과 다르다. 공산주의 국가는 다양한 채널을 통해서 언론을 통제한다. 중국에서 언론의 콘텐츠는 기자의 인사권을 갖고 있는 중국 공산당의 승낙을 받아야 한다.

그렇다고 중국에 탐사 저널리즘이 없는 것은 아니다. 중국 정부의 '정교화된 미디어 통제 정책'에 따라 허용하는 수준에서 탐사보도가 이루어지기는 한다(Lorentzen, 2014). 공산주의나 권위주의 정권에서 언론은 체제 존립에 매우 중요한 영향을 주기 때문에 정권은 언론을 통제한다. 그러나 언론 보도를 완전히 막는 것이 아니라, 정권의 권력 유지에 도움이 되는 수준에서 언론의 감시견 역할을 허용하는 것이 '정교화된 미디어 통제 정책'이다. 언론 보도를 지나치게 억압하면 국민의 불만이 확대되어서 체제가 전복될 위기가 발생할 수도 있기 때문에, 언론 보도가 위기를 유발하지 않는 범위 안에서, 낮은 수준의 정부 비리와 문제를 공격적으로 보도하는 것은 허용한다. 그러나 정권에 불만이 있는 시민들이 체제 전복 활동을 할 만한 정도의 충분한 정보는 언론이 제공하지 못하도록 정권은 언론의 보도 수위를 지속적으로 조절하고 통제한다.

중국에서는 1990년대 정치와 사회경제의 변화로 탐사보도가 새로운 저널리즘 분야로 부상하였다. 이런 분위기는 중국과 외국 언론들이 사스(SARS) 등 주요 이슈에 대해서 보도를 쏟아낸 2003년에 꽃을 피웠다. 그러나 중국 정부가 언론 통제를 강화하면서 언론 자유는 빠르게 위축되었다(Ettema & Glasser, 2007; Tong, 2007). 중국의 시진핑 주석은 2012년부터 미디어 통제를 더욱 강화했다. 시진핑은 2016년 2월 중국의 3대 미디어인 인민일보, 신화사, 중앙TV를 방문해서 공산당이 미디어보다 우위에 있다는 점을 강조하였다(Svensson, 2017).

이런 언론 환경으로 중국 언론인들이 생각하는 탐사 저널리즘은 서구의 탐사 저널리즘과는 본질적으로 다르다. 서구의 기자들은 탐사 저널리즘에서는 기자와 권력자의 적대적 관계가 기본이라고 생각한다. 그러나 중국 기자들은 서구적 개념보다는 중국 문화에 맞는 기자의 역할을 중시한다. 그들은 1990년대 초반 중국에서 개혁 프로젝트가 시작된 이후 새로운 문화적 가치의 재생산을 제도화하는 기자의 역할을 중시하였다(de Burgh, 2003). 중국의 탐사보도는 국가 저널리즘(state journalism) 속에서 이루어진다. 중국의 탐사보도는 중국 경제개혁의 성공적인 측면과 중국 정부의 긍정적인 측면을 부정적인 면보다 더 비중 있게 보도해야 했다. 국가 공무원인 중국 언론인들은 언제나 선전원과 정보 취합자의 역할을 해야 한다(Grant, 1988).

러시아에서도 진실을 추구하는 탐사보도 기자들이 정권의 탄압으로 많이 희생되고 있다. 반정부 성향의 러시아 신문 노바야 가제타 기자이던 안나 폴리트코프스카야는 남부 체첸인들을 상대로 한 러시아군의 인권 유린과 고위 관료들의 부패 등에 관한 고발성 기사를 써오다 2006년 모스크바 시내 중심가 자신의 아파트 입구에서 괴한이 쏜 총에 맞아 숨졌다(연합뉴스, 2015.2.28.). 노바야 가제타는 1993년 설립된 러시아의 탐사보도매체다. 러시아 정부에 비판적인 보도를 많이 했으며, 블라디미르 푸틴 행정부의 비리와 체첸 분쟁 등을 폭로했다. 1990년대 체첸전에서의 인권 유린, 2014년 말레이시아항공 17편 격추 사건, 2015년 야권 지도자 넴초프 암살, 2016년 파나마 페이퍼스 폭로, 2018년 러시아 청부살인 배후세력 보도 등이 대표적이다. 그러나 1992년부터 2021년 사이에 러시아에서는 노바야 가제타의 기자 6명을 포함해서 언론인 58명이 사망했다. 노바야 가제타의 편집장 드미트리 무라토프는 2021년 노벨 평화상을 수상했다. 표현의 자유를 지키는 데 기여한 공로다(단비뉴스, 2021.11.30.).

러시아가 2022년 2월 우크라이나를 침략한 이후 러시아 정부의 언론 탄압은 더욱 심해졌다. 전쟁 이후 러시아의 모든 독립언론은 검열당하고 있다. 반정부 성향의 라디오와 TV는 정부 통제로 방송이 중단되거나 운영을 잠정 중단했다. 트위터, 페이스북, 인스타그램과 같은 SNS

도 차단됐다(한국일보, 2022.4.5.).

러시아는 2022년 러시아 탐사전문 기자인 솔다도프를 지명수배하고 은행 계좌를 동결했다. 솔다도프는 2022년 3월 자사 오피니언란에 서방의 제재가 러시아 경제와 젊은 기술인에게 미치는 영향을 다룬 글을 기고하며 '푸틴의 전쟁'이라는 표현을 사용했다. '푸틴의 전쟁'은 러시아에서 금기시되어 있다. 솔다도프가 이 표현을 쓰자, 러시아 정부가 그를 탄압한 것이다(뉴시스, 2022.6.8.). 러시아는 우크라이나 전쟁에 대해서 자국이 주장하는 '분쟁'이라는 표현 대신 '침공'이나 '전쟁'이라고 표현한 기자에게 최대 15년 형의 징역형을 선고할 수 있는 법안까지 통과시켰다. 그래서 탐사보도 기자들이 러시아를 떠나 인근 국가로 피신하는 상황까지 벌어졌다. 러시아 독립언론 메두자의 탐사보도 전문 에디터인 알렉세이 코발레프도 그중의 한 명이다. 라트비아로 거처를 옮긴 코발레프는 "나 자신에게 즉각적인 위협을 느꼈기 때문이다. 라트비아로 빠져나온 다음 날, 우리 언론사 메두자의 웹사이트는 차단되었다. 러시아 의회는 침공을 전쟁이라 부르는 것만으로도 우리를 형사범죄자로 만드는 법을 통과시켰다."고 말했다(KBS, 2022.4.11.).

3
정치, 법적인 압력

한국 방송은 신문보다 정치적 영향력을 더욱 많이 받는 특성을 갖고 있다(권장원, 2014). 그래서 한국 방송이 탐사보도를 할 때는 정부의 언론 통제와 언론의 자체 검열 등이 제약으로 작용하기도 한다. 이런 현상은 2008년 집권한 이명박 정부에서 심했다. 박인규(2010)는 KBS 시사프로그램 제작진들을 심층 면접해서 한동안 한국 사회의 문제를 정면으로 다루던 KBS 시사 프로그램이 정치권력과 사회의 문제점에 대해 침묵하고 회피하게 된 이유는 경영진의 통제 때문이라고 밝혔다. 경영진이 인사권과 편성권을 동원해서 시사 프로그램을 축소하거나 폐지하고, 정권에 불리한 내용과 정권이 불편해할 내용의 제작은 원천적으로 봉쇄했다는 것이다.

김상균, 한희정(2014)은 방송의 천안함 침몰 원인에 대한 탐사보도 제작이 2010년 11월 이후 중단된 이유는 군이 정보를 독점해서 PD와 기자의 정보 접근이 힘들었던데다 국가권력의 지속적인 언론 통제와 지상파 방송 내부의 제작진 강제 인사 등 자체 검열로 PD 저널리즘의 자율성이 하락했기 때문이라고 밝혔다. 김연식(2014)은 2013년에는 정부와 경영진의 방송사 프로그램 통제가 2008년보다 더욱 심해졌다고 하였다. 조직 외적 통제 요인은 정치권력과 시청률 압력이었으며, 조직 내적 통제 요인에서는 경영진과 사장·사주의 통제가 두드러졌다.

탐사보도의 취재 대상이 오보, 명예훼손, 주거침입 등 여러 가지 이유로 취재와 보도 내용에 대해 제기하는 법적 소송도 언론사나 기자에게 매우 큰 부담이다. 기자들은 소송 위협을 받으면 심리적으로 매우 위축되고, 소송이 잦아지면 많은 시간과 노력을 허비해야 하기 때문에 지치게 된다. 결국에는 취재 과정에서 소송의 빌미를 줄 수 있는 몰래카메라 같은 취재 방법을 피하게 되어 탐사취재는 위축된다(오대영, 남재일, 박재영, 2017, 200~202쪽).

언론 자유가 폭넓게 보장되어 있는 미국에서도 언론들은 거액의 배상을 지불해야 하는 명예훼손 소송에 대한 두려움으로 정부와 공무원의 비리와 부정을 보도하는 데 망설이거나 머뭇거리곤 했다(세계일보, 2021.8.2.). 언론이나 기자가 소송을 피하기 위해서는 기사 내용을 철저하게 검증하고 증거를 확보하고 있어야 한다. 취재와 보도 과정에서 법적, 윤리적인 문제가 발생하지 않도록 최대한 주의해야 한다.

4
정파성

정파성은 언론이 지나치게 정치적 성향을 띠는 현상이다. 언론의 정파성은 저널리즘의 초창기부터 나타났다. 서구에서 민주주의가 발전할 때 언론의 역할은 시민들을 설득하고, 자유를 위한 운동의 선전자로 봉사하는 것이었다. 언론의 정파성은 이런 역할을 하는 데 매우 중요한 무기로 인식되었다.

현대 저널리즘에서도 정파성은 일반적인 현상이다. 언론은 어떤 이슈를 보도할 때 자신의 문화와 이념을 토대로 현실을 재구성한다. 그래서 정치 뉴스에서는 어느 정도 정파성이 불가피하게 나타난다. 같은 이슈에 대해 언론들이 자신의 목소리를 내는 것은 사상의 자유시장, 공론장 형성, 정치적 다원주의에 기여하는 측면도 있다(송은지, 이건호, 2014). 정치적 다원주의가 발달한 사회라면 언론이 각자의 정치적 입장을 가지고 자유롭게 경쟁하는 것은 바람직하고 필요한 일이기도 하다(이정훈,

이상기, 2016).

그러나 언론의 정파성이 심해지면 언론이 정치적으로 이념이 같은 정당과 동일한 정치적 지향점을 추구하고, '언론과 정당이 병행하는 관계'(press-party parallelism)가 만들어진다. 언론과 정치가 유착하는 것을 의미한다(박성호, 2016). 언론이 이념적으로 지나치게 편향되면 현실의 특정 부분을 지나치게 강조하거나 배제해서 개관적인 사실까지 정확하게 전달하지 않게 된다(원만해, 채백, 2007). 이는 다양한 의견이 자유롭게 경쟁해서 건강한 공론과 진실의 발견이 실현되어야 한다는 민주주의 기본 원칙과 배치된다(김동윤, 김성해, 유용민, 2013). 언론의 정파성이 심해지면 편파 보도가 되고, 수용자들의 저널리즘에 대한 평가가 떨어져서 뉴스 이용량도 줄어든다(이종혁, 2015).

탐사 저널리즘도 정확성과 공정성, 중요성을 모두 만족시켜야 한다. 그러나 탐사 저널리즘은 객관주의 저널리즘의 문제점으로 지적되어 온 기계적 중립성을 극복하는 과정에서 제작진의 주장을 강하게 내세우는 경향이 있어서 종종 논란을 불러온다. 제작진의 주장을 편파적이라고 생각하는 수용자들도 존재한다(설진아, 2009). 때로는 기자와 언론사가 정보를 취득한다는 이유에서 정치의 영역으로 들어가 공공연하게 정치 행동을 하기도 한다(Erickson, 2014). 미국에서는 탐사보도 기자들이 자신의 취재원이 주장하는 의제를 전달하는 도구가 되기도 한다(Ettema & Glasser, 2007).

우리나라의 탐사보도에서도 정파성은 나타난다. 2017년 5월 대선에서 문재인 정부가 들어선 이후 비영리 탐사보도 매체인 뉴스타파에서는 구성원 간에 문재인 정부에 대해서도 권력 감시라는 탐사보도의 본령을 지키자는 '원칙론'과 진보적 가치를 위해 정권에 대한 비판을 잠시 유보할 수도 있다는 '현실론'이 맞섰다. 뉴스타파는 문재인 정권 초반 인사 검증에서 침묵함으로써 진보로의 이념성을 택했다. 뉴스타파의 일부 기자들에 대한 인식 조사에서 한 기자는 뚜렷한 소명의식 아래 '가치 저널리즘'을 추구하면서 날카로운 비판 보도를 했지만, 때로는 자신의 시선이나 관점이 과다해서 '광신도'의 모습도 보였으며, 신념의 과잉은 사실의 과장, 적대적 공격, '끼워 넣기' 등으로 나타났다(최문호, 박승관, 2018).

PD저널리즘은 사회 문제를 심층적으로 고발하는 역할을 충실하게 수행해 왔지만, 제작진의 의견이 일반적인 방송보도 프로그램보다 더 많이 반영되어서 객관성이 부족하다는 점이 단점으로 지적되기도 한다(송철민, 최낙진, 2022). MBC의 〈PD수첩〉이 2005년 11월부터 황우석 교수의 논문 조작 이슈를 보도했던 줄기세포 관련 프로그램들은 조작 의혹과 학문적, 윤리적 결함들을 지적하면서 PD저널리즘의 진수를 보여주었다. 그러나 4편의 〈PD수첩〉 프로그램들을 질적 분석한 결과, 취재 과정에서 PD들의 주관적인 판단을 요구하며, 제작 과정에서 사회적 상황과 다양한 변수에 따라 제작물 구성과 내용 전개에 외부 변수가 얼마든지 작용할 소지가 있는 것으로 나타났다(설진아, 2009).

5
경제적 제약

미국 언론 뉴스데이의 탐사보도팀은 1972년 헤로인이 중동에서 미국, 유럽으로 유입되는 밀수 경로를 취재하기로 결정했다. 그들은 현장 취재를 하기 전에 두 달 동안 헤로인 문제에 관해 광범위한 자료 수집을 하고, 마약 밀수에 정통한 취재원을 찾아서 인터뷰하고, 해외 취재를 하기에 적합한 대상지를 찾으면서 보냈다. 그들은 터키를 취재 장소로 정한 후에 세밀한 취재 계획을 작성했으며, 기초적인 터키어도 배웠다. 그리고 1972년 6월 2명의 기자가 터키의 양귀비 농장으로 가서 아랍 경제인들과 마을 사람들을 인터뷰하고, 헤로인 생산의 초기 단계를 관찰했다. 다음에는 프랑스로 이동해서 그곳에서 헤로인이 정제되어 유럽 곳곳으로 밀수되는 과정을 취재했다.

그동안 미국에 있는 뉴스데이의 다른 기자들은 사법 관리들, 마약 밀매업자, 중독자들을 인터뷰하면서 관련 내용을 취재했다. 뉴스데이 기자들은 13개국에서 수백 명의 취재원들을 직접 인터뷰하고 수백 페이지의 공문서를 조사했다. 그들은 헤로인이 터키의 양귀비 농장에서 동아일랜드 중독자의 팔에 이르는 과정을 완전한 그림으로 제시했다. 취재 방법에는 공동취재와 직접 인터뷰, 문서 조사, 신분 위장, 증거 사진 수집, 마약 밀매업자 실명 확인, 내부 취재원 사용, 자신들의 고발을 입증할 수 있는 막대한 자료 확보 등이 모두 포함되어 있었다. 뉴스데이는 이 프로젝트를 완성하는 데 6개월이 걸렸다. 뉴스데이는 헤로인 밀수 루트를 취재하는 데만 20만 달러 이상을 썼다. 이 기사의 최종 원고는 32개 파트로 구성되었다(Aucoin, 2005/2007, 126~127쪽).

이 같이 탐사보도에는 많은 시간과 인력, 방대한 제작 경비가 들어간다. 수입의 상당 부분을 광고에 의존하는 언론사의 뉴스 제작은 경제 상황에 많은 영향을 받게 된다. 중부와 동부 유럽의 9개국에서는 경제가 어려워지면 탐사보도는 위축되고, 언론시장이 발전되어 있으면 탐사보도가 발전하고 있었다(Stetka & Örnebring, 2013). 그런데 많은 나라에서 언론사의 경영 환경이 나빠졌다. 세계적으로 젊은 층의 뉴스 이용량이 줄어들고 다양한 뉴미디어가 등장하면서 많은 언론기업들이 한계 상황으로 몰렸다. 한정된 광고시장의 물량을 놓고 새로운 매체들과 경쟁을 하다 보니 기존 언론의 수익은 갈수록 감소했다. 뉴미디어의 확산으로 신문과 같은 전통 미디어의 영향력은 해마다 줄어들었다(김진국, 김영환, 2012).

그 결과 언론사의 탐사보도는 많은 타격을 입고 있다. 우리나라에서도 지역 언론사들이 경영상 어려움을 겪으면서 지역 저널리즘의 한 축을 담당했던 PD 탐사프로그램이 폐지되고 있다. 시사프로그램의 경우 심층취재를 하는 데 한 달 가까운 제작 시간과 그에 따른 인력이 요구되다 보니, 지역방송의 경영난 속에서 지역 PD저널리즘이 위기를 맞고 있다. 강원민방도 2021년 긴축경영에 들어가면서 시사프로그램 〈시사Q〉를 폐지하고 협찬 프로그램으로 대체하였다(송철민, 최낙진, 2022).

미국에서도 2000년대 이후 광고 수입이 급감하면서 문을 닫는 언론사가 증가했다. 특히 2008년 금융위기는 지역 언론사에 치명적이었다. 2004년 이후 문 닫은 언론사는 1800여 개이며, 2008년 이후 10년 사이 3만 3000개의 편집국 일자리가 사라졌다. 2018년 미국 노스캐롤라이나 대학이 지역 언론사 현황을 전수 조사한 결과에 따르면 미국 전역 3141개 카운티(county) 중 절반 가까운 1528개 카운티에는 언론사 한 곳만이 남아 있었다. 225곳에는 아예 지역 언론사가 한 곳도 없었다. 이 카운티들은 '뉴스 사막'(news desert)으로 불린다. 이로 인해 경비가 많이 들어가는 탐사보도가 가장 큰 타격을 입었다. 언론사 한 곳에서 탐사보도 전문기자 한 명을 고용하고 업무를 지원하는 데 연간 평균 약 25만 달러(약 2억9000만 원) 이상을 지출해야 하기 때문이다(시사IN, 2019.11.27.).

탐사보도에서는 기업의 비리나 문제점도 중요한 보도 대상이다. 그런데 경제 상황이 나빠질수록 언론에 대한 광고주의 영향력이 커져서 언론의 뉴스 콘텐츠에 제약을 가져오고, 언론이 기업의 잘못된 점을 보도하지 못하는 경우가 많아진다(Erjavec & Kovačič, 2010). 호주에서는 2012년 세계적인 국제금융위기 이후 광고수입과 판매수익의 감소로 기자 수가 줄면서 기업과 금융 부분에 대한 탐사보도가 위축되었다(Carson, 2014). 광고의 영향력이 지나치게 커지면 심지어 광고주가 언론 기사를 좌우하는 현상까지 발생했다. 미국과 유럽의 신문과 잡지에 실린 패션업계 관련 기사에서는 패션업체 광고의 영향력이 매우 큰 것으로 나타났다(Rinallo & Basuroy, 2009). 언론의 광고 의존도가 높아지면서 신문들이 광고를 수주하기 위해서 기사를 이용하는 현상도 나타났다. 이른바 '광고성 기사'이다.

광고주의 영향력이 커지면 탐사보도 형태에도 부정적인 영향을 준다. 상업화된 언론 시스템은 정보 지향적인 뉴스 콘텐츠의 생산을 줄이고, 연성뉴스를 더 많이 만들게 한다(Nord, 2007). 한국 지상파 방송의 3개 주요 탐사보도 프로그램이 9년간 방영한 주제에서는 실생활에 도움을 주는 경성 주제의 뉴스보다는 연성 주제의 뉴스가 압도적으로 많았으며, 상업주의적인 성향을 띠고 있었다. 뉴스의 연성화는 내용과 표현 방식에서 모두 오락화하는 것을 의미한다. 탐사보도의 상업주의적 성향은 선정주의와 관련이 있었다(강형철, 2007).

6
선정주의

선정주의는 뉴스를 보도할 때 특정한 의미를 극도로 강조하거나 독자의 도덕적, 심미적 감성을 자극하여 실제보다 흥미롭고 중대한 것처럼 보도하는 것이다(하승태, 박범길, 이정교, 2010). 선정주의는 1890년대 미국에서 등장한 황색 언론(yellow journalism)에서 유래한다. 미국에서 산업혁명, 도시화, 교육 확대, 이민 증대 등으로 신문을 찾는 독자가 부쩍 늘어나자, 신문들은 독자를 확보하기 위해 말초신경을 자극하는 선정적인 보도와 흥미 위주로 제작하기 시작했다(김선남, 장해순, 정현욱, 2003). 황색 언론은 미국의 대표적인 두 신문의 발행인이었던 조셉 퓰리처와 윌리암 랜돌프 허스트가 주도했다. 퓰리처가 발행한 신문인 뉴욕 월드에 실린 만화의 주인공인 노란 옷을 입은 황색 꼬마(the Yellow Kid)의 인기가 매우 높아서 황색 언론(yellow journalism)이라는 이름이 생겼다.

황색 언론들은 권력자들의 추악한 권력으로부터 대중을 보호하고 대중에게 봉사한다고 주장하면서 지성보다는 감성에 호소하고 선정적으로 보도하였다. 황색 언론들은 부정과 부패 사건은 즉시 폭로하였다. 황색 언론의 전성기였던 1880~1890년에는 신문 구독률과 발행부수가 치솟았다(Altschull, 1990/2007, 488~492쪽).

그러나 선정주의는 지나친 과장보도와 추측보도로 한탕주의를 선호하게 만들고, 수용자의 현실 인식을 왜곡시킬 위험이 있다(유홍식, 2003). 이런 문제점으로 미국에서도 20세기 초부터 황색 언론에 대한 비판이 많아지자, 뉴욕 월드를 비롯한 미국 신문들도 선정주의적인 보도를 자제하기 시작하였다. 우리나라의 한국신문협회, 한국신문방송편집인협회, 한국기자협회가 공동 제정한 신문윤리실천요강은 언론보도에서 선정성을 예방하기 위해서 "범죄·폭력·동물 학대 등 위법적이거나 비윤리적 행위를 보도할 때 선정적이거나 자극적인 표현을 사용해서는 안 되며 저속하게 다뤄서도 안 된다."고 규정하고 있다. 방송통신심의위원회의 심의규정은 선정성과 관련해서 인명 경시, 비인간적인 행위, 과도한 노출과 성적인 신체 접촉, 과도한 폭력 내용과 자세한 묘사 등을 금지하고 있다(이창훈, 2012).

그럼에도 우리나라에서는 신문의 독자 확보 경쟁과 방송의 시청률 경쟁이 치열해지면서 언론의 선정주의는 심해지고 있다. 국내 연예기사에서는 뉴스 가치보다는 단순히 흥미를 유발하는 소재, 사생활이나 신변잡기 중심의 선정적인 소재가 많다(남재일, 박재영, 2013, 147쪽). 스포츠 신문이 보도한 인기 연예인의 마약복용 사건 기사를 보면 매우 선정적이었다(김선남, 장해순, 정현욱, 2003).

방송에서는 동물 학대와 폭행 등의 잔인한 내용을 담은 CCTV 영상이 많이 방영되는 등 선정적인 영상물이 자주 보도되었다(이창훈, 2012). 특히 1990년대 중반 이후 다매체, 다채널 방송 환경이 형성되고 방송의 시청률 경쟁이 더욱 치열해지면서 방송프로그램의 선정성과 폭력성은 갈수록 심해졌다. 연예오락 프로그램에서는 지나지게 가학적인 폭력 장면, 여성 연예인과 출연자의 옷 벗기기 경쟁, 연예인의 사생활에 대한 오락적 탐색과 들춰보기, 언어의 선정성이 지속적인 문제로 지적되었다. 방송뉴스조차 시청률 경쟁으로 선정적인 보도 행태를 보이고 있다(유홍식, 2003). 2014년 세월호 참사 보도에서도 한국 방송들은 침몰 원인, 책임규명 등의 중요한 진실을 찾는 심층보도를 하기보다는 단편적이고 흥미 중심의 선정적인 보도를 많이 하였다. 자극적인 영상과 무분별한 사진, 선정적인 어휘 사용, 신중하지 못한 취재 인터뷰도 있었다(임연희, 2014).

탐사보도에서 선정적인 보도 태도는 중요한 문제가 된다. 2019년 뉴스통신진흥회가 시행한 제1회 탐사·심층·르포 취재물 공모전에서 두 대학생 기자가 디지털 성범죄 집단인 텔레그램 N번방 사건을 고발하는 기사로 최우수상을 받았다(취재팀 불꽃, 2019.9.2.). 이 사건은 2020년 언론에 보도되면서 우리 사회에 큰 파문을 일으켰다. 그러자 많은 언론이 경쟁적으로 보도하였다.

그런데 두 대학생 기자는 2020년 뉴스통신진흥회의 제2회 탐사·심층·르포 취재물 공모전에서 '취재 윤리와 시기 모두 놓친 'N번방' 보도’라는 제목으로 언론의 선정적인 보도 태도를 비난하는 기사를 써서 특별상을 받았다(취재팀 불꽃, 2020.5.6.).

‘취재 윤리와 시기 모두 놓친 ‘N번방’ 보도’ 기사는 우리 언론의 보도에서 드러난 선정적인 태도를 실증적으로 잘 보여 주고 있어서 관련 부분을 대부분 그대로 전달한다.[27]

“취재 윤리와 시기 모두 놓친 ‘N번방’ 보도

지난해 본 취재팀 첫 보도 후 언론·방송 보도 속출 … 집요한 피해자 추적 ‘눈살’ 보도 늘자 문제 채팅방 7천 명서, 2만 명대 채팅방 ‘우후죽순’ … 언론 자정노력 필요

언론이 디지털 성범죄를 공론화하는 과정에서 보인 무책임한 보도 행태가 2차 피해를 낳고 있어 사회적 관심과 대책이 필요하다. 지난해 11월 초부터 언론은 〈N번방〉, 〈박사방〉 등 디지털 성범죄를 굵직하게 다뤘다. 본 취재팀(불꽃)이 지난해 7월 첫 기사를 작성한 이후 언론 보도를 통해 관련 수사가 진행되고 국회에 계류됐던 관련법이 처리됐다. 운영자는 물론 이용자들까지 추적하는 단계에도 이르렀다. 이 과정에서 언론·경찰 등 ‘누군가’는 힘든 취재, 힘든 수사를 했다며 격려와 지지를 받았지만 정작 피해자들은 끊임없이 자신의 피해 사실을 입증해야 하는 고통 속에 살아야 했다. 지난 3개월간 언론은 어떻게든 피해자를 인터뷰하기 위해 혈안이 됐고, 피해 사실을 자극적이고 선정적으로 다룬 ‘우라까이’ 기사를 쏟아냈다. ‘공론화’라는 대의명

27) 취재팀 불꽃의 허락을 받고 원문 일부를 그대로 인용함.

분에 취해 피해자의 상처를 후벼 판 언론의 실태와 이들 보도의 역효과를 살펴봤다. [편집자주]"

▌'보도준칙' 아랑곳없는 디지털 성범죄 '보도 관행'

#1. "피해자 다니는 직장이라도 …", 집요한 신원 추적에 2차 피해 우려

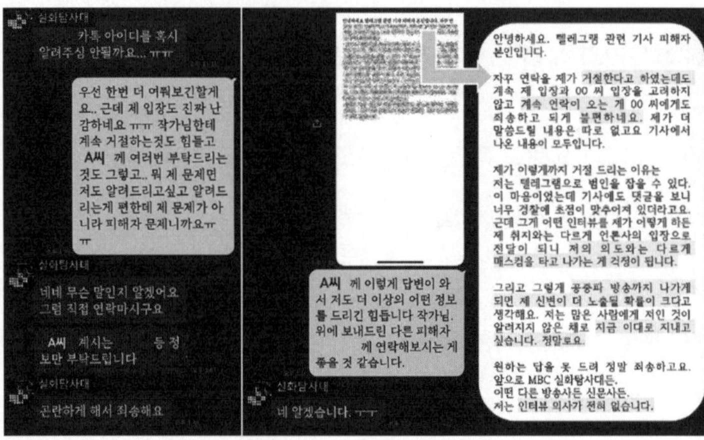

사진 2. 피해자 A씨가 <MBC 실화탐사대>에 보낸 인터뷰 거절 메시지.

1월 22일, 〈MBC 실화탐사대〉에 'N번방' 취재기를 제보했다. '지인 능욕' 피해자 A씨를 도와 범인을 잡았다는 내용이었다. 텔레그램 내에 디지털 성범죄 유형이 다양하다는 사실을 말하고자 했다. 그런데 제작진은 인터뷰 조율 중 느닷없이 A씨의 연락처 등 신상 정보를 물었다. 무리한 요구라고 판단돼, A씨가 언론과 접촉하기 싫어한다는 이유로 거절했다.

인터뷰 당일, 기자는 지난해 7월부터 분석해 온 'N번방'과 텔레그램 성범죄자 특성,

성 착취 대화방 운영 방법, 피해·가해 현황 등을 2시간 동안 설명했다. 인터뷰 말미에 담당 PD는 다시 A씨와 연결이 가능한지 물었다. 이미 작가의 요청을 수차례 거절한 뒤였다. 연락처는 알려줄 수 없다고 하자 PD는 "피해자 취재를 못 하면 방송이 못 나갈 수도 있다."고 말했다.

인터뷰 뒤에도 '피해자 연락처' 요청은 모바일 메신저와 전화로 무려 6차례나 계속됐다. A씨가 인터뷰 거부 의사를 담은 장문의 편지를 작성해 실화탐사대 측에 전달해달라고 했을 정도로 집요했다. 작가는 완강한 거부에도 포기하지 않았다. A씨의 근무지만이라도 알려달라고 요청했다. 2018년 한국기자협회와 여성가족부가 함께 마련한 '성폭력 · 성희롱 사건 보도 공감 기준 및 실천 요강'(보도 준칙) 〈취재 시 주의사항〉 2항에는 '사건 당사자나 가족은 인터뷰를 거부할 권리가 있다. 반대 의사에도 불구하고 지속해서 취재를 요청해 괴롭히지 말아야 하며, 사건 당사자 등이 인터뷰를 거부하는 것을 보도에 부정적으로 언급하지 않아야 한다.'고 명시돼 있다.

#2. '전지적 작가 시점' … 피해자 성적 대상화

2월 12일, 실화탐사대는 텔레그램 N번방 실체 추적기를 방송했다. 텔레그램 N번방 · 지인능욕방, 디지털 성범죄의 피해 규모, 성범죄 피해자와 가해자를 인터뷰한

내용 등을 다뤘다. 문제는 사건 이해를 왜곡하는 자극적인 연출이 타임 내내 수차례 이어졌다는 것이다.

방송 시작과 동시에 철창에 갇힌 피해자 한 명과 가면을 쓴 가해자 무리가 등장한다. 가해자들은 피해자를 둘러싸고 내려다보며 조롱한다. 곧이어 디지털 성범죄 피해자의 진술을 토대로 피해 사실을 연출한 장면이 나온다. 피해자에게 카메라를 들이대며 가해자가 불법 촬영하는 모습과 텔레그램 단체 채팅방에 가해자가 불법 촬영물을 유포하는 상황을 재연했다. 해당 장면에는 '남자친구와 찍었던 동영상'이라는 자막이 함께 나왔다.

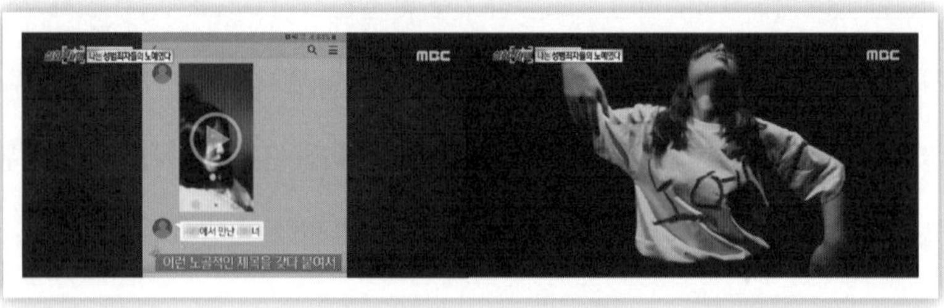

이어 텔레그램 내 성범죄 수법인 가해자가 피해자를 협박해 성을 착취하는 모습을 자극적으로 다룬 장면이 나온다. 가면쓴 가해자가 꼭두각시에 손이 묶인 피해자를 조종하는데, 피해자의 상의에 '노예'라는 단어가 낙인처럼 찍혀 있다. 이 밖에도 '2차 피해', '선정적', '자극적'인 보도를 지양하라고 강조하는 보도준칙에 위배되는 장면이 전체 프로그램 중에서 20회가량이나 되는 것으로 나타났다.

보도준칙에 따르면 이런 연출은 잘못된 통념을 재생산하며 피해자에게 2차 가해가 될 수 있다. 특히 성범죄 사건 실천 요강에는 '영상 보도의 경우 성폭력·성희롱 사건과 연관성이 떨어지는 자극적인 자료 화면을 넣거나, 범행 내용을 선정적으로 재연하여 영상화하지 않아야 한다.'고 적혀 있다.

피해자 설 자리 빼앗는 언론

공론화 이후 경찰 수사에 인력이 투입되고 TF팀이 생기는 등 수사가 진척됐다. 최근 '박사방' 운영자 조주빈(25)과 그의 일당이 잡히는 등 사건에 끝이 보이는 듯하다. 그 이면을 보기 전까지는 그렇다.

언론 보도 후 기하급수적으로 텔레그램 단체채팅방 참여자 수가 불었다. 기성 언론이 텔레그램 사건을 취재하며 보도하는 것을 지켜본 익명의 경찰관은 우려를 표한 바 있다. 그는 "텔레그램 사건이 대책 없이 공론화되면 많은 사람의 호기심을 불러일으킬 것이고, 가해자가 더 늘어날 것"이라는 입장을 밝혔다. 그로부터 한 달이 채 지나지 않아 경찰의 우려는 현실이 됐다.

불꽃은 지난해부터 텔레그램에 상주하며 범인들의 행태를 살폈다 지난해 7월, 가장 많은 관전자가 들어 있는 방은 7천 명이었지만 3월 현재, 2만 명 이상의 관전자가 활동하는 방이 우후죽순 생겨났다. 비슷한 성범죄 단체 채팅방 수는 확인한 것만 50여 개에 다다른다.

텔레그램 N번방 사건은 청와대 국민 청원 600만 명이 넘는 신기록을 세웠고 국회 청원 1호에 오르는 등 대중의 관심을 끌었다. 여론이 N번방 사건에 집중하자 많은 언론에서 다루기 시작했다. '박사'가 잡히기 전에는 추가 취재한 내용 없이 〈JTBC 이규연의 스포트라이트〉, 〈MBC 실화탐사대〉, 〈SBS 궁금한 이야기 Y〉 등 영상 보도 중 가장 자극적인 장면을 제목으로 뽑아 보도하는 언론들이 등장했다. 헤럴드경제 〈은밀한 부위에 남은 '자상' · '차량에서 강제 성관계…텔레그램 N번방 실체〉, 머니투데이 〈전 여친 몰카, 2만 명이 돌려본다 "텔레그램 음란방 운영자의 고백"〉, 미디어펜 〈'실화탐사대' 텔레그램 N번방 전 운영자 "10대 여성 성 착취 영상, 지금도 유포 중"〉, 아이뉴스24 〈'실화탐사대' 텔레그램 N번방 실체 추적…"아동에게 가학적인 가해"〉 등이 그 예다. 이처럼 자극적이고 무책임하게 사건을 보도한 기사에는 "기자가 텔레그램 홍보하네"와 같은 부정적인 댓글이 달렸다. 경찰이 우려한 상황이 그대로 벌어진 것이다.

김수아 서울대학교 기초교육원 교수는 "기자들이 성범죄 보도 준칙을 잘 지켜 작성하면 2차 피해의 문제가 적은 보도가 가능한데 준칙을 준수하지 않는 것이 문제"라고 말했다. "범죄 행각이나 피해 경험을 제목으로 쓰는 것은 그저 클릭 유도용"이라며, 이는 2차 피해를 부추기는 것이라고 말했다.

한국성폭력상담소 김혜정 부소장은 "언론의 자극적인 보도는 피해자들에게 사건을 플래시백(현재 시제로 진행하는 영화에서 추억이나 회상 등 과거에 일어난 일을 묘사시키는 것을 이르는 말) 시킬 뿐 아니라, 피해자를 타자화해 그들이 늘 피해자인 상태로만 있어야 하는 것처럼 만든다"고 지적했다. 김 부소장은 "성범죄 피해 보도 기사에 법적인 처벌이나 기타 대안 없이 피해 사례만 나오는 것은 해악성이 있는 기사일 뿐"이라며 "언론에서는 성범죄 발생 원인이 무엇인지, (소라넷부터 N번방까지) 디지털 성범죄가 평범한 문화로 계속 승인되어 오는 방식과 구조를 더 이야기해야 한다"고 꼬집었다. 사건이 왜 일어났는지에 대해 명확히 서술되지 않으면 독자들은 단순히 "끔찍한 일이 있었네" 혹은 "피해자도 뭔가 문제가 있네"라는 식으로 생각하게 되는 등 잘못된 통념을 재생산할 수 있다고 강조했다.

CHAPTER

9

INVESTIGATIVE JOURNALISM

탐사보도 제작 사례

INVESTIGATIVE JOURNALISM

이 장에서는 탐사보도 기사를 제작하는 방법에 대해 이론과 사례를 중심으로 알아본다. 사례는 필자가 2020년부터 2024년까지 가천대학교 미디어커뮤니케이션학과의 탐사보도론 과목을 담당하면서 학생들과 함께 제작한 기사들을 중심으로 서술한다. 학생들은 탐사 저널리즘에 관한 기초 이론을 학습한 후에 3~5명으로 팀을 구성해서 각자 주제를 정하고 취재해서 10쪽 이상의 탐사기사를 만들었다. 5년 동안 학생들이 만든 기사는 60개 정도였다. 한국 학생뿐만 아니라 외국 학생들도 같은 방식으로 기사를 제작했다. 익숙하지 않은 한국어 실력에도 불구하고 열심히 해서 좋은 기사를 만든 외국 학생들도 많았다.

전문 기자들이 탐사보도를 할 때는 프로젝트 구상, 타당성 조사, 1차 착수 여부 결정, 기획 및 기반 구축, 초기 조사, 재평가, 착수 여부 재결정, 핵심 인터뷰, 최종 평가; 기사 작성, 발간의 과정으로 진행된다(Aucoin, 2005/2007, 125쪽). 가천대학교 탐사보도 수업에서는 1단계 취재 주제 정하기, 2단계 취재 방법 결정, 3단계 취재하기, 4단계 기사 초안 작성, 5단계 기사 내용 검토 및 보완의 과정으로 진행하였다.

1
주제 정하기

1) 주제 선정 방법

학생들은 처음으로 탐사보도 기사를 써 보기 때문에 어떤 주제를 잡아야 할지 몰라서 어려워한다. 대체로 학생들은 취재 능력을 고려하지 않고, 거창한 사회문제를 주제로 해야 한다고 생각하는 경향도 있다. 그러나 학생들이 취재 능력을 벗어나는 주제를 갖고 탐사보도를 진행하기는 쉽지 않다. 학생들에게는 오히려 주제를 좁혀서 자신에게 가까운 문제, 관심 있는 분야부터 생각하라고 조언한다. 그래야 취재가 가능해지고, 흥미를 갖고서 진행할 수 있게 된다. 반드시 새로운 주제일 필요도 없다. 이미 발생했던 사건이라도 새로운 관점에서 보면 얼마든지 탐사보도 주제가 될 수 있다. 널리 알려진 이슈라고 해도, 숨겨진 내용을 찾아서 후속 보도를 하는 것도 좋은 탐사보도이다. 정부 정책이나 법의 후속 내용을 검증해서 문제점을 제시하는 것도 좋은 주제이다. 관심 있는 주제에 관해서 이미 보도된 기사들을 꼼꼼히 읽어가면서 관련 내용을 깊이 있게 이해하는 것도 주제를 정하는 데 매우 큰 도움이 된다.

다음으로는 뉴스 가치(news value)에 대해 설명하고, 그에 맞춰서 뉴스 주제를 찾게 한다. 뉴스 가치는 언론이 매일 발생하는 수많은 이슈 가운데 뉴스를 만들기 위해 특정 이슈를 선택하는 기준이다. 일반적인 뉴스 가치로는 시의성, 근접성, 갈등성, 일탈성, 저명성, 영향성, 인간적 흥미, 유용성, 진기성, 선정성 등이 인정되고 있다(오대영, 2019, 52~67쪽). 탐사보도에서는 일탈성, 근접성, 시의성 등이 중요한 뉴스 가치가 된다.

일탈성: 일상에서 벗어난 사건, 기존 사회 질서를 위협하는 사건, 도덕과 규범에 어긋나는 사건이다. 일탈성은 탐사보도의 가장 핵심 주제이다. 특히 알려지지 않은 사건으로서 사회적으로 중요한 의미를 갖는 사건은 좋은 주제이다.

근접성: 자신에게서 가까운 주제를 찾는다. 근접성은 지리적으로 가까운 것을 의미하지만, 문화적, 심리적, 정치적, 경제적 측면에서 가깝다고 느껴지는 것도 근접성에 해당한다.

시의성: 시의성은 최신 정보를 중시하는 것이다. 시의성은 최신성, 즉시성, 시사성 등 세 가지 속성으로 구성된다. 최신성은 발생

시점이 최근일수록 뉴스가 되기 쉽다는 것이다. 즉시성은 가능한 한 빨리 보도해야 뉴스 가치가 커진다는 것이다. 시사성은 사회와 시대적 상황 속에서 독자의 관심과 사회적 중요성을 고려한 현실 적합성에 관한 것이다(이민웅, 2008, 37쪽). 탐사보도에서는 시사성 있는 이슈가 좋은 주제가 될 수 있다. 최근에 많이 보도되는 시사적인 주제로는 저출산, 디지털 성범죄, 독거노인, 환경보호, 사회적 약자 등이 있다.

2) 취재 타당성 검토

학생들은 자신의 경험, 주변 이야기, 기존 뉴스 가운데서 주제를 찾고, 뉴스 가치를 따져서 취재할 주제를 정한다. 이때 취재하려는 이슈와 관련된 자료들을 최대한 많이 확보해서 정보를 분석하고, 취재의 타당성을 검토해야 한다. 사전 자료 분석은 취재의 성패를 가르는 매우 중요한 작업이다. 다음은 취재의 타당성을 검토할 때 생각해야 하는 것들이다.

- 탐사보도의 요건에 맞춰 주제의 공공성, 정부나 권력층의 문제점, 사회적 약자의 피해 등이 있는지를 조사해야 한다.
- 언론에 보도된 관련 내용을 찾아서 지금까지 보도되지 않은 새로운 사실이라는 점을 확인해야 한다. 어렵게 취재를 해서 기사를 작성했는데, 이미 다 알려진 사실과 차이가 없다면 큰 낭패일 것이다.
- 취재가 가능한지를 검토해야 한다. 탐사보도 대상의 취재 가능성,

취재 비용, 시간적 제한 등을 종합적으로 고려해서 결정한다.

- 보도하려는 내용이 사회적으로 의미가 있는지를 검토해야 한다. 사회적으로 중요성이 낮은 이슈인데, 개인적인 관심 때문에 집착하는 것은 아닌지를 냉철하게 판단해서 취재 여부를 결정한다.

3) 주제 사례

학생들이 만들었던 탐사기사의 주제를 분류하면 일부 기획기사의 성격을 가진 것도 있었지만, 대부분은 탐사보도의 성격이 강한 기사들이었다. 큰 주제를 보면 제도와 정책 고발, 사회 문제 고발, 경제 문제 및 기업체 고발, 디지털 범죄 및 저작권 문제, 사회적 약자 문제, 개인 고발 등으로 분류되었다. 학생들은 아르바이트생 처우 문제와 같이 자신이 처한 환경과 유사한 문제에 대해 관심이 많았다. 환경, 디지털 범죄, 사회적 약자 등과 같은 사회적 문제에 대한 주제도 많아서 학생들의 사회적 관심 폭이 넓은 것으로 나타났다. 외국 학생들은 외국 유학생들이 겪는 사기 피해 등 유학생만의 주제, 한국과 모국 상황을 비교 분석한 주제, 모국에서 벌어지고 있는 문제 등을 주제로 한 기사가 주류를 이뤘다.

학생들이 만든 탐사기사 가운데 의미가 큰 기사를 소개하면 다음과 같다(〈표 2〉).

〈표 2〉 학생들이 만든 탐사보도 기사 주제

제도, 정책 고발	• 코로나로 힘겨운 상인들, 두 번 울리는 방역 지침 • 밑 빠진 독에 물 붓는 일회용품 규제 • 안전 맞춘 규정 따라 달아놨더니 불법 튜닝.... 레이서들 울상 • 법적 사각지대에 놓인 '크라우드 펀딩' • 포괄임금제 문제 • 점점 커져가는 배달 업계, 관련 법안은 아직 미비 • 대체 대피소가 어딘데요? 대피소의 홍보 부족과 관리 문제
사회 고발	• 시행 앞둔 'PM(퍼스널 모빌리티)법', 안전교육은 어디에? • 학원으로 새어나간 학교 시험지, 사교육 부추긴다. • 소비자 뒤통수 치는 공동구매, 이대로 괜찮은가? • 의무 보험 없는 전동 킥보드, 그건 마치 안전벨트 없는 자동차 • SNS플랫폼을 통해 청소년들에게 공유되는 유해 콘텐츠, 이대로 괜찮은가? • 순간의 미디어에 빠진 세대, 드리우는 문해력 붕괴의 그림자 • 2022년 최저임금 9,160원으로 또 인상, 아르바이트 근로자 처우는? • '알바꺾기' 근절, 건강한 근로문화로 향하는 발걸음
경제 문제, 기업체 고발	• 소비자와 제도 뒤에 숨은 어리석은 핑계, 일회용품 사용 카페 점주들의 실체 없는 변명 • 대형 포탈의 허술한 짝퉁 판매 관리 • 목적은 되팔기... MZ세대 리셀테크에 본질 잃은 중고시장 • 리유저블 컵 데이를 통해서 본 그린워싱 • '믿는 도끼에 발등' 광고인가 기만인가 • 새싹의 초록빛인 줄 알았는데... 썩은 초록의 제로 웨이스트 샵 • '리뷰 제도 없애주세요'..., 자영업자들의 처절한 외침 • 소비자 유인하는 프로모션, 본사의 갑질 도구로 이용?
디지털 범죄 및 저작권 문제	• '지인 능욕해드립니다', 딥페이크의 어둠 • 밤토끼 사후 5년, 불법 웹툰 사이트들의 현주소 • 파멸의 길로 걸어가는 웹툰, 그 원인은 이용자에게도 • 승승장구하는 'K-웹툰', 그럼에도 웃지 못한 그들 '그 이유는...?'
사회적 약자 문제	• 기술이 있는 곳에 차별이 있다: 무인 키오스크의 이면 • '도로 위의 시한폭탄', 시각장애인의 안전은 어디서 보장받는가 • '빛 좋은 개살구'인 한부모 지원 정책... 다문화 가정에겐 '그림의 떡' • 정부의 소심한 반응 속 법률 빈자리, 미해결된 영케어러의 현실

- 학원으로 새어나간 학교 시험지, 사교육 부추긴다(2020년): 중학교에서 실시된 시험 문제가 바로 학원가로 유출되어서 학원 시험 문제로 활용되고, 이것이 사교육을 부추기는 현장 모습을 생생하게 취재하였다. 시험지 불법 복제의 문제점을 지적재산권 측면에서 심층 분석하고, 대책을 제시하였다.
- 무인 키오스크의 이면(2020년): 무인 키오스크가 패스트푸드점을 비롯한 매장에서 늘기 시작하면서 디지털 이용에 익숙하지 않은 고령자와 장애인들의 어려움을 보도했다.
- 파멸의 길로 걸어가는 웹툰, 그 원인은 이용자에게도(2020년): 불법으로 웹툰과 웹소설을 공유하는 사이트의 실태와 작가들이 겪는 문제점을 취재했다. 설문조사를 통해서 그 원인은 이용자에게도 있다는 사실을 고발했다.
- 시각장애인을 위한 보도블록의 문제점(2021년): 시각장애인을 위해 도로에 설치된 점자 보도블록의 문제점을 취재해서 지적하고, 대응 방안을 제시하였다. 점자 보도블록이 없는 곳, 올바르지 못한 형태의 보도블록들이 있는 곳, 점자 보도블록 사이에 시설물을 놓아서 시각장애인에게 불편을 주는 곳 등 사례별로 꼼꼼히 취재해서 문제점을 제시했다
- '알바꺾기' 등 아르바이트 근로자 부당 처우 고발(2022년): 주휴수당과 퇴직금을 피하는 '쪼개기 계약', CCTV로 매장을 확인한다며 아르바이트 근로자를 은근히 감시하는 매장, 야간 추가 수당 미지급

등 법의 사각지대 내에서 고통받는 아르바이트생들의 사례를 조사하고, 심층 인터뷰를 해서 고발하였다.

- 제로 웨이스트 매장의 문제점 지적(2022년): 환경보호가 세계적인 주요 이슈가 되면서 우리나라에서도 환경 폐기물을 줄이거나 친환경 제품을 파는 제로 웨이스트(zero waste) 매장이 증가했다. 이 기사는 현장 방문, 기존 기사 검토, 인터뷰 등을 통해서 정부 규제와 매장들의 상술로 인해서 겉으로만 제로 웨이스트를 내세울 뿐, 실제로는 그렇게 운영되지 않는 매장들이 있다는 사실을 고발하였다.
- 다문화 한부모 가정에는 '빛 좋은 개살구'인 한부모 지원 정책(2022년): 정부의 한부모 지원 정책이 다문화 한부모 가정에는 도움이 되지 않는다고 지적한 기사이다. 가족지원센터에서 다문화 한부모를 위한 개별 프로그램을 운영하지 않는 점, 다문화 한부모의 인터넷 활용도가 떨어져 관련 지원 사업에 신청하지 못하는 구조적 환경이 개선되지 않는 점, 절차가 복잡한 국적 취득 과정 등을 보도했다.
- 외국인 대상 사기 방법 조사(2022년): 중국 학생들이 한국에 온 외국인 유학생들을 대상으로 이뤄지는 사기수법과 피해 사례, 대처 방안 등을 조사했다. 개인정보 도용, 가짜 사이트로 물건 판매 사기, 외국 돈 교환 및 세금 환급 사기, 전신 사기, 정부기관 사칭 사기, 학생이 납치당한 것처럼 위장해서 부모에게 현금 갈취 등의 사기 기법 사례를 조사하고, 피해자 인터뷰 조사도 하였다.
- 대체 대피소가 어딘데요?(2023년): 지진이나 북핵 문제 등으로 우리

나라에서도 재난이 발생할 가능성이 점점 커지고 있는 상황에서 대피소가 제대로 관리되고 있지 않다고 고발했다. 대피소는 이름만 유명무실할 뿐 어떠한 기능도 하지 못하고 있으며, 대비소에 대한 주민 교육이나 홍보에도 문제가 많다고 비판했다.

- 정부의 소심한 반응 속 법률 빈자리, 미해결된 영케어러의 현실(2023년): 질병, 장애, 정신건강, 알코올 중독 등의 문제를 가진 가족 구성원을 직접 돌보는 청소년이나 청년인 영케어러들에 대한 복지 정책의 허점을 고발했다. 2021년 '대구 청년 간병인 사건'을 통해 영케어러 문제가 알려졌지만, 2년이 지나도 영케어러 대상 법안이 마련되지 않아서, 정부의 지원책과 복지체계 등이 부족하고, 사회적 인식도 아직 낮다고 지적했다.
- 저하되는 문해력 진단(2024년): 미디어 콘텐츠와 숏폼에 익숙해진 청소년 세대에서 문해력 저하가 심각한 상태라고 지적했다. 86명 청년들을 대상으로 문해력 테스트를 해서 저하 실태를 실제로 조사하고, 교수와 교사 등을 인터뷰해서 원인과 대책을 알아보았다.

2
취재 방법 교육

1) 취재 원칙과 방법

문헌 조사, 관련 기사 조사, 인물 인터뷰, 현장 취재, 데이터 분석, 설문조사 등 탐사보도에서 활용되는 주요 방법을 모두 활용하는 것을 원칙으로 했다. 이를 위해서 한국언론진흥재단의 빅카인즈(BIG KINDS) 등 기사 검색 사이트를 활용하는 방법, 공공데이터포털 등에서 데이터를 수집하는 방법, 인터뷰를 하는 방법, 설문조사 문항 제작과 분석 방법 등에 대해 기초 교육을 했다.

인터뷰는 취재 주제와 관련된 핵심 인물, 원인과 대책 제시 전문가, 정책 담당 공무원과 정치인 등 기사 제작에 필수적인 인물은 모두 하도록 했다. 인터뷰 섭외 방법을 알려주고, 필요한 경우에는 인터뷰 대상자를 연결시켜 주었다. 대면 인터뷰를 원칙으로 했지만, 학생들의 취재

여건을 감안해서 어려운 경우에는 전화, 서면, 문자 등의 비대면 인터뷰를 하도록 했다. 인터뷰를 했다는 점을 반드시 기사에 적거나 증거를 제시하도록 했다. 문자로 인터뷰한 경우에는 문자 내용을 사진으로 캡처해서 기사에 싣도록 했다.

2) 시각화 자료

취재하기 전에 보도할 사진, 도표 등 시각화 자료를 항상 염두에 두고 사전에 준비해야 한다고 강조했다. 탐사보도는 분량이 많은 기사이기 때문에 좋은 시각화 자료가 없으면 기사의 가독성이 매우 떨어진다. 그래서 기본적인 사진 촬영 방법, 관련 사진을 구하는 방법, 통계 자료를 활용해서 표나 그래프 등의 시각화 자료를 만드는 방법 등에 대해서 교육했다.

3) 저작권

가능한 한 직접 제작한 1차 자료를 쓰도록 했다. 부득이하게 인터넷에 있는 사진, 그림 등 시각 자료를 사용하는 경우에는 저작권 문제가 발생할 수 있다. 그러나 저작권법(제25조)은 "학교나 교육기관에서 교육을 받는 사람은 수업 목적상 필요하다고 인정되는 경우 공표된 저작물을 복제하거나 공중 송신할 수 있다"고 규정하고 있다(저작권법, 2024.2.27.).

따라서 학생이 과제를 포함한 수업 목적으로 인터넷에 있는 이미지 등 저작물을 사용할 때는 저작권 침해에 해당하지 않는다고 판단해서 기사에 사용하도록 했지만, 반드시 출처를 명확하게 밝히도록 교육했다. 다른 기사나 문서의 내용을 기사에서 인용하는 방법에 대해 교육했다. 특히 다른 기사나 자료를 인용 표시 없이 그대로 옮겨 쓰는 표절은 중대한 범죄 행위에 해당된다는 사실을 각인시켰다.

4) 취재 윤리

취재 윤리 교육은 매우 중요하다. 인터뷰를 할 때 먼저 신분과 취재 목적을 명확하게 알려야 한다는 점, 신분을 위장하지 말고 정확하게 밝혀야 한다는 점, 인터뷰를 하면서 사진을 찍거나 음성을 녹음할 때는 사전에 양해를 구해야 한다는 점, 현장을 취재할 때는 무단침입과 같은 위법 행동을 해서는 안 된다는 점 등을 교육했다.

5) 반론권

기업이나 개인을 고발하거나 비판하는 기사에서는 반드시 비판 대상자에게 반론권을 제공해야 한다는 점을 강조했다. 비판 대상자에게 연락해서 의견을 들은 후에 기사에 반영하고, 만약 연락이 되지 않거나 의견이 없으면 그 사실을 기사에 적어야 한다는 점을 교육했다.

3
기사 사례

학생들이 만든 기사에서 취재 방법별로 사례를 소개한다.

1) 증거물 제시: 학원으로 새어나간 학교 시험지, 사교육 부추긴다(2020년)

이 기사는 학교의 시험지가 학원으로 유출되어 활용되는 실태와 문제점을 고발하였다. 학생들은 기사에서 “중학교 때 시험이 끝나면 학원 선생님이 시험지를 갖고 오라고 해서 별생각 없이 갖다 주었다. 학원으로 들어간 시험지는 큰 복사기로 수백 장씩 복사되어 다른 학생들이 시험 직전에 풀었다. 언젠가는 ‘학교 선생님들이 만든 문제인데 학원에서 풀어도 되나’라는 생각을 했지만 크게 개의치 않고 넘겨버렸다. 그러다가 올해 초, 파일을 뒤적거리다 발견한 시험지 하단의 문구는 시험지 유출의 문제점을 생각하게 만들었다.”고 적었다. 그리고 그 증거물로 유출된 학교 시험지 사진을 제시하였다. 하단에는 "이 시험 문제의 저작권은 OO 중학교에 있습니다. 무단 전송·복제·배포 시 저작권법에 의거 처벌될 수 있습니다."라고 적혀 있었다.

▎학원으로 유출된 학교 시험지

학생들이 제기한 첫 번째 문제는 "학원으로 유출된 시험지가 사교육을 부추긴다."는 점이었다. 학원에서 그 시험지의 문제를 푼 그 학교의 학생들은 당연히 학교 시험에 유리할 수 있다는 지적이었다.

두 번째로 제시된 문제점은 저작권 위반이었다. 그래서 학생들은 학원의 시험지 불법복제 행위가 어떤 법 조항을 위배하는지 자세히 조사하고 기사에 쓰고 표로 제시했다. 기사는 "사립학교의 경우 출제자인 해당 사립학교 교사 내지 사립학교 법인에 저작권이 있다. 사립학교의 시험 문제를 무단으로 복제 배포하면 원칙적으로 저작권 위반에 해당한다. 그러나 국공립학교는 표에서 확인할 수 있듯이 학교 시험지를 복제하여 유포하는 행위가 위반하는 법률이 일관적이지 않다."고 적었다.

2) 실험 조사: 저하되는 문해력 진단(2024년)

학생들은 소셜미디어 중독증이 가져오는 문해력 저하 문제를 고발하기 위해서 직접 문해력 측정 문항을 만들어 20~30대 86명을 평가해서 문해력 저하 실태를 증거로 제시하였다. 기사는 "20~30대의 문해력 수준을 파악하기 위해, 86명에게 직접 문제를 풀어 보게 하였다. 난이도는 비교적 쉽게 수능과 EBS 문해력 테스트를 활용해서 실제로 헷갈리는 표현들을 준비하였다. 문해력 테스트의 결과는 충격적이었다."고 밝혔다. 86명의 응답자 중 100점이 4명밖에 되지 않았다. 평균 점수는 68점이었다. 학생들은 그 이유를 알기 위해서 설문조사 참여자들을 상대로 몇 가지 질문을 했다. 그랬더니 25세 장모 씨는 요즘 청년들의 문해력이 떨어지고 있음을 인정하고, "내가 평소 독서보다 미디어를 가까이 해서 이런 결과가 나온 것 같다."고 밝혔다. 장모 씨 이외에도 참여자들의 미디어 사용 시간은 평균 하루 6시간 이상이었다.

3) 설문조사

(1) 사례 1: 파멸의 길로 걸어가는 웹툰, 그 원인은 이용자에게도(2020년)

기사의 핵심은 불법 공유는 웹툰, 웹소설 시장에 큰 손해를 불러일으키는 문제인데도, 해결되지 않고 오히려 점점 커지는 이유와 해결 방안을 찾는 것이었다. 학생들은 이를 위해서 20대 학생 118명을 설문조사했다. 그리고 불법 웹툰에 대한 수요가 있어서 공급이 있다는 사실을 실증적으로 밝혀냈다. '수요 없는 공급은 없다.'는 것이었다.

설문 조사 결과, 웹툰을 주 1회 이상 정기적으로 본다고 응답한 93명의 응답자 중 48명(40.7%)이 '불법 웹툰 사이트를 이용해 본 경험이 있다'고 응답했다. 48명 중 25명(52%)은 매월 1~2회 이상 불법 사이트를 정기적으로 이용하였다. 불법 사이트를 정기적으로 이용하는 응답자를 대상으로 불법 사이트를 손절하지 못하는 이유를 조사한 결과, 70% 이상이 '불법 사이트 접근이 쉽고, 무료로 편리하게 이용할 수 있어 좋기 때문'이라는 응답했다. 불법 공유 사이트를 이용하지 못할 경우 정상적인 플랫폼을 사용할 의향이 있느냐는 질문에는 약 20%의 응답자만 '있다'고 응답했다. 60%는 정상 플랫폼에서 웹툰에 돈을 지불할 의향이 거의 없거나 전혀 없는 것으로 분석되었다. 불법 사이트 이용이 잘못된 것은 알지만 불법 사이트의 접근성과 편리성 때문에 쉽게 끊지 못하는 이용자들이 여럿 있는 것이다.

(2) 사례 2: 정부의 소심한 반응 속 법률 빈자리, 미해결된 영케어러의 현실(2023년)

정부의 영케어러 지원이 아직 부족한 원인은 영케어러에 대한 사회적 인식이 낮기 때문이라는 판단에서 수도권 내 대학생들을 대상으로 온·오프라인 설문조사를 실시해서 영케어러에 대한 사회적 인식을 알아보았다. 오프라인으로 52명을 설문조사한 결과에서는 44명이 '영케어러'

라는 말 자체를 알지 못했다. 45명을 대상으로 실시한 온라인 설문조사에서는 39명이 '영케어러'라는 말을 몰랐다. '영케어러' 관련 복지제도를 알고 있는지를 조사한 질문에서는 '잘 알고 있다' 4.4%, '보통이다' 6.7%, '잘 모른다' 24.4%, '전혀 모른다' 64.4% 이었다. 기사는 이 조사를 근거로 "우리 사회에서는 영케어러에 대한 인식이 매우 부족한 상황"이라고 진단했다. 그리고 "정부가 다양한 복지 정책을 시행하고 있음에도 영케어러를 대상으로 하는 지원이 부족한 가장 큰 이유는 현재 영케어러에 대한 사회적 인식이 너무나 낮기 때문"이라고 밝혔다.

4) 인터뷰 조사

(1) 사례 1: 무인 키오스크의 이면(2020년)

고령자나 장애인이 무인 키오스크를 이용하는 데 겪는 어려운 점에 대해서 당사자가 아니라, 무인 키오스크를 설치한 패스트푸드 매장 종업원의 인터뷰를 통해서 소개함으로써 기사 내용의 신뢰성을 높였다.

매장 종업원은 학생들과의 핸드폰 문자 인터뷰에서 "무인 키오스크로 인해 어려움을 겪는 노인과 장애인 고객이 많다. 그러나 매장에서는 카운터 인원을 따로 배치하지 않기 때문에 다른 업무를 하고 있던 직원이 키오스크 사용법을 알려주거나, 불가피한 경우 카운터에서 직접 주문을 받는다. 그러나 바쁜 시간대에는 이조차 원활히 이루어지지 못하고 있다."고 답변했다.

다음은 매장 종업원이 밝힌 주요 내용

"키오스크의 작은 글씨 크기, 복잡한 UI가 문제라고 생각해요. 그리고 사용자의 특성을 고려하지 않은 점도 있습니다."

"인원 감축이 가장 큰 이슈예요. 키오스크 이용을 힘들어하는 분들을 도와드리다 보면 컴플레인이 걸리거든요."

"무인 키오스크는 사실 기술이 너무 앞선 결과라 생각해요."

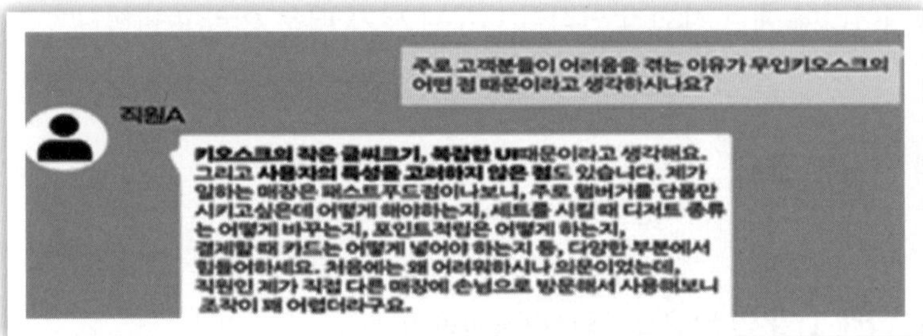

▎패스트푸드 매장 종업원과의 문자 인터뷰 내용

학생들은 기사에서 "모든 사람이 편리하게 이용하지 못한다면 그것은 기술의 혁신이라고 말할 수 없다. 정부나 업체에서는 이러한 틈을 메우기 위한 노력이 필요하다."고 강조했다.

(2) 사례 2: 저하되는 문해력 진단(2024년)

청년층의 문해력 저하 원인과 문제점을 여러 전문가의 인터뷰를 통해서 제시하였다.[28]

---

28) 학생들의 기사는 인터뷰한 사람의 사진을 실었지만, 이 책에서는 초상권을 감안해서 싣지 않았다.

인터뷰1: 미디어 이용과 문해력의 관련성을 기사에 싣기 위해 정인숙 가천대 미디어커뮤니케이션학과 교수를 인터뷰했다. 미디어 콘텐츠의 특성과 플랫폼을 뇌과학과 연계해서 강의하고 있는 정교수는 현대의 젊은층에서 문해력이 저하되는 이유를 다음과 같이 해석한다.

"마샬 맥루한의 '미디어는 메시지다. 그 시대의 지배적인 미디어가 그 사람들의 사고를 결정한다.'라는 이론이 있다. 어렸을 때부터 편의성이 뛰어난 모바일 디바이스의 숏폼 형태 영상 콘텐츠들을 매일같이 접한 아이들은 그에 맞는 사고 방식을 구사하게 된다. 과거에 책이 지배하던 시대에 살았던 사람들은 긴 호흡으로 긴 글을 읽기 때문에 선형적인 사고에 익숙해져 있었다. 그러나 영상시대에 들어서면서, 비선형적인 방식으로 정보를 제공하는 영상 콘텐츠에 맞게 사고를 하는 아이들은 긴 글의 맥락을 알맞게 이해하는 것에 대해 힘들어 한다."

인터뷰2: 문해력 향상을 위해 논술학원에서 교육하고 있는 이○○ 씨는 문해력을 하나의 공감 능력으로서 해석한다.[29)]

"어릴 때부터 미디어와 접촉하는 시간이 많아서 실제 사람을 만나는 시간, 현실을 접하는 시간이 너무 절대적으로 줄어든 것이 첫 번째 원인이다. 또 지나치게 많은 학원에 다니는 학생들이 늘었다. 저 때는 남

29) 기사에는 실명이나, 책에서는 익명으로 처리함.

는 시간이 많아서 친구들을 많이 만나거나 놀이터에서 다양한 활동을 하며 놀 수 있었다. 아이들은 자신의 가치관과 많이 다른 사람들과의 커뮤니케이션을 통해서 공감 능력을 향상하게 된다."

인터뷰3: CAN논술학원의 학원장은 문해력 저하는 학습능력에 부정적인 영향을 준다고 우려했다. 그는 "문해력이 형성되는 골든 타임이 있다. 조기에 문해력을 키우지 못하면, 공부에 흥미를 잃게 된다. 낮은 수준의 문해력을 가지고 있는 아이들이 향후 학교에서 학습능력이 떨어지는 것은 당연한 결과이다."라고 밝혔다.

(3) 사례 3: 다문화 한부모 가정에는 '빛 좋은 개살구'인 한부모 지원 정책(2022년)

학생들은 관련기관 관계자와 대상자 등을 폭넓게 인터뷰해서 다문화 한부모 가정에 대한 효율적인 지원책을 제시하였다.

첫 번째, 자신의 불편함은 곧 자녀의 불편함으로 이어진다는 메시지를 전달했다.

"…다문화 가정 이주민들은 (중략) 사는 데 아무 불편함이 없는데 내가 왜 한국어를 잘해야 하지, 내가 왜 컴퓨터 배워야 하지, 이렇게 생각하는 거예요. 그런데 저는 '너는 불편한 거 없다. 하지만 너의 아들 너의 딸들은 엄청 불편하거든, 너네 아들과 딸들이 학교에 알림장 오는 거 읽을 줄 알아'라고 물어봐요."

이경숙 전국한국이주여성유권자연맹 중앙회장 회장과의 인터뷰에서 발췌한 내용이다. '나'자신을 위해서가 아닌 내 '자녀'를 위해서 배워야 한다는 메시지이다.

두 번째는 지원센터에서 국가별로 이주민 여성을 기용해서 소통 창구를 마련해 주면 한국어를 잘 모르는 다문화 한부모 가정 이주민도 편하게 센터를 방문할 수 있고, 복잡한 국적 신청 문제도 함께 해결될 것이라고 제시하였다.

다문화 한부모 가정 중국인 B씨는 다문화 한부모 가족의 취업에 대해 "부모로서 거기(지원센터)에서 나오는 돈으로 그냥 사는 것이 너무 싫어요. 저도 일할 수 있는데 왜 그걸 받아야 하는지… 저는 일자리를 좀 원활하게 지원해 줬으면 좋겠어요. 더 성장할 수 있는 기반을 만들어 달라는 거죠."라고 말했다.

세 번째로 박옥식 한국다문화청소년협회 이사장은 "다문화 한부모 가정의 사람들도 적극적으로 한국 사회에 기여하면서 한국 사회 구성원으로서 역할을 해 나가야 한다."고 말한다.

5) 현장 취재: 재해 대피소의 홍보 부족과 관리 문제(2023년)

학생들이 경기도 성남시 수정구 복정동에 있는 행정안전부의 공식 지정 대피소 5곳 중 4곳을 직접 찾아가서 취재한 후에 '대피가 불가능한 대피소'라는 결론을 내렸다. 학생들은 기사에서 사진과 실명을 넣어서 4곳의 실태를 상세하게 밝혔는데, 책에서는 2곳의 핵심 내용만 익명으로 소개한다.

(1) ○○○ 대피소

이곳에서는 해당 관리자가 학생들에게 직접 시설을 소개해 주고, 자세한 설명을 해주었다. 관리자는 "해당 대피소는 창고로 쓰던 곳이라 오랜 기간 머무르기에 적합하지 않다."고 말했다. 기사는 "내부 전경의 모습을 보면 곳곳에 곰팡이가 피어 있었다. 유리창은 깨져 있었고 관리가 전혀 되어 있지 않았다. … 다음으로 접근 가능성이 심각하게 떨어졌다. … 행정안전부에서는 도보 5분 이내에 대피 가능한 곳으로 대피소를 선정하여 관리한다. 하지만 이곳은 일반인의 접근 가능성이 매우 낮았다. 대피소를 방문하기 위해서 차로 이동하였는데 해당 시설은 도보가 아닌 차도로 접근이 가능했고 차로도 10분 이상의 시간이 소요되었다. … 또 건물 내부가 복잡하여 시설 내부로 들어와서도 관리자의 안내가 없었다면 대피소의 입구조차 찾기가 어려워 보였다."고 밝혔다.

(2) ○○○ 주차장

기사에는 다음과 같은 내용이 나온다.

"○○○ 주차장은 아예 대피가 불가능했다. 주차장 내부 전경을 보면 자동차들로 빼곡히 차 있는 것을 볼 수 있다. 행정안전부에 의하면 이곳은 3306㎡의 면적에 수용인원은 4,007명으로 산정되어 있다. 한 사람당 사용 가능 면적은 0.82㎡이다. 하지만 내부 전경을 보면 자동차들이 전체 면적의 반 이상을 차지하고 있었다. 백 번 양보하여 내부 면적의 반 정도를 사용할 수 있다고 생각하고 산정해 보면 인당 0.4㎡를 사용할 수 있다. 0.4㎡면 성인 한 명이 앉아 있기도 힘든 면적이다. 〈2022 행정안전부 민방위 업무 지침〉에서는 '유사시 대피 시설로 즉시 활용하는 데 방해가 되는 무거운 물건 적재'를 금지하고 있지만 전혀 지켜지지 않고 있는 모습이다. …"

기사는 현장 취재를 토대로 "전반적으로 5가지 기준(1인당 이용 가능 면적, 실제 이용 가능 면적, 접근 가능성, 기초 의료도구 구비 유무, 전반적인 관리 실태)을 모두 만족하는 대피소는 존재하지 않았다. 평상시 잘 대비되고 관리되어 있어야 할 대피소가 정작 대피하기 어려운, 심지어는 대피하면 위험하기까지 한 곳들이었다."고 결론을 내렸다.

4
기사 작성

기사를 작성할 때는 메인 기사와 함께 부속 기사를 2개 이상 만들도록 했다. 부속 기사에는 중요한 인물의 인터뷰 기사, 관련 자료를 상세하게 설명한 내용, 외국 사례, 메인 기사와 관련된 흥미로운 이야기 등이 포함된다. 인터뷰 기사의 경우 핵심 내용은 메인 기사에서 인용하고, 더 자세한 내용들은 별도의 인터뷰 기사로 쓰도록 했다.

메인 기사가 긴 경우에는 1개의 단일 기사로 쓰기보다는 횟수를 나누어서 시리즈 형태로 쓰는 방법도 있다. 탐사보도 기사는 일반적인 기사에 비해서 분량이 많다. 외국에서는 기사를 토대로 책으로 출간되기도 한다. 단일 기사로 쓸 경우에는 실태, 원인, 대책 등 기사 내용에 따라서 구분해서 소제목을 달아주는 것이 좋다.

기사에서는 제목이 가장 중요하다. 일반적으로 기사의 핵심 내용과 프레임은 제목에 있다. 따라서 기사 내용을 가장 잘 반영할 수 있는 제목을 심사숙고해서 만들어야 한다. 다음으로 독자의 눈길을 끄는 것은 기사의 첫 문장이다. 내러티브형 기사에서는 더욱 그렇기 때문에 학생들에게 첫 문장에 많은 신경을 쓰라고 강조했다.

참고문헌

강형철 (2007). 탐사보도 프로그램의 내용 다양성에 관한 연구: 한국 주요 탐사보도 프로그램 내용 분석. 한국방송학보, 21(1), 7-46.

권장원 (2014). 국내 언론사 조직에 내재한 사회적 네트워크 특성 연구: 국민정부에서 실용정부까지 신문사와 방송사 조직에서의 밀도 및 위치 분석을 중심으로. 한국언론정보학보, 통권 67, 7-34.

김경모, 신의경 (2013). 저널리즘의 환경 변화와 전문직주의 현실: 반성적 시론. 언론과학연구, 13(2), 41-84.

김경호 (2003). 몰래 카메라를 이용한 취재와 인격권의 침해에 관한 연구: 한국과 미국의 사례 비교를 통한 상충된 법익의 균형. 한국언론학보, 47(4), 246-273.

김귀근 (2014). 군 관련 취재보도 시스템 개선 방안-비밀주의엔 '정보공개제도'로 적극 대응. 신문과 방송, 526호, 35-38.

김동윤, 김성해, 유용민 (2013). 의견지면을 통해 본 한국 신문의 정파성 지형: 공정한 중재자인가, 편파적 대변자인가. 언론과학연구, 13(3), 75-122.

김민하 (2008). 한국언론의 탐사보도와 시민공동체 형성의 전망: 한국기자협회 〈이달의 기자상〉 수상작의 공공저널리즘적 기능과 한계. 한국언론학보, 52(4), 105-128.

김사승 (2012). 저널리즘 생존 프레임, 대화·생태·전략. 서울: 커뮤니케이션북스.

김사승 (2013). 현대 저널리즘. 서울: 커뮤니케이션북스.

김사승 (2022). 질문의 힘. 한국언론학회 저널리즘연구회, 저널리즘 다시보기(183-211). 경기도 파주: 나남.

김상균, 한희정 (2014). 천안함 침몰 사건과 미디어 통제: 탐사보도 프로그램 생산자 연구. 한국언론정보학회, 통권 66호, 242-272.

김선남, 장해순, 정현욱 (2003). 스포츠 신문의 선정성에 관한 연구. 언론과학연구, 3(1), 33-68.

김성태, 이영환 (2006). 인터넷을 통한 새로운 의제설정 모델의 적용: 의제 파급(Agenda-Rippling)과 역의제설정(Reversed Agenda-Setting)을 중심으로. 한국언론학보, 50(3), 175-204.

김송희, 윤석년 (2009). 디지털 환경에 따른 지역신문 뉴스생산과정 변화에 관한 연구. 언론과학연구, 9(2), 207-242.

김연송, 신소용, 이서현, 최낙진 (2022). 지역방송의 탐사보도 기능 강화를 위한 사례 연구: 〈KBS제주〉의 '제주 제2공항'기획보도를 중심으로. 언론정보연구, 59(4), 168-218.

김연식 (2011). 방송저널리스트의 PD저널리즘 인식 연구. 언론과학연구, 11(2), 69-96.

김연식 (2014). 방송 저널리스트의 방송 통제요인 인식 변화 연구: 2008년과 2013년의 비교를 중심으로. 한국언론학보, 58(1), 283-305.

김연식, 조성호 (2008). PD저널리즘의 기원과 발전에 관한 연구. 언론과학연구, 8(2), 149-176.

김영석 (2013). 설득 커뮤니케이션. 경기도 파주: 나남.

김외현 (2012). 길 위에서 탐사보도식 검증을 배우다. 관훈저널, 가을호, 60-68.

김용은 (2024). 스포츠 저널리즘의 가치 회복을 위한 스포츠 탐사보도 특성 연구. 한국스포츠사회학회지, 37(2), 35-59.

김윤종, 문안나 (2019). 내러티브 범죄 보도가 청소년의 인식에 미치는 영향. 한국소통학보, 18(4), 85-120.

김정수 (2020). 초창기 KBS 〈추적60분〉의 탄생과 제작과정 연구. 영상문화콘텐츠연구, 21, 97-130.

김진국, 김영환 (2012). 신문기업이 저널리즘의 정체성을 견지하며 수행할 수 있는 수익사업에 관한 연구: 현직 언론사 간부기자들의 인식을 중심으로. 한국언론정보학보, 통권 59, 162-178.

김진영, 성민규 (2016). 지역 텔레비전 탐사보도 프로그램의 지역성 구현에 관한 탐색: 울산MBC에 대한 사례 연구. 영상문화콘텐츠연구, 11호, 47-77.

김진희, 임종섭 (2016). 데이터 뉴스의 특성과 개념 정의에 대한 연구: 2012년부터 2015년 국제 데이터 저널리즘 시상식의 수상 콘텐츠를 중심으로. 커뮤니케이션이론, 12(2), 47-88.

김창룡(1999). 실전취재보도론. 서울: 커뮤니케이션북스.

김춘식 (2010). 선거 저널리즘. 김춘식 외, 저널리즘의 이해(195-227). 경기도 파주: 한울 아카데미.

김태형 (2016). 정보공개청구의 다른 이름, '데이터 공개해주세요'. 방송기자, 29, 46-47.

김형진 (2000). 현장 취재보도론. 부산: 금샘미디어.

남재일 (2008). 한국 객관주의 관행의 문화적 특수성: 경찰기자 취재관행의 구조적 성격. 언론과학연구, 8(3), 233-270.

남재일, 박재영 (2013). 국내 연예저널리즘의 현황과 품질제고 방안 연구. 서울: 한국언론진흥재단.

남재일, 박재영 (2020). 한·미 탐사보도 성격 비교 연구. 언론과학연구, 20(3), 5-45.

남재일, 오대영 (2018). 한국 탐사보도 실천경험에 관한 뉴스 생산자 인식 연구. 언론과학연구, 18(3), 45-91.

남효윤 (2005). 언론의 보도자료 이용에 관한 연구: 지역신문의 재무상태, 규모에 따른 차이를 중심으로. 한국언론학보, 49(6), 233-256.

문재완 (2008). 언론법: 한국의 현실과 이론. 늘봄출판사.

박성호 (2016). 민주주의와 저널리즘. 박재영 외 (2016). 저널리즘의 지형: 한국의 기자와 뉴스(409-439). 서울: 이채.

박소라 (2003). 경쟁도입이 텔레비전 프로그램 장르 다양성에 미치는 영향에 관한 연구: 1989년 이후 지상파 방송 편성 분석을 통하여. 한국언론학보, 47(2), 222-250.

박윤경 (2015). 표현의 자유와 명예훼손: 인터넷에서의 명예훼손을 중심으로. 법학연구, 18(3), 261-295.

박인규 (2010). 구조적 통제 하의 저널리즘: KBS 시사 프로그램의 변화를 중심으로. 한국방송학보, 24(6), 209-245.

박인규 (2017). 탐사저널리즘의 주체 변동: 공영모델의 조락과 비영리모델의 부상. 한국콘텐츠학회논문지, 17(8), 27-38.

박재영 (2020). 뉴스 스토리: 내러티브 기사의 작법과 효과. 서울: 이채.

박재영 외(2016). 저널리즘의 지형: 한국의 기자와 뉴스. 서울: 이채.

박재영, 이완수 (2008). 역피라미드 구조와 내러티브 스타일에 대한 기자와 에디터의 인식. 한국언론학보, 52(6), 123-145.

박종민 (2012). 기사 생성 과정에 있어 언론기자들과 취재원으로서 PR실무자들 간의 상호 이해: 상호지향성 모델과 그릇된 합의-비합의 개념의 적용. 한국광고홍보학보, 14(3), 92-123.

방송기자 편집부 (2014). 데이터 수집과 분석의 재미에 빠지다. 방송기자, 18. 78-79.

백미숙 (2020). '사회고발'에서 '탐사보도'프로그램으로의 진화: TV 시사 장르 형성과 제작의 역사적 맥락. 한국언론정보학보, 100, 64-112.

설진아 (2009). 탐사보도 프로그램의 논증모형에 관한 분석 연구: 〈PD수첩〉의 '줄기세포' 관련 프로그램을 중심으로. 한국언론학보, 53(3), 370-394.

성창민 (2022). 내러티브 화자 시점의 설득 효과: 서사적 동일시화, 반론, 낙관적 편향의 매개효과를 중심으로. 연세대학교 대학원 석사학위논문.

손영준 (2006). 미디어와 여론. 오택섭, 권혁남, 김성태 외 (2006). 현대 정치커뮤니케이션 연구(411-435). 경기도 파주: 나남.

송은지, 이건호 (2014). 대통령의 선거개입 이슈 보도대통령의 선거개입 이슈 보도: 김영삼~이명박 대통령 시기 신문과 정권의 정파성에 따른 뉴스 분석. 한국언론학보, 58(3), 228-250.

송철민, 최낙진 (2022). PD저널리즘 실현 수단으로서의 유튜브 경험: 어느 20년 차 지역방송 PD의 자기민속지학. 언론과학연구, 22(1), 250-301.

신성호 (2017). 특종 1987-박종철과 한국 민주화. 서울: 중앙북스.

신우열(2019). [기획보도 부문-취재후기] '엉터리 학술대회' 속 학계의 민낯을 밝히다. (사)방송기자연합회 방송기자상 수상집, 202-203.

심재철 (2003). 디지털 미디어시대의 뉴스 가치에 대한 소론. 방송연구, 여름호, 33-60.

심재철, 이경숙 (1999). 국민의제 형성에서 탐사보도의 역할. 한국언론학보, 봄, 73-108.

안수찬 (2007). 스트레이트를 넘어 내러티브로: 한국형 이야기 기사 쓰기. 서울: 한국언론재단.

안수찬 (2013). 뉴스가 지겨운 기자. 서울: 삼인.

안영인 (2021). 시그널, 기후의 경고. 서울: 엔자임헬스.

엄기열 (2003). 언론계가 청구 독려, 퓰리처 수상작 대부분 이용. 신문과 방송, 113-116.

엄기열 (2010). 몰래 카메라를 사용한 탐사 보도 프로그램의 법적 용인 범위에 관한 연구: 국민의 알권리 확보의 측면에서. 언론과 법, 9(1), 231-251.

오대영 (2019). 저널리즘 이론과 현장. 경기도 파주: 나남.

오대영 (2020). 탐사보도의 비윤리적, 위법적 취재 방법과 취재의 자유에 관한 수용자 인식 연구. 가천법학, 13(1), 25-60.

오대영 (2021). R을 이용한 공공데이터 분석. 서울: 한나래 출판사.

오대영, 남재일 (2019). 탐사보도 이용과 지속이용의도에 영향을 주는 요인: 이용동기, 품질 및 사회적 역할 평가, 정치효능감을 중심으로. 한국소통학보, 18(4), 289-324.

오대영, 남재일, 박재영 (2017). 한국 언론의 탐사보도 품질 제고와 발전방안 연구. 서울: 한국언론진흥재단.

원만해, 채백 (2007). '천성산 고속철도 관통' 보도에서 나타나는 중앙지와 지역지의 뉴스 프레임 비교연구. 한국언론학보, 51(1), 199-228.

유홍식 (2003). 디지털 미디어시대의 방송저널리즘 윤리 재정립에 관한 연구. 방송연구, 여름호, 61-87.

윤용석 (2003). 언론의 특권과 민사법적 책임: 취재특권을 중심으로. 언론과 정보, 9, 55-95.

이강형, 남재일 (2019). 디지털 저널리즘 현실에 대한 한국 기자들의 수용 태도: 저널리즘 원칙과 윤리의식 변화를 중심으로. 한국언론정보학보, 통권 93, 7-38.

이광택 (2020). 탐사저널리즘의 법적 한계: 외주제작 PD들이 교도소장의 허가 없이 미결수용자와의 접견 장면을 촬영·녹음한 것이 건조물침입죄에 해당하는가?. 사회법연구, 42, 445-475.

이규연 (2002). 국내 탐사보도의 현실. 관훈저널, 43(2), 354-361.

이규연 (2006). 탐사보도의 출범, 그리고 험로. 관훈저널, 101, 112-119.

이규연 외 (2006). 대한민국 파워엘리트. 서울: 황금나침판.

이기라 (2012). 신자유주의 시대 언론 자유의 위기: 프랑스의 경우. 정치와 평론, 11집, 21-44.

이민웅 (2008). 저널리즘의 본질과 실천. 경기도 파주: 나남.

이민정, 이건호 (2014). 중앙 일간지 탐사보도 특성 연구: 교육 관련 기획시리즈의 독창성 및 심층성을 중심으로. 한국언론학보, 58(6), 64-89.

이승선 (2000). 위법적 취재보도에 대한 법적 규제의 특성 연구. 한국방송학보, 14(1), 295-336.

이승선 (2001). 언론인 저작물에 나타난 취재행위의 형사법적 위법 가능성에 관한 연구. 한국언론학보, 46(1), 344-387.

이승선 (2005). TV탐사보도 프로그램의 법적분쟁에 나타난 특성 연구. 한국언론정보학회, 통권 29, 233-269.

이영돈, 심재철, 노성종 (2009). 탐사저널리즘의 속성의제설정: KBS 〈추적60분〉 'KT&G를 아십니까' 현장실험 연구. 한국언론학보, 53(2), 161-182.

이용주 (2015). 모든 보도는 탐사보도가 되어야 합니다. 방송기자, 25, 40-41.

이유정 (2015). 뉴스타파, 세계가 주목한 이유는?. 방송기자, 22, 42-43.

이재경 (2017). [세상을 바꾼 보도 23] '유죄를 무죄로' 예비 탐사기자들이 만드는 기적: 미국 '시카고무죄센터'의 탐사 저널리즘. 신문과 방송, 1, 76-79.

이정훈 (2017). 탐사보도·지역보도에서 '산소 같은 존재감'. 신문과 방송, 10, 17-21.

이정훈, 이상기 (2016). 민주주의의 위기와 언론의 선정적 정파성의 관계에 대한 시론: 채널A와 TV조선의 정치시사토크쇼를 중심으로. 한국언론정보학보, 통권 77, 9-35.

이종혁 (2015). 언론 보도에 대한 편향적 인식이 공정성 평가에 미치는 영향. 한국언론학보, 59(1), 7-36.

이진로 (2012). 미국의 언론 자유사상 연구. 정치와 평론, 11집, 75-106.

이창훈(2012). CCTV영상의 보도 특성과 선정성, 현실 재현에 관한 연구. 방송과 커뮤니케이션, 13(4), 5-42.

이효선 (2005). 질적 연구. 경기도 파주: 학현사.

임연희 (2014). 세월호 참사에 대한 텔레비전 뉴스의 보도행태. 사회과학연구, 25(4), 179-201.

임인재, 나은영 (2020). 미세먼지 재난의 내러티브 보도 영향력 연구: 인지적 평가, 부정적 감정, 위험인식의 매개 경로 중심. 한국방송학보, 34(4), 145-179.

임인재, 나은영 (2021). 재난 내러티브 기사와 보도 사진이 몰입에 미치는 영향: 동일시, 심리적 거리감의 매개효과. 한국방송학보, 35(5), 223-265.

장철준 (2015). 취재의 자유와 언론의 책임: 헌법적 관점에서. 언론과 법, 14(2), 99-123.

전찬희, 지용수 (2012). 언론의 자유와 명예훼손 구제방법에 관한 연구. 한국콘텐츠학회논문지, 12(10), 159-168.

정서린 (2010). 국내 언론사의 탐사보도팀 운영 성과에 관한 연구. 서울대학교 대학원 석사학위논문.

정희상, 최빛 (2019). 팩트와 권력. 서울: 은행나무.

조갑제 (2015). 사형수 오휘웅 이야기. 서울: 조갑제닷컴.

조기선 (2012). U.S.A. 탐사보도로 권력을 감시하다. 신문과 방송, 5, 95-99.

조맹기 (2009). 현대 커뮤니케이션 사상사. 경기도 파주: 나남.

조문희, 이지훈, 이창수, 전현진 (2023). 논픽션 글쓰기 전설들. 경기도 파주: 서해문집.

조용철, 김진홍, 송정민 (2003). 취재보도론. 서울: 법문사.

최문호, 박승관 (2018). 한국 탐사보도 기자들의 소명의식과 실천에 대한 문화기술지 연구: 뉴스타파 취재팀을 대상으로. 언론정보연구, 55(3), 249-307.

하승태, 박범길, 이정교 (2010). 한국 지상파 텔레비전에 나타난 선정성의 유형 및 특성에 관한 연구. 한국방송학보, 통권 24-1, 73-112.

한국언론진흥재단 (2023). 2023 한국의 언론인: 제16회 언론인 조사.

한수경 (2012). 현대 독일 민주주의에서 언론자유와 책임. 정치와 평론, 11집, 45-76.

함형건 (2015). 데이터분석과 저널리즘. 서울: 컴원미디어.

황호택 (2017). 박종철 탐사보도와 6월 항쟁. 서울: 동아일보사.

행정자치부 (2024). 2024 정보공개 연차보고서.

Abdenour, J., & Riffem, D. (2016). The investigative DNA: Role conceptions of local Television investigative journalists. *Electronic News*, 10(4), 224-242.

Altschull, H. (1990). *From Milton to Mcluhan: The ideas behind American journalism*. 양승목 역 (2007). 현대 언론 사상사: 밀턴에서 맥루한까지. 경기도 파주: 나남.

Armstrong, C. L., & Nelson, M. R. (2005). How newspaper sources trigger gender stereotypes. *Journalism and Mass Communication Quarterly*, 82(4), 820-837.

Aucoin, J. L. (2005). *The evolution of American investigative journalism*. 한국언론재단 편역 (2007). 탐사저널리즘: 미국 탐사보도의 진화. 서울: 한국언론재단.

Avieson, B., & McDonald, W. (2017). Dangerous liaisons: Undercover journalism, standpoint theory and social revelation. *Media International Australia*, 163(1), 137-150.

Barker, C., & Galasinski, D. (2001). *Cultural studies and discourse ananlysis*. 백선기 역 (2009). 문화연구와 담론분석. 서울: 커뮤니케이션북스.

Barnhurst, K. G., & Nerone, J. (2008). 저널리즘의 역사. In Wahl-Jorgensen, K., & Hanitzsch, T. (Eds.), *The handbook of journalism studies*. 저널리즘연구소 역(2016). 저널리즘 핸드북(69-92). 서울: 새물결출판사.

Caroline, C. (2015). By the numbers data journalism projects as a means of teaching political investigative reporting. *Asia Pacific Media Educator*, 25(2), 247-261.

Carson, A. (2014). The political economy of the print media and the decline of corporate investigative journalism in Australia. *Australian Journal of Political Science*, 49(4), 726-742.

Chalaby, J. K. (2004). Scandal and the rise of investigative reporting in France. *American Behavioral Scientist*, 47(9), 1194-1207.

Chyi, H. I., & McCombs, M. (2004). Media salience and the process of framing: Coverage of the Combine school shootings. *Journalism and Mass Communication Quarterly*, 81(1), 22-35.

Cobb, R. W., & Elder, C. D. (1983). *Participation in American politics : The dynamics of agenda-building*. Baltimore, MD: Johns Hopkins University.

Cobb, R., Ross, J. K., & Ross, M. H. (1976). Agenda Building as a Comparative Political Process. *The American Political Science Review*, 70(1), 126-138.

Cohen, B. C. (1963). *The press and foreign policy*. Princeton, NJ: Princeton University.

Coleman, R., & McCombs, M. (2007). The young and agenda-less? Exploring age-related differences in agenda setting on the youngest generation, baby boomers, and the civic generation. *Journalism and Mass Communication Quarterly*, 84(3), 495-508.

Cook, F. L., Tyler, T. R., Goetz, E. G., Gordon, M. T., Leff, D. R., & Molotch., H. L. (1983). Media and agenda-setting: Effects on the public, interest group leaders, policy makers, and policy. *Public Opinion Quarterly*, 47, 16-35.

de Burgh, H. (2003). Kings without crowns? The re-emergence of investigative journalism in China. *Media, Culture & Society*, 25, 801-820.

Denham, B. E. (2014). Intermedia attribute agenda setting in the New York Times: The case of animal abuse in U.S. horse racing. *Journalism & Mass Communication Quarterly*, 91(1), 17-37.

Erickson, E. (2014). The watchdog joins the fray: The press, records audits, and state access reform. *Journalism & Communication Monographs*, 16(2), 104-154.

Erjavec, K., & Kovačič, M. P. (2010). News producers' pressures on advertisers: Production of paid news in Slovenian television programs, *Journal of Broadcasting & Electronic Media*, 54(3), 357-372.

Ettema, J. S., & Glasser, T. L. (2007). An international symposium on investigative journalism. *Journalism*, 8(5), 491-494.

Fairclough, N. (1995). *Media discourse*. 이원표 역 (2004). 대중매체 담화 분석. 서울: 한국문화사.

Feldstein, M. (2006). A muckraking model: Investigative reporting cycles in American history. *Press/Politics*, 11(2), 105-120.

Fico, F., & Freedman, E. (2001). Setting the news story agenda. *Journalism and Mass Communication Quarterly*, 78(3), 437-449.

Fink, K., & Schudson, M. (2014). The rise of contextual journalism, 1950s-2000s. *Journalism*, 15(1), 3 - 20.

Gans, H. J. (2004). *Deciding what's news*. Evanston, IL: Northwestern University.

Gans, H. J. (2010). News & the news media in the digital age: implications for democracy. *American Academy of Arts & Sciences*, 139(2), 8-17.

García-Santamaría, J. V. (2010). The crisis of investigative journalism in Spain: The journalism practice in the Spanair accident. *Latina*, 516-537.

Goddard, P. (2006). 'Improper liberties' Regulating undercover journalism on ITV. *Journalism*, 7(1), 45-63.

Grant, J. (1988). Internal reporting by investigative journalists in China and its influence of government policy. *Gazette*, 41, 53-65.

Gray, J., Bounegru, L., & Chanmbers, L. (2012). *Data journalism handbook*. 정동우 역 (2015). 데이터 저널리즘. 서울: 커뮤니케이션북스.

Gunter, B. (2000). *Media research methods: Measuring audiences, reactions and impact*. 나은영 역 (2004). 미디어 연구방법. 서울: 한나래.

Hamilton, J. T. (2016). *Democracy's Detectives*. Cambridge: Harvard University Press.

Hester, J. B., & Gibson, R. (2003). The economy and second-level agenda setting: A time-series analysis of economic news and public opinion about the economy. *Journalism and Mass Communication Quarterly*, 80(1), 73-90.

Houston, B. (2010). The future of investigative journalism. *American Academy of Arts & Sciences*, 139(2), 45-56.

Howard, A. B. (2014). *The art and science of data-driven journalism*. 김익현 역 (2015). 데이터 저널리즘. 서울: 한국언론진흥재단.

Infante, D. A., Rancer, A. S., & Womack, D. F. (2003). *Building communication theory*. IL: Prospect Heights.

Joyce, V. H. Saldana, M. S., Weiss, A.,S., & Alves, R. C. (2017). Ethical perspectives in Latin America's journalism community: A comparative analysis of acceptance of controversial practice for investigative reporting. *The International Communication Gazette*, 79(5), 1-24.

Kaniss, P. C. (1991). *Making local news*. Chicago: The University of Chicago.

Kosicki, G. M. (1993). Problems and opportunities in agenda-setting research. *Journal of Communication*, 43(2), 100-127.

Kovach, B., & Rosenstiel, T. (2001). *The elements of journalism*. 이종욱 역 (2003). 저널리즘의 기본요소. 서울: 한국언론재단.

Lanosga, G., & Martin, J. (2017). Journalists, sources, and policy outcomes: Insights from three-plus decades of investigative reporting contest entries. *Journalism*, 1-18.

Leff, D. R., Protess, D. L., & Brooks, S. C. (1986). Crusading journalism: Changing public attitudes and policy-making agendas. *The Public Opinion Quarterly*, 50(3), 300-315.

Lippmann, W. (1922). *Public Opinion*. 이동근 역 (2013). 여론. 서울: 아카넷.

Lorentzen, P. (2014). China's strategic censorship. *American Journal of Political Science*, 58(2), 402-414.

Lublinski, J., Spurk, C., Fleury, J., Labassi, O., Mbarga, G., Nicolas, M. L., & Rizk, T. A. (2016). Triggering change: How investigative journalists in Sub-Saharan Africa contribute to solving problems in society. *Journalism*, 17(8), 1074-1094.

Mason, J. (1996). *Qualitative researching*. 김두섭 역 (2005), 질적 연구방법론. 서울: 나남.

McCombs, M. E., & Shaw, D. L. (1972). The agenda-setting function of mass media. *The Public Opinion Quarterly*, 36(2), 176-187.

McNair, B. (2008). 저널리즘과 민주주의. In Wahl-Jorgensen, K., & Hanitzsch, T. (Eds.), *The handbook of journalism studies*. 저널리즘연구소 역 (2016). 저널리즘 핸드북 (507-532). 서울: 새물결출판사.

McQuail, D. (2000). *McQuail's mass communication theory*. 양승찬, 강미은, 도준호 공역 (2003). 매스커뮤니케이션이론. 서울: 나남.

Mills, A., & Sarikakis, K.(2016). Reluctant activists? The impact of legislative and structural attempts of surveillance on investigative journalism. *Big Data & Society*, July - December, 1-11.

Mindich, D. Z. (1998). *Just the facts*. New York: New York University Press.

Nellie Bly. (1887). *Ten Days in a Mad House*. 오수원 역 (2018). 넬리 블라이의 세상을 바꾼 10일. 경기도 파주: 모던아카이브.

Nord, L. W. (2007). Investigative journalism in Sweden. *Journalism*, 8(5), 517-521.

Parasie, S., & Dagiral, E. (2012). Data-driven journalism and the public good: "Computer-assisted-reporters"and "programmer-journalists"in Chicago. *New Media & Society*, 15(6), 853 - 871.

Protess, D. L., Cook, F. L., Curtin, T. R., Gorgon, M. T., Leff, D. R., McCombs, M. E., & Miller, P. (1987). The impact of investigative reporting on public opinion and policymaking targeting toxic waste. *The Public Opinion Quarterly*, 51(2), 166-185.

Protess, D. L., Leff, D. R., Brooks, S. C., & Gorgon, M. T. (1985). Uncovering rape: The watchdog press and the limits of agenda-setting. *The Public Opinion Quarterly*, 49, 19-37.

Riffe, D., Lacy, S., & Fico, F. G. (1998). *Analyzing media messages*. 배현석 역 (2001). 미디어 내용 분석 방법론. 서울: 커뮤니케이션북스.

Riis, J. A. (1890). *How the Other Lives: Studies Among the tenements of New York*. 정탄 역 (2017). 세상의 절반은 어떻게 사는가. 경기도 파주: 문학동네.

Rinallo, D., & Basuroy, S. (2009). Does advertising spending influence media coverage of the advertiser?. *Journal of Marketing*, 73, 33-46.

Severin, W. J., & Tankard, J. W. (2001). *Communication Theories: Origins, Methods, and Uses in Mass Media*. 박천일, 강형철, 안민호 공역 (2005). 커뮤니케이션 이론. 서울: 나남.

Shoemaker, P. J. (1991). *Gatekeeping*. 최재완 역 (2001). 게이트키핑의 이해. 서울: 커뮤니케이션북스.

Shoemaker, P. J., & Reese, S. D. (1996). *Mediating the message : Theories of influences on mass media content*. 김원용 역 (1997). 매스미디어 사회학. 서울: 나남.

Shoemaker, P. J., Vos, T. P., & Reese, S. D. (2008). 게이트키퍼로서의 저널리스트. In Wahl-Jorgensen, K., & Hanitzsch, T. (Eds.), *The handbook of journalism studies*. 저널리즘연구소 역 (2016). 저널리즘 핸드북 (177-205). 서울: 새물결출판사.

Siebert, F., Peterson, T., & Schramm, W. (1956). *Four theories of the press: The authoritarian, libertarian, social responsibility and Soviet communist concepts of what the press should be and do*. 강대인 역 (1991). 언론의 4이론:

권위주의, 자유주의, 사회적 책임주의, 소비에트 공산주의 개념에 따른 언론의 이념과 역할. 서울: 나남.

Stetka, V., & Örnebring, H. (2013). Investigative journalism in Central and Eastern Europe: Autonomy, business models, and democratic roles. *The International Journal of Press/Politics*, 18(4), 413-435.

Svensson, M. (2017). The rise and fall of investigative journalism in China: digital opportunities and political challenges. *Media, Culture & Society*, 39(3) 440-445.

Thompson, J. B. (2007). 뉴스의 교류와 전파. In Crowley, D., & Heyer, P. (Eds.), *Communication in history: Technology, culture, society*. 김지운 역 (2012), 인간 커뮤니케이션의 역사 (252-261). 서울: 커뮤니케이션북스.

Tong, J. (2007). Guerrilla tactics of investigative journalists in China. *Journalism*, 8(5), 530-535.

Tsfati, Y., Meyers, O., & Peri, Y. (2006). What is good journalism?. *Journalism*, 7(2), 152-173.

van Dijk. T. A. (1988). *News as discourse*. New Jersey: Lawrence Erlbaum.

Williams, P. N. (1978). *Investigative reporting and editing*. New Jersey: Prentice-Hall.

Willnat, L., & Weaver, D. H. (1998). Public opinion on investigative reporting in the 1990s: Has anything changed since the 1980s?. *Journalism and Mass Communication Quarterly*, 75(3). 449-463.

田島泰彦, 山本博, 原壽雄 (2011). 調査報道がジャーナリズム ジャーナリズムを變える. 지종익 역 (2014). 탐사보도와 저널리즘, 일본의 사례. 서울: 커뮤니케이션북스.

김윤지, 김제원, 윤은영 (2022.11.3.). [제5회 탐사취재 공모 - 대상] 우리는 '경계선 지능인' 입니다 : 한국 사회에서의 경계선 지능인의 삶. 뉴스통신진흥회. http://www.konac.or.kr/

이아린, 구준모, 신승엽, 신지민, 이지성 (2023.11.2.). [제6회 탐사취재 공모-장려상] 현금 없는 사회, 다수의 편리함 속 소수의 불편한 진실. 뉴스통신진흥회. http://www.konac.or.kr/

취재팀 불꽃 (2019.9.2.). [2019년 제1회-우수상] 미성년자 음란물 파나요? 텔레그램 불법 활개-(취재팀 불꽃). 뉴스통신진흥회. http://www.konac.or.kr/

취재팀 불꽃 (2020.5.6.). [제2회 탐사취재 공모-특별상] 취재 윤리와 시기 모두 놓친 'n번방' 보도. 뉴스통신진흥회. http://www.konac.or.kr/

뉴스타파 (2018.8.2.). 와셋 등 가짜 학회 참가, 무더기로 BK21 실적 등재. https://newstapa.org/article/nNatx

뉴스타파 (2018.10.26.). [IJAsia18] 비영리 탐사보도 매체가 살아남는 법. https://www.newstapa.org/article/lFGye

뉴스타파 (2023.7.27.). 전국 65개 검찰청 특활비 검증 착수...6개 언론 공동취재단 구성. https://newstapa.org/article/rM-1y

뉴스타파 (2024.5.16.) 검찰, 특활비 자료 비공개 '회귀'… 뉴스타파·시민단체, 정보공개 소송 '재개'. https://newstapa.org/article/AgYYT

뉴시스 (2022.6.8.). 러시아, 자국 탐사보도 기자 지명 수배…은행 계좌도 동결. https://www.newsis.com/view/NISX20220608_0001900154

단비뉴스 (2021.11.30.). 노바야 가제타. https://www.danbinews.com/news/articleView.html?idxno=15159

단비뉴스 (2024.9.24.). 서른 살 전에 언론과 세상을 바꾼 기자. https://www.danbinews.com/news/articleView.html?idxno=27683

단비뉴스 (2024.10.4.). 검찰의 특수활동비 고발한 특별한 비결. https://www.danbinews.com/news/articleView.html?idxno=27779

동아일보 (2009.10.8.). [책갈피 속의 오늘]1967년 美디트로이트 흑인 폭동. https://www.donga.com/news/Society/article/all/20050723/8212555/9

미디어오늘 (1999.10.14.) 〈인터뷰〉 노근리사건 보도 최상훈 AP통신 서울지국 기자. https://www.mediatoday.co.kr/news/articleView.html?idxno=895

미디어오늘 (2003.5.28.). 연합오보 인용 "출처 안밝히면 면책 안돼". https://www.mediatoday.co.kr/news/articleView.html?idxno=21739

미디어오늘 (2017.3.21.). 몰래 카메라를 든 기자는 벌을 받아야 하나. https://www.

mediatoday.co.kr/news/articleView.html?idxno=135756

미디어오늘 (2024.7.20.). 지역일간지 기자 관두고 후원으로 제대로 '뉴스하다'. https://www.mediatoday.co.kr/news/articleView.html?idxno=319581

법률신문 (2022.5.11.). [판결] '교도소 몰카 취재' PD… 대법원, 무죄 취지 파기환송. https://www.lawtimes.co.kr/news/178599

살아지구 (2024.10.24.). 전국 초등학교 1/3은 '미세먼지 정보 사각지대'. disappearth.org/pminfogap-1/

세계일보 (2021.8.2.). 美 '설리반 판결'로 언론 자유 강화… 유럽인권법원도 법리 확장에 앞장. https://www.segye.com/newsView/20210801508745

시사IN (2019.11.27.). 비영리 언론사가 생존할 길 찾다. https://www.sisain.co.kr/news/articleView.html?idxno=40726

신문과 방송 (2019.7.15.). 한겨레, 〈대한민국 요양보고서〉 : 노인 돌봄의 현장에 뛰어든 8개월, 불편한 진실을 마주하다. https://blog.naver.com/kpfjra_/221583900353

신문과 방송 (2023.11.26.). [2023 글로벌 탐사보도 콘퍼런스(GIJC) 참가기] 진실과 신뢰가 필요한 시대 작은 단서에도 최선을 다하는 기자가 희망이다. https://blog.naver.com/kpfjra_/223259980694

연합뉴스 (2015.2.28.). 러시아 반정부 인사들의 끝나지 않는 수난사. https://www.yna.co.kr/view/AKR20150228052600095

연합뉴스 (2023.2.15.). "선거개입·해킹 뭐든 된다"…건당 200억 받는 여론조작 기업. https://www.yna.co.kr/view/AKR20230215157100009

의협신문 (2012.2.3.). 암, 생과 사의 수수께끼에 도전하다. https://www.doctorsnews.co.kr/news/articleView.html?idxno=76525

인천투데이 (2024.7.26.). [오늘의 역사] 미군, 노근리 양민 학살 사건을 일으키다. http://www.incheontoday.com

조갑제닷컴 (2020.7.10.). 연옥 같았던 악몽에서 깨어나려는 몸부림. https://www.chogabje.com/board/view.asp?C_IDX=87804&C_CC=AD&ppage=/board/subcon/list.asp&sC_CC=F1049

조선일보 (2008.11.14.). 탈북 다큐 '천국의 국경', 세계적 권위 로리펙상 수상. https://www.chosun.com/site/data/html_dir/2008/11/14/2008111400276.html

조선일보 (2024.9.6.). 제주공항의 1.5배 크기… 성산에 제2공항 짓는다. https://www.chosun.com/national/transport-environment/2024/09/06/YEYVKOWOZFGHTKJHQEGEPXKZVA/

중앙일보 (2001.4.9.) [현장 리포트] 서울 최대의 달동네 신림동 '난곡'. https://www.joongang.co.kr/article/4060532

중앙일보 (2004.5.3.). [We Start] "가난에 갇힌 아이들에 공정한 출발기회 줘야". https://www.joongang.co.kr/article/331527

중앙일보 (2005.9.24.). 전체 엘리트중 명문가 출신은 4.3%뿐.

중앙일보 (2009.5.9.) [We Start] 두 번의 탐사기획보도가 만든 We Start 운동. https://www.joongang.co.kr/article/3626906

중앙일보 (2024.9.25.). "이제 해방이네요" 루게릭병 병원 완공 앞두고…23년 투병 박승일 별세. https://www.joongang.co.kr/article/25280052

한겨레신문 (2024.11.25.). [창간기획] 대한민국 요양보고서. https://www.hani.co.kr/arti/SERIES/1417

한국대학신문 (2024.12.30.). 한국대학언론협의회, '대학생 대상 탐사보도 공모전' 시상식 개최. https://news.unn.net/news/articleView.html?idxno=573189

한국일보 (2022.4.5.). 러시아의 언론 통제. https://www.hankookilbo.com/News/Read/A2022040512040000703

KBS(2006.3.28.). 탐사보도팀, 한국 언론 최초 IRE 본상. https://news.kbs.co.kr/news/pc/view/view.do?ncd=856751

KBS (2019.8.12.). 시사기획 창 (1TV, 8월 13일) 밀정 2부작 895명 추적…"김좌진의 비서는 밀정이었다". https://mylovekbs.kbs.co.kr/index.html?source=mylovekbs&sname=mylovekbs&stype=magazine&contents_id=70000000329458 KBS(2020.2.20.).

KBS (2020.2.20.) '밀정2부작', 제51회 한국기자상 수상. https://news.kbs.co.kr/news/pc/view/view.do?ncd=4385408

KBS (2020.3.5.). N번방 최초 잠입한 대학생의 취재기…'추적단 불꽃'은 왜 시작했나. https://news.kbs.co.kr/news/pc/view/view.do?ncd=4409790

KBS(2022.4.11.). [특파원 리포트] "거짓말은 못 하겠더라"…러시아 언론인들이 전한 침공 뒤의 러시아. https://news.kbs.co.kr/news/pc/view/view.

do?ncd=5437139

KBS (2023.10.7.). 8개월 간 '학살 범인'추적…탐사보도가 '전쟁범죄'를 기록하는 방법. https://news.kbs.co.kr/news/pc/view/view.do?ncd=7788081

Medical Times (2005.12.4.). MBC 'PD수첩 취재윤리 위반'대국민 사과. https://www.medicaltimes.com/Main/News/NewsView.html?ID=23123

Story of Seoul (2020.2.24.). 한국기자상 특집 ⑥ 대한민국 요양보고서(한겨레신문). https://www.storyofseoul.com/news/articleView.html?idxno=3516

나무위키 (2024.4.12.). 펜타곤페이퍼. https://namu.wiki/w/펜타곤%20페이퍼

나무위키 (2024.8.30.). 알권리. https://namu.wiki/w/알%20권리

나무위키 (2024.9.12.). 더 포스트. https://namu.wiki/w/더%20포스트

나무위키 (2024.9.18.). 굿 나잇 앤 굿 럭. https://namu.wiki/w/굿나잇%20앤%20굿럭

나무위키 (2024.10.29.). 노근리 양민 학살 사건. https://namu.wiki/w/노근리%20양민%20학살%20사건

나무위키 (2024.11.3.). 신성호(기자). https://namu.wiki/w/신성호(기자)

나무위키 (2024.11.7.). 스포트라이트(영화). https://namu.wiki/w/스포트라이트(영화)

나무위키 (2024.11.10.). 근위축성측색경화증. https://namu.wiki/w/근위축성측색경화증

나무위키 (2024.11.13.).박승일(농구). https://namu.wiki/w/박승일(농구)

나무위키 (2024.11.19.) 박종철 고문치사 사건. https://namu.wiki/w/박종철%20고문치사%20사건

나무위키 (2024.11.25.). 보도지침. https://namu.wiki/w/보도지침

나무위키 (2024.12.12.) 파나마 페이퍼스. https://namu.wiki/w/파나마%20페이퍼스

독립기념관 (2024.11.25.). 진실과 거짓 동료인가 적인가, 밝혀지지 않은 정체 영화 〈밀정〉. https://www.i815.or.kr/upload/kr/magazine/magazine/2/post-19.html

방송기자연합회 (2024.11.25.). 제15회 2023 한국방송기자대상 기획보도 부문 수

상작 〈특수활동비 등 검찰 예산 공동 검증 최초 연속보도〉. http://report-plus.kr/

셜록 (2022.12.13.). 표절검사의 공짜유학. https://www.neosherlock.com/archives/project/ 표절-검사의-공짜-유학

신문윤리실천요강 http://www.ikpec.or.kr/

위키백과 (2024.11.29.). 1987(2017년 영화). https://ko.wikipedia.org/wiki/1987_(2017년_영화)

위키백과 (2024.12.1.). 펜타곤 문서. https://ko.wikipedia.org/wiki/펜타곤_문서

위키백과 (2024.12.2.). 노근리 양민 학살 사건. https://ko.wikipedia.org/wiki/ 노근리_양민_학살_사건

위키백과 (2024.12.16.). 파나마 페이퍼스. https://ko.wikipedia.org/wiki/파나마 페이퍼스

저널리즘 아카데미 (2022.6.14.). 대통령에게 질문만 500개...세계 최고 '우드워드 기자'의 진짜 비결?. 조선 저널리즘 아카데미. https://www.chosunjournalism.com/referencematerials/?q=YToxOntzOjEyOiJrZXl3b3JkX3R5cGUiO3M6MzoiYWxsIjt9&bmode=view&idx=12278980&t=board

저작권법 law.go.kr/법령/저작권법

통계청 통계교육원 (2020). 통계의 창: 통계로 들여다보는 바이러스와 인간의 전쟁. https://sti.kostat.go.kr/window/2020a/main/2020_sum_06.html

한국기자협회 (2019.10.11.). 밀정2부작. https://journalist.or.kr/m/m_article.html?no=46705

한국기자협회 (2023.12.12.). 기자 1~2명인 우리가 비영리 독립언론을 하는 이유. https://www.journalist.or.kr/news/article.html?no=54847

한국기자협회 (2024.2.6.). [이달의 기자상] 특수활동비 등 검찰 예산 최초 공동검증. https://www.journalist.or.kr/news/article.html?no=55213)

한국기자협회 (2024.10.28.). 기후·생태 탐사보도 '살아지구' 창간. https://www.journalist.or.kr/news/article.html?no=56969

공공데이터포털 https://www.data.go.kr/

뉴스어디 https://newswhere.org/

뉴스타파 https://newstapa.org/

뉴스타파 데이터포탈 https://data.newstapa.org/

뉴스타파함께재단(2024.11.26.). https://withnewstapa.org/2022/02/04/school-support/

뉴스하다 https://newshada.org/

단비뉴스 https://www.danbinews.com/

살아지구 https://disappearth.org/

셜록 https://www.neosherlock.com/

옥천신문 http://www.okinews.com/

조갑제닷컴 https://www.chogabje.com/

코트워치 https://c-watch.org/

한국기자협회 https://www.journalist.or.kr/

한국독립언론네트워크 https://withnewstapa.org/kinn/

한국신문윤리위원회 http://www.ikpec.or.kr/

한국언론진흥재단 빅카인즈(BIGKINDS) https://www.bigkinds.or.kr/

행정자치부 정보공개. www.open.go.kr

Global Investigative Journalism Network(GIJN). 글로벌 탐사저널리즘 네트워크. https://gijn.org/

GIJN (2024.9.27.). GIJN Welcomes 12 New Members, from Cameroon to Azerbaijan. https://gijn.org/stories/gijn-welcomes-12-members-2024/

Institute for Nonprofit News(INN). 비영리언론협회. https://inn.org/

Investigative Reporters & Editors(IRE). 미국 탐사보도기자협회. https://www.ire.org/

The Organized Crime and Corruption Reporting Project(OCCRP). 조직범죄 및 부패보도 프로젝트 www.occrp.org/en

P

W

Y

기타